パリッシュにみる自治の機能
～イギリス地方自治の基盤～

Parish Council

竹下　譲　著

イマジン出版

はじめに

　イギリスは"地方自治の母国"であるといわれることが多い。日本で地方自治が問題とされるときには、必ずといってよいほど、イギリスと対比され、モデルとされてきた。そして、イギリス地方自治に対する思い入れが強かったためであろうか。１９８０年代の頃までのイギリス研究は、イギリスの学者の文献・分析を鵜呑みにして、イギリス地方自治を研究するという傾向が強かった。しかも、実状をほとんどみずに、日本人の常識で理解していたため、時には、誤って理解され紹介されることもあった。本論文で、研究の対象としている"パリッシュ（parish）"などは、イギリスの文献が非常に少なかったこともあって、全くといってよいほど、紹介されなかった自治体である。紹介されたとしても、"パリッシュ"が現在のイギリス地方自治の基盤となっているにもかかわらず、過去の自治体として紹介されることが多かった。

　ところが、２０年前ほど前から、当時の中央政府（サッチャー保守党政権）が地方自治体に対する締めつけを強くするようになると、イギリスの文献が"イギリス地方自治の危機"を騒ぐようになり、それに伴って、日本においてもイギリス研究の方法が変わってきた。イギリスの地方自治を客観的に、実状をみながら、観察し分析する傾向が生まれてきたのである。それに伴い、日本におけるイギリス研究は、ここ数年、飛躍的に進展するようになったといっても言い過ぎではない。とりわけ中央政府と地方自治体の政府間関係の研究が進み、また、地方自治体の運営の仕方、あるいは行財政改革などの研究が飛躍的に進むようになった。筆者自身も、ハンプシャー県や大ロンドンの実態調査にもとづいて、１９９０年の地方税改革の騒動を通して、イギリスの中央・地方関係を検討したことがある。

　しかし、これらの研究のほとんどは法制度の制定過程や実施過程を分析したものであり、イギリス地方自治の伝統的な要素として理解されてきた概念については、いまだに、ほとんど分析がなされて

いないのが現状である。たとえば、イギリス地方自治の重要な要素として理解されてきた"住民自治"が実際にどのように機能しているのかという点についての分析は全くなされていない。少なくとも、そうした研究発表は皆無である。また、"議会制民主主義"という概念が日本の地方レベルでもよく用いられているが、これがイギリスの地方レベルではどのように理解され実施されているのかという分析もないはずである。

　１９９９年末に、地方分権一括法が制定されたこともあって、今、日本では、ようやく地方分権が実現されそうな動きにある。このような日本にとって必要なのは、地方分権をどのように進めていくか、住民自治とはどういうものなのか、議会制民主主義とは如何なるものなのか、等々の理解を深めることである。最近、住民投票で物事を決定しようという動きが各地で起こっている。このことを考えれば、今後、住民投票と住民自治とは同じものなのかどうか、あるいは、住民投票と議会制民主主義とは相反するものなのか、それとも合致するものなのか、等々の検討・分析が、地方分権を進める上で、不可欠になるものとも考えられる。

　こうした発想のもとに、イギリスの住民自治や議会制民主主義の現実の姿を分析し、その根元的な意味を検討してみようと試み、整理したのが本書である。本書は、イギリスの最末端の地方自治体であるパリッシュを研究の対象としている。これは、パリッシュの自治体としての活動に住民自治や議会制民主主義の実体が如実に現れていると考えたためである。

　パリッシュというのは、一般に、ヴィレッジ（village）と呼ばれている地域のコミュニティーのことであるが、その歴史は非常に古く、少なくとも１７～８世紀の頃になると、自治体として（というよりも「地方政府」として）機能するようになっていた。その意志決定機関は定期的に開かれる住民の集会であった。「教区会（vestry）」と呼ばれた集会がそれである。これは形式的には、住民全員によって構成されていた。実際には、この教区会は地域の有力

者によって牛耳られていたようでもあるが、それなりに自治体として、地方政府としてうまく機能していたようである。当時のイギリスの住民にとって、『政府』というのは『中央政府』ではなく、『地方政府』すなわちパリッシュこそが『政府』であったともいわれている。ところが、19世紀なると、産業革命や農業革命、あるいはナポレオン戦争などの影響で、これらのパリッシュは、その機能を徐々に喪失していった。そして、ロンドンなどの大都市では、この時期に自治体としてのパリッシュは消えてしまった。

　しかし、イギリスの地方制度が整備された19世紀末に、正確にいえば、1894年に、いわゆるパリッシュ法によって、パリッシュも"異質の自治体"として復活した。法律で義務づけられた権限（あるいは業務）はないものの、各パリッシュがそれぞれ自分自身で業務を選択する自治体として発足したのである。また、このパリッシュは都市部には設置されず、農村部の自治体として復活したものであった。一般に、非常に小さく、現在でも、500人前後というところが圧倒的に多い。

　これらのパリッシュの特色は、これだけ人口が少ないにもかかわらず、ほとんどのところは公選の議会（parish council）を設置しているというところにある。というよりも、議会の設置を原則としている自治体であった。議会を設置していないパリッシュは住民総会（parish meeting）が意志決定機関となり、その意向のもとに住民総会の議長が執行機関となったが、これらのパリッシュは、議会を有しているパリッシュよりも獲得できる権限が少なかった。

　パリッシュの議会は"オープン"されていることが多い。オープンというのは、住民が議会に参加自由にできるということを意味する。'傍聴'ではない。議会は議論をする場として位置づけられているが、その議論に、議員だけでなく、住民も参加できるのである。これらの参加住民に採決権を与えているパリッシュも多い。なかには議会を"オープン"していないパリッシュもあるが、こういうパリッシュの場合は、住民総会で議員と住民が討論し、この住民総会

が実質的にパリッシュの意志決定機関となっていることが多いようである。このようなパリッシュの実態、とりわけ議会を中心とする実態を見ていくと、イギリスの議会制民主主義の意味が自ずと明らかになってくる。また、議員の機能、役割、住民との関係も明らかになってくる。

　また、パリッシュの分析をしていくと、イギリスの地方自治は、中央政府が地方に与えたものではなく、すなわち地方に『分権』したものではなく、パリッシュなどの地方団体が自らの力で獲得したものであることがわかる。こうしたことをみても、このパリッシュの研究は、日本の地方自治を考える上でも、非常に価値のある研究対象であると考えている。

　ところで、私がイギリスの研究をはじめようと思ったのは、もう何十年も前のことであるが、東北大学の大学院で私の指導教官であった柳瀬良幹教授から「イギリスの地方自治が理解できれば、地方自治が分かる」と教えられたからである。もっとも、このときは柳瀬先生の話の意味があまり理解できず、潜在的には研究しようと思ったものの、実際には全く手つかずであった。実際に、イギリス研究をはじめたのは、その後、東京市政調査会の研究員になってから、当時の研究部長であった星野光男博士にまたまたイギリス研究を勧められ、柳瀬先生の言葉を思い出してからであった。ただし、この頃は、どのように研究すれば良いのか皆目見当がつかず、正直なところ、イギリスの文献を乱読するだけであったが、この頃、東京市政調査会の常務理事をしておられた大野木克彦氏および編集長をしておられた平幡照保氏から当時のイギリス政府のいくつかの報告書を翻訳する機会を与えられ、これがその後のイギリス研究を勧める上で非常に役に立った。こうした昔の経験がなければ、私のイギリス研究はなかったに違いない。

　ここ２０年ほど、私なりの方法でイギリス研究をはじめるようになったが、その際にいつも厳しく批判し欠点や問題点を指摘してくれたのは明治大学の沖田哲也教授と中邨章教授であった。本書に関

しても、沖田教授と中邨教授の２人には原稿の段階で精読してもらい厳しい批判をしてもらった。

　また、パリッシュ研究の直接のきっかけを与えてくれたのは１９９０年代に自治体国際化協会のロンドン事務所の横田光雄所長であった。イギリスの全国パリッシュ協会が発行した『パリッシュ政府百年史（Parish Government 1894-1994）』を翻訳する機会を与えてくれたのである。この翻訳は四日市大学の丸山康人教授に手伝ってもらったが、慣習などの記述で理解できないところが多く、自治体国際化協会ロンドン事務所のイギリス人スタッフに調べてもらうことが多かった。この翻訳は、１９９５年の春にロンドン大学のマイケル・バレッジ（Michael Burrage）教授の家に２か月間半ほど閉じこもって最後の仕上げをしたが、このときは不明な点があると知り合いのベリンダ・マッケンジー(Belinda McKenzie)女史の家に飛び込み、お茶をごちそうになりながら、解説をしてもらった。自治体国際化教会の横田光雄所長には、このとき、イギリスの全国パリッシュ協会のスタッフを紹介してもらい、同協会の働きを実感的に知ることができた。

　その頃から本格的にはじめたパリッシュの実態調査でもっとも世話になったのは、自治体国際化協会ロンドン事務所の元スタッフでケンブリッジシャー県のカルデコート・パリッシュの住人であるデビッド・レゲット（David Leggett）氏である。レゲット氏には１０年近くにわたって私のイギリス研究のための調査や資料集めにつきあってもらったが、このパリッシュの現地調査でもすべての段取りをつけてもらった。また、多くの資料を集めてもらい、分析・解説もしてもらった。それだけではなく、調査の合間には、レゲット氏の自宅で飲み物をごちそうになり、奥方のおいしい手料理を何度もごちそうにもなった。

　このほか、行革国民会議の並河信乃事務局長はイギリス研究の刺激を常に与えてくれたし、東海大学の牧田義輝教授も刺激してくれた。このように、多くの人々の世話になり、深く感謝する次第であ

るが、そのなかでも私にとって忘れてならないのは私の妻・禎子の貢献である。彼女は、私が頻繁にイギリスに行くことを受け入れてくれただけではなく、すぐに怠けたがる私を常に叱咤激励し、このパリッシュの研究にけじめをつけさせてくれた。

　本書の出版に当たっては、神奈川大学法学研究所の出版助成金を受けることができた。この助成金の交付に尽力してくれた法学研究所所長の久保敦彦教授に感謝する次第である。また、本書の原稿段階で東京市政調査会の大野愛子氏が全面的にチェックしてくれた。さらに、イマジン出版の青木菜知子氏と片岡幸三社長は筆者の無理な注文に応じ、本書を快く出版してくれた。これらの方々にも深謝の意を表したい。

目　次

序論　—"自治体"としてのパリッシュ　10
第1章　パリッシュの前史　21
　1　「公開教区会」と「任命教区会」　21
　2　都市部での教区会の消滅　26
　3　農村部の教区会の衰頽　37
　4　パリッシュ政府の創設——および、「村」「町」の創設——　43
第2章　パリッシュの発足　50
　1　パリッシュの権限　50
　2　パリッシュ議会の最初の選挙　57
　3　パリッシュの住民総会（カルデコートを中心に）　63
　4　パリッシュ議会——期待と現実——　66
　5　パリッシュの活動　71
第3章　パリッシュの法的権限　75
　1　パリッシュ議会の権限の拡大　75
　2　パリッシュ議会の統制——内部チェックと外部チェック——　81
　3　"権限踰越"と"2ペンスの自由"—パリッシュの裁量権——　86
第4章　パリッシュと法律の制定　92
　1　全国パリッシュ協会の設置　92
　2　全国パリッシュ協会の復活　96
　3　利益集団としてのパリッシュの意見　100
　4　イギリスの議員立法　104
　5　法律制定のための戦略　108
第5章　パリッシュの実際の活動　113
　1　カルデコートの活動（前半期）　113
　2　一般的なパリッシュの活動（第2次世界大戦まで）　120
　3　カルデコートの活動（後半期）　124
　4　行政機関としての活動（現在）　128
　5　住民の代表団体としての活動　138
第6章　パリッシュ議員と選挙　147
　1　パリッシュの有権者　147
　2　パリッシュ議員の立候補資格　151
　3　「挙手による投票」とその廃止　155
　4　ムラのリーダーシップ　159
　5　選挙の活性化　163
　6　コオプション（議員による議員の選出）　165

7	選挙に対する有権者の関心（投票率）	171

第7章 議会への住民参加 —— 174
1　パリッシュの規模　174
2　パリッシュの議員の数　180
3　県やディストリクトの議員との兼務　183
4　議会の開催と委員会の活用　187
5　書記官の働き　190
6　議会と住民の参加　197

第8章 大ロンドンの創設とパリッシュ —— 201
1　ロンドンの膨張　201
2　ハーバート委員会の設置　206
3　ハーバート委員会の答申　211
4　ロンドンの改革　214

第9章 地方制度の改革（1972年法）とパリッシュ —— 218
1　特別市の拡大　218
2　レドクリフェ・モード委員会の勧告　220
3　地方自治体の反応　226
4　労働党と保守党の姿勢　228
5　1972年法の成立　231
6　"タウン"の出現　235
7　大都市圏のパリッシュ　238
8　1980年代・90年代の改革　240

第10章 住民自治とパリッシュ —— 247
1　住民の代表機能　247
2　カルデコート・パリッシュの戦略　251
3　議会制民主主義と直接民主主義　255

索引 —— 260

序論 ── "自治体"としてのパリッシュ ──

「パリッシュ（parish）はイギリスの本物の地方自治を最高に実践している自治体である。また、世界的な観点からみても、どの自治体にも劣ることのないすばらしい自治体である、とわれわれ委員会は考えた。私自身は今でもそう確信している。パリッシュの住民は少なくともお互いに顔見知りである。そういう草の根の交流が存在する地域は地方自治の基本として残さなければならない」[1]。

これは、地方制度の抜本的な見直しのために１９６０年代末に設立された委員会[2]の委員長であったレドクリフェ・モード郷（Lord Redcliffe-Maud）が、１９７０年代はじめに、上院（国会）で行った説明の一部である。この説明から推測できるように、パリッシュは非常に高く評価されてきた自治体であるが、日本では、今まで全くといってよいほど、紹介されてこなかった。しかし、レドクリフェ・モード卿の発言にみるように、パリッシュはイギリスの地方自治の根幹にあるものであり、パリッシュの検討を抜きにして、イギリスの地方自治を語ることができないといえるほどである。パリッシュがわからなければ、イギリスの地方自治の本質的な理解をすることができないといっても、言い過ぎではない。

ここでパリッシュというのは、１８９４年の地方行政法によって設置されたイングランドの自治体のことである。規模が非常に小さく、人口が数十人とか百数十人というところも少なくない。なかに

---

[1] K. P. Poole & Bryan Keith-Lucas, *Parish Government 1894-1994* (London: The National Association of Local Councils, 1994), pp.204-205.
[2] １９６６年２月に当時のウィルソン労働党政府によって設立された「地方行政に関する王立委員会（The Royal Commission on Local Government in England）」のことであるが、一般には、委員長の名前からレドクリフェ・モード委員会 (Redcliffe-Maud Commission)といわれているので、本稿でも"レドクリフェ・モード委員会"と呼ぶことにする。このレドクリフェ・モード委員会が及ぼした影響については、第９章を参照。

は、人口2万人を越えるパリッシュもあるが、このような規模の大きなパリッシュは、ほとんどが1970年代半ばに出現するようになったパリッシュである。例外的なパリッシュといってよい。事実、これらのパリッシュは"タウン（town）"と呼ばれて、一般のパリッシュと区分されることが多い。少なくとも"タウン"自身は、通常のパリッシュとは違うという意識をもっているようである。通常のパリッシュは、一般的には、"ヴィレッジ（village）"と呼ばれており、自然にできあがった集落を基礎とする自治体である。したがって、本書でも、パリッシュの住民生活面を説明する場合に、ヴィレッジという意味で、また、1972年までの次元が上の自治体であった「村（rural district council）」と区分するために、"ムラ"という表現でパリッシュの区域を描写することがある。

　一般的にいって、パリッシュの人口は500人前後のところが多いといえる。たとえば、1991年にアストン大学が環境省（Department of the Environment）の要請を受けて実施した実態調査の結果をみても[3]、また、1997年時点におけるケンブリッジシャー県のパリッシュの人口分布をみても[4]、人口500人前後というパリッシュが圧倒的に多い。

　これらのパリッシュの起源は中世にまで遡ることができるようである。しかし、現在のように、法律上の地方自治体となったのは1894年のことであり、このときには、都市部のパリッシュは自治体とされなかった。20世紀になってから、パリッシュの存在する地域が都市となるということがかなりあったために、現在では、都市部においてもパリッシュがみられるようになっているが、もともとは、パリッシュは農村部に特有の自治体であった。現在においても、大都市にはパリッシュは存在せず、また、地方圏においても、

---

[3] Aston Business School (Aston University), *Parish and Town Councils in England; A survey* (London: HMSO, 1992), p.2. なお、この調査の詳細については、第5章を参照。

[4] 筆者が行った実態調査による。

たとえばケンブリッジ市のような中都市には、パリッシュが存在していない。
　ただし、大都市や中都市においても、パリッシュと呼ばれている地区はある。しかし、これは歴史的な由来によるものであり、ほとんどの場合、これは教会を中心とする区域、いわゆる教区を意味するものである。自治体としてのパリッシュではなく、本書の対象となるものではない[5]。
　自治体としてのパリッシュの権限は、２０世紀の中頃から、とくにその後半になってから、大幅に拡充した。この権限の拡充は法律によって定められたものであるが、しかし、これらの法律は、必ずしも中央政府が制定したものではなかった。事実は、むしろ、その逆であった。中央政府は、パリッシュの権限を縮小しようとする動きをみせることはあったが、パリッシュの権限を拡充するという動きを見せたことは最近までほとんどなかった。それにもかかわらず、パリッシュの権限は着実に拡充してきたののであるが、これは、すべて、パリッシュ自身の努力によるものであった。パリッシュの全国組織である全国パリッシュ協会（National Association of Local Councils）が自分で"法案"をつくり、それを国会に提案することによって、パリッシュの権限を拡充する法律を制定してきたのである。このような全国パリッシュ協会の努力は現在も続いている[6]。
　パリッシュは、現在、イングランド全体で約１０，２００あるといわれているが、これらのパリッシュが実際に行っている業務あるいはサービスは、パリッシュによってバラバラである。"タウン"と呼

---

[5] 大都市においても、１９世紀の頃までは、パリッシュが自治体としての機能を果たしていた。これは、農村部と同じであったが、大都市の場合は１８９４年の法律でパリッシュの自治体としての機能を認知されず、結果的に、自然に消滅していった。ただし、最近は大都市にもパリッシュのような自治体が必要であるということが、時折、大都市自身によっていわれるようになり、バーミンガム市が「小議会（Ward Sub-Committee）」を設置したように、パリッシュに近い機構を設置する大都市も現れてきた。大都市のパリッシュについては、第１章、第８章、第９章参照。

[6] パリッシュの法律制定については、第４章参照。

ばれている規模の大きなパリッシュのなかには、市町村に匹敵するような仕事をしているところもあるが、一方では、何もしていないパリッシュもある。これは、パリッシュが何をするかを、パリッシュ自身で決めているためである。法律で定めているのは、パリッシュの権限だけであり、その権限の行使をパリッシュに義務づけていない。権限を行使してサービスを実施するか否かは、パリッシュ自身が判断しているというわけである。

　このようなパリッシュの状況からも推測できるところであろうが、イギリスの地方圏には、このパリッシュのほかに、普通の自治体、すなわち画一的なサービスをする自治体が存在する。日本の県に相当する「カウンティ（county council）」があり、また、日本の市町村に相当する「ディストリクト（district council）」がそれである。このディストリクトは１９７２年の法律によってつくられたものであり、それ以前は、「市（borough council）」、「町（urban district council）」、「村（rural district council）」が現在のディストリクトに相当する機能を担っていた。そして、この頃は、すなわち、１９７０年代はじめまでは、パリッシュは「村」の下に位置づけられた自治体であった。

　１９７２年法で「市」「町」「村」が統合されてディストリクトとなったために、パリッシュはこれ以後ディストリクトの下に位置づけられるようになったが、このとき、多くの「町」、さらには、いくつかの「市」がディストリクトの一部として完全に消えてしまうことを嫌い、パリッシュとして生き残りをはかった。その結果、"タウン"という規模の大きなパリッシュが出現することになったのである。

　このように、パリッシュは県（カウンティ）とディストリクトの下の、いわば第３層の自治体であり、しかも、パリッシュが実際に処理している業務がパリッシュごとに異なっている。このため、地方自治に関する一般的な解説書では、あまり触れられてこなかった。しかし、このことからパリッシュが重要な自治体ではないと判断す

るのは早計である。事実、ある解説書は次のように記述している。

「本書では、イギリスの主要な地方自治体に焦点を合わせている。しかし、イギリスの地方圏には、このほかに、主要な自治体を支えている自治体（sub-principal authority）があり、この存在を無視してはならない」[7]。

また、イギリスの政府自体も、最近は、パリッシュの重要性を認識し、その活用をはかるようになってきた。少なくとも、１９９７年までの保守党政権下における中央政府に、その傾向が強かった。たとえば、１９９６年に、当時の保守党政権のもとで、環境省が次のような見解を公表していた。

「地方圏では、パリッシュが住民のニーズに応える力をもっており、また、住民のニーズの優先順位を決める力をもっている。さらには、住民の意見を代表する力もある。これは確かなことである」[8]。

パリッシュが種々のサービスを自分で実施すると決めた場合、たとえば道路を管理することを決めた場合には、その経費を賄うために、税金（パリッシュ税）を住民から徴収することができる。そして、そのサービスがディストリクトによって提供されていた場合には、ディストリクトはその分の税金を徴収できなくなる。このようなパリッシュの権限、および、その権限の行使の仕方は、地方自治を検討する上で非常に価値のある検討材料になるが、しかし、パリッシュは、それだけではなく、もっと重要な"刮目するべき機能"

---

[7] David Wilson and Chris Game, *Local Government in the United Kingdom*, 2d ed. (Hampshire: Macmillan, 1998), p.69.
[8] Department of the Environment, *Rural England 1996* (London: The Stationery Office Limited, 1996), p.13.

も担っている。ディストリクトや県に対して、ときには国に対して、住民の意見を代表するという機能である。住民の"代表団体"としての機能といってもよいが、これらの機能は長い歴史のなかで次第に実施されるようになった慣習的な機能である。しかし、なかには、法律でパリッシュの機能として明確に定められているものもある。たとえば、ディストリクトが建築許可や開発許可をする場合、関係あるパリッシュに事前に相談をしなければならないということが、法律で定められている。この事前に相談を受けるという権限は、他のサービスは何も提供していないというパリッシュの場合でも、ほとんどが行使している権限である。

　パリッシュは、前述したように、基本的には、自然にできあがったムラ（village）であり、非常に小さな自治体である。しかし、規模が非常に小さいにもかかわらず、パリッシュには公選の議会が設置されている。現在の法律では、有権者２００人以下のパリッシュは議会を設置しなくてもよいということになっているが、これはあくまでも例外的な措置である。原則的には、パリッシュは議会を設置するものとして扱われているといわなければならない。事実、グラッドストーン政権が１８９４年にパリッシュを設置したときの法案は、すべてのパリッシュが議会を設置することとしていた。規模の小さなパリッシュの場合は、議会を設置するために連合するというのが、法案の内容であった。

　１８９４年に国会を通過したときには、規模の小さなパリッシュは議会を設置しなくてもよいということに修正され、こういうパリッシュでは、住民総会が議会の代わりをするということになったが、この住民総会は議会と同等の権限をもつものではなかった。住民総会のパリッシュは、議会を設置するパリッシュよりも、格下の扱いを受けたわけである。このため、人口が少ないパリッシュでも、議会を設置するところが多かった。

　また、議会を設置するパリッシュにおいても、法律で住民総会を開くことが義務づけられているが、この住民総会と議会の関係は、

議会が"主"であり、住民総会が"従"である。パリッシュには、議会制民主主義というイギリスの特色がはっきりと現れているわけである[9]。

現在、イングランドには約１０,２００のパリッシュがあり、このうち約８,０００のパリッシュが議会を設置しているという。議会を構成している議員の数も多く、イングランドのパリッシュ議会の議員は約７５,０００人もいる[10]。１９９１年にアストン大学の調査結果をみると、人口５００人以下の小さなパリッシュでは、住民４８人に１人の割合で、議員が選出されているとのことである[11]。

こうしたパリッシュでは、議会が議決機関および意志決定機関になっていることはもちろんであるが、同時に、執行機関の役割も果たしている。これは、イギリスでは普通のことであり、ほかの自治体、たとえば県やディストリクトにおいても同じである。しかし、パリッシュの議会の運営の仕方は、県やディストリクトの議会と比べて、かなり特異である。なかでも違うのは、多くのパリッシュの議会がオープンであるという点である。これは、住民が議会に自由に"参加"できるということを意味している。"傍聴"ではない。"参加"である。パリッシュ議会における議論に、議員だけではなく、住民も自由に参加することができる。これが"参加"の意味である。パリッシュのなかには、このような"参加"を否定しているところもある。しかし、こういうパリッシュの場合も、住民の意見を聞く必要が生じたときには、住民が"参加"できる臨時議会を開いたり、住民集会を開いたりしているところが多い。パリッシュのなかには、住民が意見をいう特別の時間を設けているところもある。また、住民が採決に参加できるようにしているところも少なくない。

このような議論を重ね、住民の意向をまとめ、それにもとづいて、

---

[9] 議会と住民総会の関係については、第３章参照。
[10] David Wilson and Chris Game, *Local Government in the United Kingdom*, p.69.
[11] Aston Business School, *Parish and Town Councils in England ; A survey*, pp.26-27.

ディストリクトの県の業務に要望を出したり、意見を申し立てたりしているのがパリッシュである。ここに、"住民自治"が如実に現れているということができる。また、イギリスが"地方自治の母国"といわれるのも、こうした伝統が続いているからではなかろうか。

しかし、それでは、なぜ住民総会よりも議会を重視するのであろうか。この点が大きな疑問とならざるを得ない。これは、結論的にいえば、議会では"議論"があるためである。イギリスで議会制民主主義が重視されているのは、議会では議論にもとづいて物事の決定をすることができるためであるという。議会制民主主義は"理解（knowledge）の政治"であり、これに対して、住民投票は"無知（ignorance）の政治"であるということがよくいわれる[12]。このような主張からも、議会の本質は議論にある。すなわち、議論によって物事を理解し、適切な判断をするというところに議会の本質があると考えられていることが明らかであろう。

したがって、イギリスの議会制民主主義は、住民の参加を否定するものではない。それどころか、住民の意見を聞くことを前提としているというべきである。これは、県やディストリクトの議会の議論を傍聴しても理解できるところであるが、それがもっとも端的に現れているのがパリッシュ議会である。すなわち、イギリスの議会制民主主義の意味や実体を理解するためにも、パリッシュの検討が不可欠であるといわなければならない。

本書は、このようなパリッシュの全貌をできるだけ明確にし、日本の地方自治の拡充に役立てたいという目標をもつものである。具体的には、パリッシュがどういう形で設立されたのか、それがどのように発展してきたのか、また、パリッシュ議会は実際にどのように運営されているのか、議員の選挙はどのように行われているのか、等々について、検討をするつもりである。また、住民の"代表団体"

---

[12] Brian Harrison, *The Transformation of British Politics, 1860-1995* (Oxford: Oxford University Press, 1996), p.224.

としての機能が実際にどのように行われているのか、言い換えれば、住民の意向をどのようにしてまとめ、それを県やディストリクトにどのようにして伝えているのか、さらには、県やディストリクトに無視された場合には、どのようにして巻き返しをはかっているのか、等々についても検討してみたいと考えている。

　パリッシュは自ら法律を制定することによって権限の拡充をはかってきたということを前述したが、これらの法律を実際にどのようにして制定してきたのかという点の検討も、イギリスの地方自治を理解する上で、抜きにすることはできまい。

　これらの検討がどれだけ成功するか不明であるが、少なくとも検討の材料にしている資料は、パリッシュに関連する資料がイギリスにもあまりないという現状からいって、かなり豊富であると自負している。資料にしているのは、まず、筆者自身が１９９０年から現在まで数年かけて調査したケンブリッジシャー県のパリッシュの資料である。とくに、カルデコート（Caldecote）パリッシュについては詳細に調査し、約１００年にわたる議事録などの資料もみることができた。また、全国パリッシュ協会からもいくつか資料を入手し、さらに、中央政府の資料も、主に環境省の資料であるが、分析の対象にしている。もちろん、パリッシュについて記述している解説書についても、かなりのものを通読したつもりである。ただし、参照した資料のなかには年代的に非常に古いものもあり、これらを的確に理解できたかどうか定かではない。少なくとも読解能力の限界があったことは確かである。しかし、不明な点は、何人かのイギリス人の研究者・実務家に解説してもらったことでもあり、あまり誤解はないはずであると考えている。

　なお、こうした検討資料から、本書の分析はイングランドに偏っていることは容易に推測できるはずであるが、参考までに、スコットランドやウェールズのパリッシュの状況について触れておくと…。

　現在のスコットランドには、法律上の、自治体としてのパリッシュは存在しない。１８９４年には、イングランドの場合と同じよう

に、公選の議会をもつパリッシュが法律によって設立されたが、1929年に廃止されてしまったのである。もっとも、その後、1973年のスコットランド地方行政法によって、次のような目的をもったコミュニティ議会（community council）が設置されることになった。

「コミュニティの意見を掘り起こし、調整しそれを関係する地方自治体に、また、そのほかの責任がある公共機関に伝達する」[13]。

イングランドのパリッシュの住民の"代表団体"としての機能に近い役割を果たすために、コミュニティ議会が設置されたわけである。そして、1983年のスコットランド省（Scottish Office）の調査によれば、
1,131のコミュニティ議会が活動していたとのことであるが、しかし、このコミュニティ議会は自治体として法律上の位置づけをもっておらず、また、自主課税権ももっていない[14]。この点で、イングランドの自治体として機能しているパリッシュとは根本的に異なるものであるといわなければならない。

---

[13] スコットランド地方行政法第1条。なお、スコットランドに適用される法律は昔からイングランドは違う法律として別に定められてきた。このため、この地方行政法も Local Government (Scotland) Act 1973 というように、スコットランド法であることが明示されている。また、現在のイギリスの中央政権は労働党のブレア政権に握られているが、この労働党政権は1997年に政権を奪取すると同時に、スコットランドに議会を開設し、内閣に相当する機関（首相と閣僚で構成する機関）を創設するという構想を打ち出した。しかも、この議会は"国会"であるということを明らかにするため、ロンドンにある国会と同じ名称、すなわちパーラメントという名称が付けられた。実際には、ロンドンの国会と全く同じというわけではないが、それでもこのスコットランド議会には多くの権限が付与された。1999年からスコットランド議会の活動がはじまっているが、完成した力を発揮するのは2000年4月からである。参照、竹下譲『世界の地方自治制度』（1999年、イマジン出版）、55-58頁。

[14] K. P. Poole & Bryan Keith-Lucas, *Parish Government 1894-1994*, pp.217-220.

一方、ウェールズの場合は、イングランドと同じ区、パリッシュは自治体として法律で位置づけられてきた。しかし、ウェールズのパリッシュは、1972年の地方行政法によって名称が変更され、コミュニティ（community）と呼ばれることになった。また、ウェールズでは1983年に、大都市もコミュニティに区分されるようになり、その結果、ウェールズのすべての区域にコミュニティが存在することになった。1983年以後、ウェールズには全部で865のコミュニティが存在するが、そのうち約800のコミュニティは議会をもっているという[15]。

　このように、イングランドとウェールズの名称が異なるようになったため、イングランドのパリッシュとウェールズのコミュニティを総称して"ローカル・カウンシル（local council）"といわれることがよくある。最近では、中央政府もこの名称を用いることが多い。しかし、本書では、もっぱらイングランドを対象としているため、"パリッシュ"という呼称で統一することにする。

---

[15] Ibid., pp.206-209.

第1章　パリッシュの前史

1　「公開教区会」と「任命教区会」

　１７世紀・１８世紀の頃、パリッシュ（parish）の教会にムラ（village）の主だった人々（納税者）が集まり、そこでムラの運営を決定するというところが多かった。親のいない子供を年期奉公に出したり、失業者の仕事を探したり、老人やホームレスに住宅を提供したり、病人の世話を決めたり、道路の管理者を決めたり、警察官を任命したり、等々、その内容はさまざまであった。ムラの"議会"もしくは"政府"の役割を担っていたわけであるが、この会議は、教会のベストリー（vestry；祈祷室）で開かれるのが原則になっていたため、"ベストリー（教区会）"と呼ばれていた[16]。（ときには、パリッシュと呼ばれることもあった）。

　この教区会では、教区の牧師（vicar）――もしくは司祭（rector）――が議長となり、議事録の作成は書記官（clerks）の責任とされていた。そして、住民から税金を徴収する権限があった。というよりも、当時、強制的な課税権をもつ議会として一般に認められていたのは、国会よりも、むしろ、教区会のほうであった[17]。

　教区会は国会の制定法で定められたものではなく、自然発生的に生まれてきたものであった。教区会を指図する中央省庁はなく、教区会の権限・手続きを定める法律もなかった。いわば「しきたり（conventions）」によって、それぞれの教区会が運営されていた。そのため、教区会の意思を決定する形態はさまざまであった。しかし、大きく分類すれば、教区会は２種類のタイプに区分することができた。

---

[16] Peter G. Richard, *The Reformed Local Government System*, rev. 3d ed. (London: George Allen & Unwin, 1978), p.12.
[17] K. B. Smellie, *A History of Local Government* (London: George Allen & Unwin, 1946), p.12.

第一のタイプは、オープン・ベストリー（open vestry）すなわち「公開教区会」と呼ばれた意思決定機関をもつ教区会であった。公開の"議会"を開いて、そこでの話し合いでムラの運営の仕方を決めていた教区会である。住民は、一戸を構えていさえすれば、税金を納めているかどうかに関係なく、また、男性であるか女性であるか、結婚しているか否かに関係なく、"議会"に自由に参加することができ、投票権が与えられているところが多かった[18]。（国政レベルで、女性にこのような権利を認めたのはずっと後の１９１８年になってからである[19]）。

第二のタイプは、"議会"は開かれず、特定の人々が執行部となって教区会の意思決定をするという教区会であった。これらの教区会は、一般の住民には参加が閉ざされていたところから、クローズド・ベストリー（closed vestry;「非公開の教区会」）とも呼ばれていたが、特定の執行部を任命するところに焦点を合わせて、「任命教区会（select vestry）」と呼ばれることが多かった。「任命教区会」は、教区の運営に秩序と連続性をもたせるという目的のもとに、１７世紀の中頃から、主に都市部で出現するようになったといわれている。これらの任命教区会では、有力メンバーが自分自身を教区会の執行部に選ぶのが一般的であった。しかも、執行部の空席が生じたときには、残った執行部のメンバーで新メンバーを選んでいた。このため、執行部が固定し、そして、独裁的になったり、腐敗するようになったりする傾向が強かった[20]。１７世紀後半には、こうした問題

---

[18] K P Poole & Bryan Keith-Lucas, *Parish Government 1894-1994* (London: The National Association of Local Councils, 1994), p.19.
[19] 女性の選挙権が公式の問題になったのは 20 世紀に入ってからであり、第１次大戦中には参政権を求める運動が暴力化するほどであったという。そして 1918 年にようやく女性の参政権も実現したが、しかし、このときはまだ、30 歳以上の女性に限られていた。男性と同じように、すべての成人女性に選挙権を与えられるようになったのは、1921 年になってからである。
[20] 「執行部は悪党の集団になっていくことが多かった」。そして、「ひとたび腐敗すると、もとの健全な形に戻ることはなかった。悪党の集団は、後継者に悪党の集団を選ぶのが常であった」と説明しているものもいる。参照、K. B. Smellie, *A History of Local Government*, p.13.

が全国的にみられるようになり、国会でその改善策が論議されるようになって。しかし、何も改善はされず、１８世紀になっても「任命教区会」の腐敗ぶりは続き、国会で頻繁に（というよりも、常に）問題とされた。その結果、国会の会期では、常に、最初に「任命教区会」の改善法案が提案され、その後で国王がスピーチをし、それから審議が始まるというようになった。現在も行われているイギリス国会の慣行、すなわち「任命教区会」の改善法案の名前を最初に提示するという理解しにくい慣行は、この時につくられたものであった[21]。

１８世紀の「任命教区会」の腐敗ぶりは、次のような匿名の詩人による詩をみても推測できそうである。

　　　国民が、しばしば、ずるい悪党に
　　　　　だまされ、搾取されるが如く、
　　　また、ごまかしの芸術に
　　　　　魅惑され、喜んでわが身を損なう如く、
　　　教区の民は、教区会に苦しむ、
　　　多くの民は、教区会を
　　　　　無愛想でどん欲な猟犬という、
　　　教区会の分別は、損得のみ、
　　　傷ついた教区をわがものとし、
　　　苦しむ隣人を踏みつけ、

---

[21] 悪習の改善は国王の指示に先立って検討しなければならないと考えられたわけである。この慣行は現在も続いている。ただし、議員が法案を読むのではなく、ただ法案の名前が示されるだけであるが…。参照、K P Poole & Bryan Keith-Lucas, *Parish Government 1894-1994*, p.18.
　なお、国王のスピーチは国会の各会期のはじめに行われるが、このときには下院のメンバーも首相（与党）と野党の党首が先頭に立って上院まで行列し、上院のメンバーと一緒に国王のスピーチを聴く。国王のスピーチはもちろん国王自らが考えるものではなく、内閣によって書かれるものであり、時の政権の方針である。国会の審議手続きについては、たとえば Central Office of Information, *Parliament,* 2d ed. (London: HMSO, 1994) を参照。

控えめな人を圧迫し、貧しい人を虐げる、
　　教区のあがりの半分を食い尽くし、
　　　わが胃袋に馳走する、
　　空腹の年金者を飢えさせながら…
　　適切な教区税の課税があるならば、
　　教区会の豪華な馳走がなくなるならば、
　　教区は貧者の公正な管理にゆだねられ、
　　どん欲な悪党は、重んじられなくなろう[22]。

　しかし、このような「任命教区会」のなかにも、健全に運営され、しかも、高いレベルで効率的に、住民のニーズを十分に満たしているというところもあった[23]。そして、問題視された教区会は、ほとんどが都市部に限定されていた。「任命教区会」が一般化していたのは主として都市部であったからである。それ以外の大半の農村部では、「公開教区会」が主流であり、教区会の運営、すなわちムラの運

---

[22] K P Poole & Bryan Keith-Lucas, *Parish Government 1894-1994*, pp.18-19.
　なお、この訳は多少の意訳をしているので原文を以下に掲載する。
　　As Nations oft by cunning Knaves
　　Are made consenting Fools and Slaves
　　And tempted by delusive Arts
　　To wrong themselves with willing Hearts
　　So Vestries that are stil'd select,
　　Whom many blame but few respect,
　　Old sturly Scots and greedy Hounds,
　　Whose wisdom lies in Pence and Pounds,
　　O'er injured Parishes preside,
　　And all their suffering Neighbours ride
　　Oppress the Humble, wrong the Poor,
　　And half the Parish Dues devour,
　　Feast their own Guts like brawny Boars
　　And starve their hungry Pensioners...
　　When parish Taxes shall be well applied,
　　And Vestries lay their costly Feasts aside,
　　Then shall Church wardens dealt justly by the Poor,
　　And be accounted Guttling Knaves no more.
[23] K. B. Smellie, *A History of Local Government*, 1946, p.13.

営は民主的に行われていた。もちろん、有力地主などの名士が"議会"をとりしきっているという意味で、ちょっとした寡頭政治が行われている教区会もあった。というよりも、そのほうが多かった。しかし、これらの"議会"をとりしきっている名士はあまり自分の利益にこだわらず、むしろ、貧しいムラ人の実質的な保護者であったようである。少なくとも、これは別に問題にはされず、ムラは平穏に運営されていた。18世紀の頃の「公開教区会」は、実際には地方の名士が酒場などに月に一度集まってムラの運営を協議・決定する寡頭政治であったとしても、その運営はおおむね健全であったわけである[24]。しかも、ムラ人は出席しようと思えば、この"議会"に出席することができた。

これらの教区会の任務は、16世紀の頃から、たとえば1555年の道路法が道路の管理を教区会の任務とし、また、1601年の救貧法が貧しい人々の保護を教区会の任務とする等々、国会制定法が教区会を活用しはじめたこともあって、次第に拡大する傾向にあった。教区会のなかには、独自の警察官(constable)をもち、治安の維持をはかっているところもあった[25]。総合的な"地方政府"として機能しはじめたわけである。しかし、教区会はもともと法律とは関係なく自然発生的に生まれた自治体であったため、"地方政府"として機能するようになってからも、独自の政策を展開する教区会が少なくなかった。たとえば18世紀当時、教区会の最も重要な任務として法律で位置づけられていた福祉についても、法律とは別の形で救貧者の保護をはかる教区会がいくつかあった。ある教区会は失業者を雇う教区農園(parish farms)を設立していたし、別の教区会は救貧院(workhouse)をつくって貧しい人々に住む場所を提供し、同時に、仕事を提供していた。農場主が順番に失業者を引き取り、それぞれの農園で働いてもらうというというところもあった。

---

[24] K P Poole & Bryan Keith-Lucas, *Parish Government 1894-1994*, p.19.
[25] Peter G. Richard, *The Reformed Local Government System*, p.12.

これはパトロール・システムと呼ばれていたようである。また、教区会のメンバー（ムラ人）に毎週一定の掛け金を積み立てさせ、いざというときの医療手当にしたり、結婚助成金や埋葬助成金にしたり、あるいは老齢年金にしたりするという社会保険システムを採用している教区会もあった[26]。

2 都市部での教区会の消滅

18世紀後半から19世紀にかけて、イギリスでは産業革命が急激に進展した。この結果、手工業的な作業場に代わって、機械設備を備えた工場が都市（なかんずく大都市）に出現するようになり、それらの工場での仕事を求めて多くの人々が都市に流れ込むようになった。都市の人口が急増するようになったわけであるが、都市人口が増えるにしたがい、小麦や牛肉・羊肉などの需要が急増するようになり、それに伴って、小麦などの価格が急騰するようになった。

また、19世紀にはいると、ナポレオンとの戦争で小麦などの輸入が阻止されたために、その価格はますます暴騰した。このため、食糧の増産が求められるようになり、それに対応して、イギリスの中央政府は大規模農家の育成をはかるようになった。いわゆる農業革命であるが、これは新しい農業経営者の出現、あるいは、農業資本家の出現を意味した。具体的には、農業の経営は数百エーカーを保有する富裕な農場主の手に移り、小規模な自営農家であったヨーマン（Yeoman）は消滅していった。また、従来から農場主に雇われていた農業労働者（agricultural labour）もそれまでわずかに所有していた耕地を失い、共有地の耕作権も失うようになった。さらには産業革命によって紡績機が出現したために、羊毛を紡ぐという農業労働者の副業も廃れるようになり、農業労働者は困窮化していった。

---

[26] K P Poole & Bryan Keith-Lucas, *Parish Government 1894-1994*, p.20.

こうした状況のもとで、教区会は急激にその機能を失うこととなった。農村部においても、都市部においても、教区会は機能を喪失していったが、とりわけ人口が集中したロンドンなどの大都市での衰退は際だっていた。ロンドンには19世紀の中頃で少なくとも300以上の教区会があったが[27]、人口が急増すると、犯罪が多発するようになり、また、伝染病が発生するようになったが、教区会の力では、それらの事態に対応することができなかった。

　教区会の主要な仕事、すなわち税金を集めたり、教区会の警察官が地域の治安を維持したり、あるいは近隣の親のない子供や病人の世話をしたり、墓地や教会の面倒を見る、等々の仕事は、すべての住民が顔見知りの場合には、それほど困難な仕事ではなかった。しかし、人口が急増し、住民がお互いに知らないようになると、これらの教区会の仕事は、過酷な仕事となった。治安の維持などの仕事は危険な仕事になった。その結果、警察官や教区会の役職者になることを嫌う人々が増えはじめた。そして、お金を払ってこうした仕事を回避する道を選ぶようになった。このため、教区会の仕事は特定の人に集中するようになり、そして、仕事をする人は報酬を期待するようになった。また、多くの住民はお金を払うだけで教区会の活動そのものには次第に無関心になり、一方、教区会で仕事をする少数の人々は、住民の無関心を利用するようになっていった[28]。このような18世紀末のロンドンの教区会の状況を、ある観察者が次のように描写していた。

　　「すべての教区会の役職者は、パリッシュの住民に付けをまわすのを、その役得と考えている。……教会の窓をきれいにする仕事を請け負ったガラス屋（教区会の幹部）は、まず窓ガラスを壊し、それから、それを修繕して料金を請求している。また、教会

---

[27] *The Times*, 20 March 1855.
[28] K. B. Smellie, *A History of Local Government*, p.14.

の化粧直しを請け負ったペンキ屋は十戒のモーゼの服を塗り替え、パイプオルガンの音管を金色に塗り、2階の天使に朱色や赤色、金色の服を着せて、そのお金を教区会に請求する」[29]。

表1　19世紀のロンドンの人口

国勢調査年	シティ (City of London)	ロンドン
1801年	128,000 人	959,000
1811年	120,000	1,139,000
1821年	124,000	1,380,000
1831年	122,000	1,656,000
1841年	124,000	1,949,000
1851年	128,000	2,363,000
1861年	112,000	2,808,000
1871年	75,000	3,261,000
1881年	51,000	3,830,000
1891年	38,000	4,228,000

資料；Ken Young and Patricial L. Garside, *Metropolitan London —Politics and Urban Change 1839-1981* (London: Edward Arnold,1982) ,p.15 , p.342 より作成。

ロンドンは、現在のロンドンの中心にあるシティ（City of London）の市街地の膨張によって生まれてきたものである。とくに18世紀の後半から19世紀にかけての膨張は激しかったといわれている。イギリスではじめて国勢調査が行われたのは1801年であるが、このときのロンドンの人口は、中心のシティの人口が13万人であったのに対し、全体では96万人もあった。シティの6倍強の人口が、その周辺に居住していたのである。これをみても、ロンドンの市街地膨張のすごさが想像できるであろう。ロンドンの市街地の膨張は、人口の分布から推測する限り、19世紀になるとますます大きくなった。1891年には1801年の約4.5倍の人口、423万人がロンドンに住むようになっていたが、その99％以上がシティの外に住んでいた（表1参照）。

---

[29] Ibid.

これらの急増人口はほとんどが仕事を求めてロンドンに流入してきた人々であった。貧しい人々であり、住む家もほとんどなかった。その結果、必然的に伝染病が発生し、犯罪も多発するようになったが、既存の３００の教区会ではこれに適切に対応することは不可能であった。こうして、ロンドンの行政システムをどうするかが大きな問題となったが、最初に検討されたのは、治安の維持をどうするかであった。ロンドンはそれだけ危険な犯罪社会になっていたわけである。そして、１８２９年、時の内務大臣（Home Secretary）であったピール（Robert Peel）の働きによって、首都警察（Metropolitan Police）が創設された。ロンドン警視庁あるいはスコットランドヤードという通称のもとに世界的に名を轟かせた首都警察が誕生したのである[30]。首都警察は、治安の維持をはかるという単一の行政機能を担うために設立されたもの、言い換えれば、アドホックの機関（ad hoc body）として設立されたものであった。しかも、その管轄区域からシティをはずすというものであった。シティは独自の警察をシティ自身でもったのであるが、これは、シティがロンドンの中核を形成していることからいって、きわめて不自然であった。そのため、早くも１８３７年にはシティの分離に対する反対が公的に表明された。「都市自治体に関する王立委員会（Royal Commission on Municipal Corporation）」の意見、すなわち「シティの分離は異常だ」[31]という批評がそれであった。この委員会は、その当時、検討されるようになっていたロンドンの分割案、すなわちロンドンをいくつかの自治体に分割するという案についても「悪弊を繁殖させる」[32]という理由のもとに反対していた。ロンドンを単一の自治体にし、３００以上もある教区会をそのなかに吸収するというのが、この王立委員会の勧告であった。

---

[30] 現在の首都警察については、竹下譲『世界の地方自治制度』（1999年、イマジン出版）、47-49頁参照
[31] Ken Young and Patricia L. Garside, *Metropolitan London; Politics and Urban Change 1837-1981* (London: Edward Arnold, 1982), p.23.

この勧告は、シティの強力な反対もあって、法律にならずじまいであったが、結果的にロンドン改革の論点を明確にしたという点で、重要な働きをした。これ以後、ロンドン全域にわたる単一の自治体を創設するべきか、それとも、多くの自治体をつくり、それらの自治体の複合体としてロンドンを整備するべきかが、ロンドン改革の争点となったのである。前者は、「都市自治体に関する王立委員会」の結論であり、それ以後、チャドウィック（Sir Edwin Chadwick）によって主張された見解であった。この見解は、ロンドン全域にわたる権限を単一の行政体に集中するという意味では「中央主義（centralism）」的な見解ということができた。事実、チャドウィックは、当時のロンドンの自治体であった教区会を「これほど無責任な公共団体はかってなかった」というように完全に否定し[33]、ロンドンを健全なものとするためには、中央集権的なデモクラシーが必要であると判断していた[34]。

　これに対して、自治体の複合体としてロンドンを整備するべきであるという後者の意見は、シティと同じような自治体を多数つくろうというものであった。そして、これらの多くの自治体に権限を分配するという意味では、まさに「地方主義（localism）」的な見解であった。この見解は、シティをはじめとして、既存の自治体（教区会）によって支持されたのはいうまでもない。その理論的指導者となったのは、弁護士のツールミン・スミス（Joshua Toulmin Smith）

---

[32] Ibid.
[33] 1834年の「救貧法に関する王立委員会（Royal Commission on the Poor Law）」の報告書にある記述。これは、この委員会の書記官であったチャドウィックによって書かれたものとされている。参照、K P Poole & Bryan Keith-Lucas, *Parish Government 1894-1994*, p.22.
[34] チャドウィックはデモクラシーを否定したわけではない。それどころか、デモクラシーを基本とし、デモクラシー実現のために、中央集権を主張したのであった。すなわち、チャドウィックは、デモクラシーを多数国民の支配と考え、当時の自治体（教区会）の寡頭政治、利権争いを敵視し、それを克服するために、より大きな自治体による統治を主張したのであった。参照、Dilys M Hill, *Democratic Theory and Local Government* (London: George Allen & Unwin, 1974), p.26.

であった[35]。ツールミン・スミスの指導によって、ロマン主義（romanticism）の学校が各地に設立され、これらの学校は「イギリスの真の地方制度は昔のアングロサクソンの諸法に見いだすことができる」と論じ立てていたという[36]。このロマン主義の動きは、当時は別に権威があるものではなかった。しかし、"教区（ムラ）の自治"というセンチメンタルで伝説的な観念を創りだし、それが、１９世紀後半の偉大な首相といわれるグラッドストーン（William Ewart Gladstone）に大きな影響を及ぼしたといわれている[37]。

　このような「中央主義」と「地方主義」の対立のもとで、ロンドンの改革がはかられた。１８５２年には「シティに関する王立委員会（Royal commission on the City of London）」が設立され、シティならびにロンドン全体の統治システムが検討されることとなった。そして、この委員会は、ロンドンをひとつの自治体にすることは不可能であると判断し、７つの自治体を創設するべきであり、これらの自治体とシティでもって、ロンドン全域にわたる事業を管轄する委員会を結成するべきであると勧告した。この勧告はすぐに政府に受け入れられ、それにしたがって、１８５５年、下水の整備や道路の整備などを任務とし、ロンドン全域を管轄する首都建設委員会（Metropolitan Board of Works）が設置された。しかし、７つの自治体を創設するべきであるという勧告は実現されずじまいであった。既存の自治体、すなわち教区会を再構成するという形ですまされたのである。これにしたがって、教区会は若干の区域の再構成をされたとい割れているが、形態的にはそれまで通りの形で存続した。「地方主義」が勝利をおさめたわけである[38]。

　この首都建設委員会は総合的な行政体ではなく、きわめて限定された権限しかもっていなかった。そのためもあったかどうか定かで

---

[35] Ken Young, "The Politics of London Government 1880-1899", *Public Administration*, Vol.51, (Winter 1973), p.92.
[36] K P Poole & Bryan Keith-Lucas, *Parish Government 1894-1994*, p.23.
[37] Ibid..
[38] Ken Young, " The Politics of London Government 1890-1899" p.92.

ないが、あまり効果をあげることができず、腐敗するのも早かった。こうしたなかで、１８８０年の総選挙で自由党のグラッドストーン内閣が政権を奪取し、ハーコート（W. Harcourt）が内務大臣に就任した。ハーコートには「これ以上、事態を放置することができない」[39]という認識があり、大臣に就任するとすぐにロンドン改革にとりかかった。そして、ロンドンを唯一の行政体で治めるという首都庁（Metropolitan Council）創設の法案を打ち出した。今度は「中央主義」が浮上したわけである。しかし、この法案は、国会での３年にわたる審議の後、結局は撤回されてしまった[40]。

　このハーコート法案に次いでロンドン改革に手をつけられたのは１８８６年７月の総選挙後、保守党が自由統一派と連合し、絶対多数を獲得して政権に返り咲いてからであった。ソールズベリー（Marquess of Salisbury）内閣のもとでリッチー（C. T. Richie）が内務大臣となり、ロンドン改革に取り組むことになった。しかし、保守党政権のねらいはイギリス全体の地方の再編にあり、ロンドン改革はその一部として検討されたに過ぎなかった。

　しかも、保守党政権は、ロンドンなどの大都市ではなく、農村地域の行政制度の整備を重要視していた。ロンドン以外の都市については、すでに１８３５年の都市自治体法（Municipal Corporation Act）によって制度が整備されていたため、それにあわせる形で農村地域の整備をしなければならないというのが当時の保守党政権の認識であった。こうして、リッチーは公選議会を有する「県（County Council）」の創設を打ち出し、それをロンドンにも適用するとした。しかし、「県」は農村地域の混迷を解決するための装置であり、大都市であるロンドンにそのまま適用するのは問題であった。このため、リッチーはロンドンについては特別の扱いをすることとしていた。「県」の創設と同時に、その下にいくつかの「ディストリクト」を

---

[39] Ken Young and Patricia L. Garside, *Metropolitan London*, p.29.
[40] Ken Young, "The Politics of London Government 1890-1899" p.95

設置するとしたのである。リッチーのねらいはむしろ「ディストリクト」の創設にあった[41]。「地方主義」に基づく構想であったわけであるが、しかし、このときは保守党政権のパートナーであった自由統一派がこの構想に強く反発し、結局、ロンドンについても、他の地域と同じように扱われることになった。１８８８年の地方行政法（Local Government Act）によって「ロンドン県（London County Council）」だけが創設されたのである。これに伴い、首都建設委員会は消滅したが、それまでの自治体であった教区会はそのまま存続した[42]。

「ロンドン県」創設の最大の意義は、住民の直接公選によって選ばれた１１８人の議員によって"議会(Council)"が構成され、その"議会"がロンドンを経営することになったという点にあった。しかし、現実には「ロンドン県」は首都建設委員会の機能を引き継いだものに過ぎず、とくに都市としての機能は、地方の都市に比べても格段に小さかった。たとえば、シドニィ・ウェッブ（Sidney Webb）は次のように説明していた。

「ロンドン県は街路の舗装、清掃、照明をする権限をもっていない。水道やガスを供給する権限もない。市場の経営や電車の運行は、完全にその職分外にある。警察は"エイリアン"に握られている。課税を評価する権限もほとんどなく、地方税を自ら徴収することもできない。衛生業務を処理することもできず、埋葬も権限外である。有権者の登録事務も担当していない。ロンドン県は、せいぜいのところ、以前の治安判事と首都建設委員会の権限をもっているだけである」[43]。

---

[41] Ibid., pp.95-6.
[42] Percy Harris, *London and Its Government* (London: J.M.Dent and Sons Ltd., 1933), p.44.
[43] Sidney Webb, *The London Programme*, 1891, quoted in P. J. Waller, *Town, City and Nation; England 1850-1914* (Oxford: Oxford University Press, 1983), p.61.

しかも、このロンドン県の下で自治体として位置づけられた教区会の腐敗ぶりは一向に改善されず、早急に別のものに変える必要があると認識されていた。その上、ロンドン以外の地域では、後述するように、1894年に自治体の再編が行われ、「市」「町」「村」が創設され、新しい「パリッシュ」が創設されていた。こうして、ロンドンでも再改革の必要性が意識されるようになり、1896年には各教区会の代表者とロンドン県の代表者が集まって改革を検討するようになった。そして、中央政府レベルでも改革の検討をはじめるようになり、1899年にロンドン行政法（London Government Act）を制定し、それに基づいて28の「首都区（Metropolitan Borough Council）」が設置された。ただし、このときもシティについては手を触れられずじまいであった。

図1　ロンドンの自治体（1899—1965年）

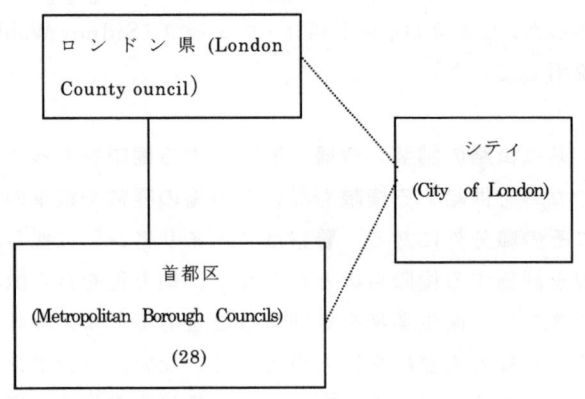

この1899年の首都区の創設に関しては、ロンドン大学の教授であったロブソン（W.A. Robson）とケント大学の教授であったキ

ース・ルーカス（B. Keith-Lucas）教授の有名な論争がある[44]。ロブソン教授が、首都区の創設がソールズベリー保守党政権のロンドン県に対する嫌悪から生じたもの、すなわちロンドン県が自由党の支配のもとに強力な団体に変貌していくのではないかという保守党の恐れを強調し、「首都区は、保守党により、ロンドン県の根元を掘り崩すために創設された」と主張していたのに対し、キース・ルーカス教授はそうした「証拠が何もない」と反論したのである。キース・ルーカス教授はいう。

「１８９９年のロンドン行政法はロンドン県にできるだけ多くのダメージを与えるために制定されたと、当時、多くの自由党のメンバーが主張していたのは事実である。しかし、そのことから、彼らの主張が正しいとすることはできない。……１８９９年の法案に導入された政策（首都区の創設）とほとんど同じものが自由党によって提示されていたことも明らかである。したがって、保守党の提案に対する自由党の提案は本質的なものではなく、政党政治の通常のやり方と見なさなければならない」[45]。

「当時、教区会が絶望的に腐りきっており、役に立たなくなっていたことは確かといえる。これらの教区会はすべて別のものに変えられる必要があると一般に認められていたのである。…このことから、私が到達する結論は、１８９９年の法案は純粋にロンドンの統治を改善するために立案・制定されたというものである」[46]。

こうした主張のもとに、キース・ルーカス教授は、ロブソン教授の主張は根拠のないものとしたのであった。これに対して、ロブソ

---

[44] この論争は、ロブソン教授の "The Government and Misgovernment of London" という論文に対するキース・ルーカス教授の批判からはじまり、２人の主張が雑誌 Public Administration に掲載された。*Public Administration*, Vol.48, (Winter 1970), pp.471-3, Vol.50, (Spring 1972), pp.95-100, Vol.50, (Summer 1972), pp.207-211, 213-215 を参照。

[45] Bryan Keith-Lucas, "London Government", *Public Administration*, (Summer 1972), pp.213-215.

ン教授が反論を加えたのはいうまでもないが、こうした論争は、歴史上の事件を単一の原因に帰することの難しさを立証しているといってよいであろう。

それはともかくとして、1899年に首都区が創設されたことは事実であった。そして、この首都区の建設に伴って、ロンドンの教区会は、ついに、その自治体としての権能を喪失した。教区会が首都区になったという解釈も成り立ちそうであるが、いずれにしても、これ以後、ロンドンに自治体としての教区会あるいはパリッシュは存在しなくなった。

また、ロンドン以外の都市では、古くからバラ（borough）などの自治体が機能していたため、教区会は自治体としてほとんど機能していなかったが、1894年の改革（パリッシュの復活もしくは新設）の際にも都市の教区会（パリッシュ）はほとんど考慮されなかった。この時点で、パリッシュは実質的に農村部の自治体とされてしまったわけであった。

もっとも、パリッシュのなかには大規模なもの、1万人から2万人の人口を抱えるところもあり、こうしたパリッシュは、公用文書でも、"パリッシュ"ではなく、"タウンシップ"と呼ばれていた。「市」や「特別市」のもとでの都市パリッシュ（urban parish）として、実質的には課税地域として、残ったところもあったが、1925年の地方税徴収法（Rating and Valuation Act）によって、こうした都市パリッシュは消えてしまった。

また、もっと後の1970年代に入ってからであるが、地方制度改革によって、それまでの「町（urban district）」が廃止され、それに伴って、これらの「町」が"パリッシュ"として生き残りをはかったために、「大きな町」でありながらパリッシュになったというところもあった。この中には1974年以前には"市（city）"の名称を国王から与えられているところも含まれていた。現在、これら

---

[46] Ibid.

のパリッシュの多くは"タウン"と呼ばれているが、この"タウン"については後に解説することにする（第9章を参照）。

3　農村部の教区会の衰頽

前述したように、18世紀後半から19世紀にかけて出現した産業革命や農業革命、さらにはナポレオン戦争により、イギリスの農村部は大きく変貌した。小規模な自営農家であったヨーマンは次第に姿を消すようになり、農業労働者もわずかに保有していた耕地を大規模な農場主に吸収されてしまい、その上、羊毛を紡ぐという伝統的な副業もなくなってしまった。このため、多くの農業労働者が仕事を求めて都市に出ていってしまった。残った農業労働者も保護を必要とする困窮者になっているということが多かった。失業者も急増していた。また、多くの新しい農場主——資本家として農業を経営する農場主——がムラに入ってくるようになり、お互いに顔見知りというムラの特色も消えていった。

このような状況のなかで、それまで比較的うまく運営されてきた教区会（公開教区会）も次第に機能しなくなっていった。月に一度の"議会"に集まる名士たちだけでは、失業者に仕事を与えたり、困窮者である老人やホームレスに住宅を与えたり、病人の面倒を見たりというようなことができなくなってしまった[47]。ムラの大地主も、他所からやってきた新興の近代的な農場主に無視されるようになり、ムラの秩序は崩壊していった。それに伴い、無法者が出現し、犯罪が増えていったが、従来のムラの警察官ではこれらの"無法者"を扱うことができなかった[48]。

こうして、国王任命の治安判事（Justice of the Peace）によって運営されていたカウンティ（県）が治安に責任を負うようになり、

---

[47] K P Poole & Bryan Keith-Lucas, *Parish Government 1894-1994*, p.20.
[48] K. B. Smellie, *A History of Local Government*, p.19.

警察を組織することとなった。1856年のことであった。ただし、この後も、かなりの教区会が警察官を設置していた。

　この当時、犯罪の増加だけではなく、伝染病の流行、貧困者の救済、道路の未整備、教育の不足、等々、多くの社会問題が次から次と発生していた。中央政府としては早急に何らかの対応をしなければならないという情勢であったが、そうしたなかでイギリスの中央政府が採った手法は、個々の問題ごとに、それを処理する機関を設立するという手法であった。たとえば、伝染病に対応するために、1871年に、国土全域に衛生区（Sanitary District）を設置し、また、教育行政を扱う学校委員会（School Board）が設置した。貧困者の救済については、パリッシュに救貧組合（union）をつくらせ、それを公選のメンバーで構成する救貧保護委員会（Boards of Guardians）の監督下に置いた。さらに、埋葬委員会（Burial Board）、道路委員会(Highway Board)、図書委員会(Library Commissioners)、地方衛生委員会（Local Board of Health）などの行政機関も設置された。このような行政機関はアドホック機関といわれたが、これらのアドホック機関の設置により、教区会はその任務を順繰りに失っていった。そして、いつの間にか、ムラの総合政府（general government）ではなくなってしまった。とはいっても、教区会の権限のすべてがアドホックの機関に移ってしまったわけではなく、慈善活動や消防などの業務はそれ以後も教区会の仕事であるとされていた。また、図書館を経営し続けたり、道路を管理し続けたりしている教区会もかなりあった。警察官を継続して任命している教区会も少なくなかった。

　しかし、いずれにしても、ムラには何種類もの行政機関が存在することになった。しかも、これらの行政機関の権限は調整されるということはなく、それぞれの機関がバラバラに権限を行使していた。課税する税金の額も、それぞれの行政機関によってバラバラに計算され、バラバラに徴収された。これらのアドホック機関のほとんどは委員会形式になっており、その委員は住民の選挙で選ばれていた。

この選挙も調整されるということはなく、それぞれのアドホック機関が独自の選挙をしていた。もちろん、投票日も違い、選挙の方法もバラバラであった[49]。ある歴史家が１８８０年代のムラ人の状況を次のように描写していた。

「ムラの人々はパリッシュの住民であったが、同時に救貧組合の住民でもあり、道路区の住民でもあった。また、カウンティの住民でもあった。そして、治安判事の命令に服し、学校委員会、地方委員会（local board）、教区会、道路委員会、救貧委員会（poor law board）に従わなければならなかった」[50]。

１９世紀後半のイギリスでは、自由党と保守党の２大政党が交互に中央政府の政権を担当していたが、このような農村部の混乱は、必然的に、中央政府レベルでも問題視されるようになっていった。そして改善策が検討されるようになったが、その際に、教区会の改善を目指す国会議員はあまりいなかった。２大政党のもっぱらの関心は、ムラの混乱をどのように改善していくかという点にあり、目指したのはもっと広域的な地方の整備であった[51]。

一方、当時の農村部においては、こうした混乱に加えて、もう一つ重要な問題が発生していた。選挙権の拡大に伴う問題であった。

---

[49] スタージェスボーン法（Sturges Bourne's Act）として知られている 1818 年の法律により、住民が教区会の集会で投票する場合、納税額に応じて１票から６票の投票権を行使できることとされた。この法律は、実際にはあまり実行されなかったようであるが、当時の新聞（*The Times*, 13 April 1818）は次のように激しく非難していた。「われわれは、この国の大きな且つ突然の制度の変貌を生還することは断固としてできない。…この国の法律は、また自然の法も、神が創った法も、このように人間を格付けし、等級づけることを決して認めていないはずである」。
しかし、このような非難があったにもかかわらず、これらのアドホック機関は複数投票権の制度を採用し、それが 1894 年まで続いた。参照、K P Poole & Bryan Keith-Lucas, *Parish Government 1894-1994*, p.21.

[50] Brian Harison, *The Transformation of British Politics 1860-1995*, (Oxford: Oxford University Press, 1996), p.115.

[51] K P Poole & Bryan Keith-Lucas, *Parish Government 1894-1994*, p.24.

イギリスでは、1867年の選挙法改正によって労働者階層にも選挙権が与えられるようになっていたが、このときに有権者となったのは、都市の工業労働者だけであった。農業労働者は含まれていなかった。このため1880年代にはいると農村部でも選挙権の拡大が要請されるようになり、1884年、自由党のグラッドストーン政権のもとで、農業労働者にも選挙権を与えるという選挙法の改正が実現された[52]。これに伴って、今度は、都市と同じように[53]、農村部にも民主的な自治体を設けるべきであるという要求が強くなり、中央政府としては、それに対応しなければならなかったのである。

表2　総選挙後の政党議席数と内閣の変遷

	自由党	自由党統一派	保守党	アイルランド党	合計	内閣
1874	243		352	57	652	1874 B. Disraeli（保）
1880	352		238	62	652	1880 W.E.Gladstone（自）
1885	334		250	86	670	1885 Salisbury（保）
1886	191	78	316	85	670	1886 Gladstone（自）
1892	274	47	268	81	670	1886 Salisbury（保） 1892 Gladstone（自） 1894 Rosebery（自）
1895	177	70	341	82	670	1895 Salisbury（保）
1900	186	68	334	82	670	

資料；Robert Blake, *The Conservative Party from Peel to Thatcher* (Suffolk: Methuen, 1985), p.370 より作成。

こうして、1885年、自由党から政権を奪取した保守党のソールズベリー内閣は、緊急の課題として、この二つの問題に取り組むことになった。ソールズベリー内閣が、まず、ムラの混乱を改善するために採用した構想は、「農村部を町と村（urban and rural

---

[52] John Morley, *The Life of William Ewart Gladstone, Vol.Ⅲ*, (New York: The Macmillan Company, 1903), pp.124-129.
[53] ロンドン以外の都市部では、1835年の都市自治体法(Municipal Corporation Act)によって公選の議会（Council）を有する自治体が設置されていた。

district) に区分し、そこにすべての行政を統合する」[54]ことであった。アドホック機関ではなく、「町」と「村」という総合的な行政機関を（地方政府）を設置し、そこで種々の業務を総合的に、調整をはかりながら推進することによって、ムラの混乱を改善しようとしたわけである。そして、もうひとつの課題、すなわち、民主的な自治体を設置するという課題に対応するために、この「町」と「村」の行政機関を「世帯単位で選ぶ」[55]ということにした。ソールズベリー内閣のこの二つの構想は、"改革計画（Radical Programme）"という名前で打ち出されたが、この構想では、「町」「ムラ」の構想と同時に、公選の議会を有する「県」も設置するとしていた。「町や村では手に負えない広域の業務を処理するために」、すなわち「町や村を補完する自治体として、公選議会を有する県（county）」[56]を設置するという構想であった。

ところが、この直後の１８８５年の総選挙で自由党に政権を奪われてしまい（表２参照）、保守党の"改革計画"は、一時、とん挫をきたしてしまった。しかし、保守党は翌１８８６年に総選挙で再び政権を奪い返し、１８８８年に改めて地方の改革法案を国会に提出した。が、このときには、１８８５年の"改革計画"は実質的に姿を消してしまっていた。国会に提案された法案は、「町」「村」ではなく、「県」を重視するものになっていたのである。法案には、形式的には「県」のなかに小さな自治体を整備するという構想を含めていたが、それは補足的な提案であり、重点はあくまでも公選の議会を統治機関とする「県」を設立するというところにあった。「県」の下の小さな自治体にはあまり関心をもっていなかった。事実、この構想は、時間切れということもあったが、保守党があまり拘泥しなかったために、１８８８年の国会では実現しなかった。

要するに、ムラの混乱を改善するという保守党の当初の意図は、

---

[54] K. B. Smellie, *A History of Local Government*, p.48.
[55] Ibid.
[56] Ibid.

いつの間にか、大幅に後退してしまったわけである。また、農村部の民主化という点でも、この改革は、かなりお座なりであった。このため、次のように批判するものもいた。

「1888年の地方行政法（Local Government Act）は、1884年の参政権の拡大によって勢力が強くなった地方の民主主義の要請を満たすためというよりは、むしろ、和らげることをねらった行政改革であった。それが、ソールズベリー卿のまさに意図したところであった」[57]。

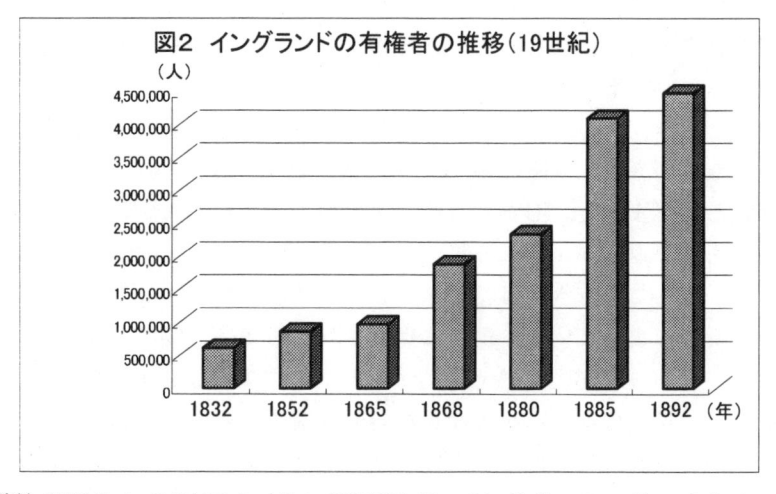

図2 イングランドの有権者の推移（19世紀）
（人）

年	有権者数
1832	約500,000
1852	約1,000,000
1865	約1,000,000
1868	約1,800,000
1880	約2,300,000
1885	約4,200,000
1892	約4,500,000

資料；F.W.S. Craig, *British Electoral Facts 1832-1987* (Hampshire: Parliamentary Research Services, 1989), pp.66-68 より作成。

野党の自由党は、保守党のこうした変節に、もちろん、強く反発した。そして、保守党政権が最初に打ち出した"改革計画"を利用し、その構想にもとづいて、民主的な基礎自治体の創設を強調した。しかし、自由党が基礎自治体にしようとしたのは「町」と「村」で

---

[57] K P Poole & Bryan Keith-Lucas, *Parish Government 1894-1994*, p.26.

はなく、既存のパリッシュ（教区会）であった。パリッシュを農村の総合的な地方政府にしなければならないというのが自由党の主張であったわけであるが、この主張は、パリッシュのなかにあまりにも小さなところが多かったために、効果的な地方政府の単位にはなり得ないという理由のもとに、はねつけられてしまった[58]。こうして、１８８８年に、「県」を自治体とする地方制度が制定された。

4 パリッシュ政府の創設──および、「村」「町」の創設──

　１８８８年の地方行政法（Local Government Act）によって、自治体として創設されたのは、「県」と「特別市（county boroughs）」であった。「特別市」は「県」と「市」の双方の機能を併せもつ都市のことであり、「県」と対等の地位、独立した地位をもつ都市であった。
　この「県」と「特別市」に、それまで治安判事の手にあった職能が移されたが、その権限はきわめて限定されていた。当初の権限は、道路や橋梁の整備・管理、警察の設置、度量衡の設定、養護施設の維持だけであった。その後、２０世紀に入ってから、教育、福祉などのように、「県」の権限は着実に増えていったが、少なくとも当初は、限られたわずかな権限しか与えられていなかった[59]。そのため、１８８８年の地方制度の整備によって、ムラの混乱が改善されるということはなかった。また、農村部の民主化をはかるという点においても、この地方制度の改革は十分ではなかった。
　これは、極端にいえば１８８８年の改革が実施された時点から予測された事態であり、そのため改革が実施された直後から、次の地方改革が要請されていた。たとえば、自由党（野党）の党首であったグラッドストーンは、早くも１８８９年に、次のような声明を発表していた。

---

[58] Ibid.
[59] David Wilson and Chris Game, *Local Government in the United Kingdom*, (Hampshire: Macmillan, 1994), p.45.

「われわれはもっと住民に近づくべきである。昔からの教区の区分をもっと活用し、農夫(peasants)や農業労働者(agricultural labourers)が地方自治の原理や義務に親しみを感じるようになり、地方自治の利便を享受できるようにしなければならない」[60]。

この提案は、具体的には、教区（パリッシュ）に民主的な議会を設置し、それをムラの総合政府にするべきであるというものであったが、そのねらいは農業労働者を民主政治の主流に据えようという点にあった。この自由党の動きは、多くの勢力に支援された。とはいっても、その支援の動機（もしくは、ねらい）はさまざまであったが……。たとえば、自由党急進派の議員で、この当時は自由統一派（Liberal Unionists）を率いてソールズベリー保守党政権と同盟していたチェンバーレイン（Joseph Chamberlain）[61]は、労働者に小農地（3エーカーの土地）と1頭の牛を与え、もう一度小農夫として定住させるために、パリッシュ議会の構想を歓迎していた。当時、農業労働者は激減していたが[62]、チェンバーレインには農業の繁栄こそ重要であり、国の礎になるという認識があった。このため、農業労働者を農村に引き戻すことが重要であり、その任務をパリッシュ議会に負わせようとしたわけである。言い換えれば、パリッシュ議会に貸農地（allotments）を提供する権限をもたせ、それでもって、農業労働者を農村に引き戻そうとしたのであった[63]。

パリッシュ議会による貸農地の提供を、イギリス全国土の国有化

---

[60] K P Poole & Bryan Keith-Lucas, *Parish Government 1894-1994*, p.27.
[61] Robert Blake, *The Conservative Party from Peel to Thatcher*, (London: Methuen, 1985), pp.159-166.
[62] この当時、農地を地主から借用して農業を経営するという、いわゆる農民（farmers）は若干ではあるが増えていた。しかし、そこで雇われる農業労働者は、19世紀の半ばから末にかけて半数になってしまったといわれるほど激減していた。参照、W. A. Armstrong, "The Countryside", in F.M.L. Thompson ed., *The Cambridge Social History of Britain 1750-1950, Volume 1* (Cambridge: Cambridge University Press, 1990), pp.113-130.
[63] K P Poole & Bryan Keith-Lucas, *Parish Government 1894-1994*, p.27.

をはかる第一歩として解釈しているものもあった[64]。また、従来の教区会はイギリス国王が主宰する英国国教会 (established Church) によって管轄されていたが、ローマ・カソリックの信者などの非国教徒 (nonconformist) [65]はこれに反発していたこともあって、パリッシュ議会を、英国国教会を攻撃するものとして理解し、支持していた。パリッシュ議会の構想は、慈善事業の党政権や教区会の指揮権を国教会の聖職者から取り上げ、それを全ての宗派と関係のないムラの議会に譲渡するものと考えていたのである[66]。

もちろん、このような動きに反発する人々、あるいは、その動きをおそれる人々もいた。たとえば、地主たちのなかには、貸農地あるいは小農地を提供するために、自分たちの土地が強制的に取り上げられたり、借り上げられたりするのではないか、という不安をもつものが多く、そのために反対するものが多かった。国教会の聖職者の多くは、それまで教区会のなかで発揮していた力がなくなってしまうということから、パリッシュ議会の構想に反発していた。教会立の学校 (Church School) がパリッシュの管轄に移され、宗教と切り離されてしまうのではないかという懸念から、反対する聖職者も少なくなかった。

パリッシュではなく、もっと広域の「村」や「町」を重視するべきであると強調するものも多かった。というよりも、この意見のほうがむしろ優勢ともいえた。多くのものは、「村」と「町」の創設を前提とし、その上で、パリッシュを設置するべきか否かを問題にしていたのである[67]。

そして、グラッドストーンが率いる自由党にとっては、パリッシュを民主的な形で復活させることが長い間の悲願であった。

---

[64] Ibid.
[65] 16世紀にヘンリー8世がローマ法王の支配権から独立して英国国教会を設立したが、この国教会を信奉しない人々をいう。
[66] K P Poole & Bryan Keith-Lucas, *Parish Government 1894-1994*, p.27.

「死にかかっている教区会に新しい命を吹き込み、それによって保守党系の国教会の牧師や地主の影響力に対抗する」[68]。

これが自由党の長い間の基本戦略であった。このため、１８９２年、グラッドストーンの自由党が政権に復帰すると、すぐにパリッシュ法案をできるだけ早く国会に提案すると宣言した。そして、同年１１月、当時の地方行政を統括する中央政府の機関であった地方自治委員会（Local Government Board）のオーウェン（Sir Hugh Owen）事務次官のもとで、次のような内容をもつ法案を策定した。すなわち…

すべてのパリッシュは、以前の公開教区会と同じように、住民総会（parish meeting）をもつこととする。しかし、議会（council）を設置し、原則的には、この議会にパリッシュの中心機関とする。この議会を設置するためには、少なくとも２００人の人口が必要である。したがって、それに満たないパリッシュについては、合併をはかる。パリッシュ議会は、貧しい人々の後見役である教区管理者（overseers）を任命し、困っている人々を救助し、消防車を所有し、宗教色のない慈善事業の受託者（trustee）を任命する。貸農地にするための土地を強制的に借り上げる権限もパリッシュ議会に与える。大地主の私有地を人々が近道などで通り、自然にできあがった小道についても、その通行権を主張する権限をパリッシュ議会がもつこととする。

このパリッシュ議会の議員は住民総会で選任される。住民総会は、また、「照明・夜警・埋葬・図書館・浴場・洗濯場・その他の公共施設の改善法（Lighting and Watching, Burial, Libraries, Baths and Washhouses and Public Improvement Act）」を採用するかどうかを決定する権限をもつ。この法律の採用を住民総会で決定した場合、

---

[67] Ibid., pp.26-29.
[68] Ibid., p.31.

街灯や夜警などの業務はパリッシュ議会の業務になる[69]……というような内容の法案であった。

　この法案は、パリッシュだけではなく、もっと広域の「村」の設置も提案していた。「村」のなかには、いくつかのパリッシュが包含されるというものであった。もちろん、この「村」も、公選の議会をもつ自治体とされた。というよりも、保健衛生の業務や福祉の業務など、法律で決められた業務を担当する自治体、パリッシュの上位にある自治体とされていた。

　このため、国会では、「小さな行政体」すなわちパリッシュを重視する議員と、「大きな行政体」すなわち「村」を重視する議員の争い、という形で議論が展開された。

　提案者であるグラッドストーン自由党内閣には、「隣近所が行政区画であれば、普通の労働者も地方自治の業務に参加できる」という考えのもとに、「小さな行政体」を支持する傾向が強かった[70]。しかし、この内閣には、83歳の老人（グラッドストーン）が内閣をリードしているという問題、しかも、閣僚は有能な人物が多すぎ、お互いにライバル意識が強すぎるという問題があった。その上、国会では、自由党は過半数を占めていなかった。全議席670のうち、自由党が占めていたのはわずか274議席（41％）にすぎなかった。また、自由党として結束しているということもなかった。自由党の議員のなかでも、労働組合から選出されてきた議員は、自由党の政策にしばしば造反していた。このため、グラッドストーン政権は、パリッシュ法案を通すためには、多くの譲歩をする必要があった。が、それでも、説得に説得を重ね、下院は何とか通過させることができた[71]。しかし、上院では、自由党のパリッシュの構想はもっと過酷な反発を受けた。パリッシュの権限として構想されていた

---

[69] Ibid.
[70] V.D. Lipman, *Local Government Areas 1834-1945*, (1949), quoted in K P Poole & Bryan Keith-Lucas, *Parish Government 1894-1994*, p.33.
[71] Malcolm Pearce & Geoffrey Stewart, *British Political History 1867-1990* (London: Routledge, 1992), p.56.

ものは、ほとんど根こそぎ削減された[72]。そして、最終的には、パリッシュは「村」の補足的な自治体とされてしまった[73]。自治体としてのパリッシュは何とか設置されることになったが、また、パリッシュ議員の選挙権と被選挙権を女性にも与えるという構想は認められたが、自由党が描いたパリッシュの構想とはほど遠いものであった。

　こうした上院の暴挙に対するグラッドストーン首相の怒りは非常に大きかった。グラッドストーンは、それまで上院に対してかなり好意的な姿勢をとっていたが、それをかなぐり捨て、次のような警告を残して、１８９４年３月１日に政権を去ったほどであった。

　　「６００万以上の人々によって選出された下院の作品を根こそぎ駄目にするようなことができるのだろうか。政府は上院の改革を決断するべきである」[74]。

　このパリッシュ法（すなわち、地方行政法）はグラッドストーンが政権を去った４日後（１８９４年３月５日）に国会を通過し、これによって、イングランドとウェールズの地方自治制度が完成した。農村部では、「村（rural district）」が基礎自治体として創設され、「パリッシュ(parish)」がその補足的な自治体となった。また、都市化された地域では、「市（non-county borough）」および「町（urban district）」が基礎自治体として創設された。パリッシュはつくられなかった。要するに、都市地域では「県」と「市」「町」の２層制となり、農村部では「県」と「村」それにパリッシュの３層制になったのである。ただし、大都市地域は「特別市」の一層制であった（図３参照）

---

[72] John Morley, *The Life of William Ewart Gladstone, Vol.Ⅲ*, pp.504-5.
[73] Malcolm Pearce & Geoffrey Stewart, *British Political History 1867-1990*, p.56.
[74] John Morley, *L The Life of William Ewart Gladstone, Vol.Ⅲ*, p.512.

図3 イングランドとウェールズの自治体（19世紀末）

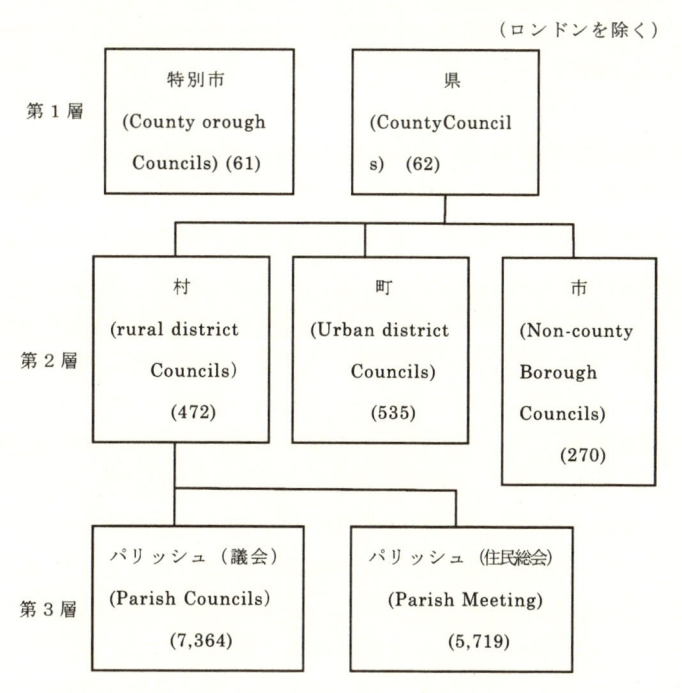

(ロンドンを除く)

第1層
| 特別市 | 県 |
| (County orough Councils) (61) | (CountyCouncils) (62) |

第2層
| 村 | 町 | 市 |
| (rural district Councils) (472) | (Urban district Councils) (535) | (Non-county Borough Councils) (270) |

第3層
| パリッシュ（議会） | パリッシュ（住民総会） |
| (Parish Councils) (7,364) | (Parish Meeting) (5,719) |

資料）David Wilson and Chris Game, *Local Government in the United Kingdom* (Hampshire: Macmillan, 1994), p.46

第2章　パリッシュの発足

1　パリッシュの権限

　１８９４年の地方行政法（Local Government Act）により、１９世紀の半ば頃からほとんど機能しなくなっていたパリッシュに再び"生命"が吹き込まれた。パリッシュの区域とされたのは、それまでの教区会とほとんど同じであり、ムラと呼ばれている地域であった。ただし、それを治める機関は、全く新しいもの、民主的なものに一変した。教区会ではなく、公選のパリッシュ議会もしくは住民総会がムラを治めることになった。もっとも、以前のパリッシュは地方の"総合政府"であったが、１８９４年法は「村」を総合政府としたため、新しいパリッシュはそれを補足する治体となった。

　しかし、教区会の多くの業務は新設のパリッシュ議会に引き継がれた。パリッシュ議会が設置されなかった小さなパリッシュでは、住民総会に多くの権限が引き継がれた。とはいっても、教区会の業務は慣習のなかでできあがったものであり、教区会が違えば、その慣習も異なっていた。このため、どのような権限が実際に移管されたかは、パリッシュによって異なっていたが…[75]。しかし、たとえばムラの警察官（constable）を選出するという教区会の権限は多くのパリッシュに引き継がれた。警察は１８５６年の法律でカウンティ（県）によって組織されるようになっていたが、それ以後も、独自の無給の警察官を選出し続けてきた教区会が多く、これらの教区

---

[75] この当時のパリッシュの権限をウェッブ夫妻は「住民に必要なものを提供するというパリッシュの権限は非常に広く、且つあいまいであり、実際にどこまでがパリッシュの権限なのか、ほとんど分からなかった」と説明している。参照、Sidney and Beatrice Webb, *The Evolution of Local Government* (1899), quoted in K P Poole & Bryan Keith-Lucas, *Parish Government 1894-1994* (London: The National Association of Local Councils, 1994), pp.48-49.

会を引き継いだパリッシュは警察官の選出権も引き継いでいた[76]。筆者が調査対象としたケンブリッジシャー県のカルデコート（Caldecote）パリッシュにおいても、少なくとも１８９４年から数十年間は、警察官の選出が重要な選挙のひとつであった。このカルデコート・パリッシュの当時の人口は１００人余りというように非常に小さく、議会を設置できないパリッシュであったが、それにもかかわらず、住民総会でムラの警察官を選出していたのである[77]。

貧困者の後見人である教区管理者（overseer）や副管理者（assistant overseer）を選定するという権限を引き継いだパリッシュも多かった。というよりも、ほとんどのパリッシュがこの権限を引き継ぎ、教区管理者や副管理者を指名していた。カルデコートもその例外ではなかった。ただし、教区管理者が実際に貧困者の後見人となっていたかどうかは定かでない。しかし、この教区管理者はパリッシュのなかで中心的な役割りを果たしていたことは確かである。また、教区管理者は、２０世紀初頭の頃までは、パリッシュ税を含む地方自治体の地方税を徴収する人物でもあった[78]。

このほか、コモン（common）とかグリーン（green）などといわれることが多いムラの緑地帯の管理や、ムラが所蔵する本の管理、

---

[76] 住民を無給の警察官に任命するというこの権限は、1964 年の警察法（Police Act）によって廃止された。それ以後、警察官はすべて県の警察官となったが、1990 年代に入ってから、再びパリッシュが無給の警察官を選任できるようになり、また、1997 年の地方自治・税法（Local Government and Rating Act）によって、警察官を選任する代わりに、助成金を警察に交付し、特定の警察官をパリッシュの治安にまわしてもらうこともできるようになった。参照、David Wilson and Chris Game, *Local Government in the United Kingdom*, 2d ed. (Hampshire, Macmillan, 1998), p.70.．
[77] 議事録をみると、1897 年 3 月 29 日の住民総会（出席者 10 人）でモーリー（Morley）という住民が選挙で警察官に選ばれている。このモーリーは、以後、1918 年まで毎年選出された。途中、警察官の選任が記録されていない年もあるが、次の年には再びモーリーの名前が出るところからみれば、無投票で再選されていたとみるのが妥当と思われる。
[78] この税金の徴収権は 1925 年地方税徴収法（Rating and Valuation Act）によって「村」当局に移管されるまで続いた。この法律の制定にパリッシュ議会は猛烈に反発したが、結局は移管されてしまった。

あるいは教区会が保管してきた出生届や死亡届の管理も、ほとんどの場合、パリッシュが引き継いだ。消防車を引き継いだパリッシュもあった。

また、法的には上位の自治体である「村」の権限になったものを、実際には、パリッシュが奪い取るということもあった。たとえば、公衆衛生の仕事を担当する教区委員会（parochial committees）の任命は１８９４年法によって村議会の権限とされたが、村議会のなかには、パリッシュ議会そのものをこの教区委員会に任命するというところが少なくなかった。サリー（Surrey）県のクロイドン（Croydon）村の場合、５つのパリッシュ議会をそれぞれ教区委員会にしていたし、また、コーンワル（Cornwall）県のリスカード（Liskeard）村の場合は村内のすべてのパリッシュ議会を教区委員会にしていた[79]。公衆衛生の現実の仕事をするのは「村」の職員であった。しかし、その仕事は教区委員会の指示にしたがって行われていたため、これらのパリッシュでは、パリッシュ議会が「村」の職員を指揮することができたわけである。

もちろん、パリッシュにはいくつかの新しい権限も与えられた。しかし、それらの権限を与えられたのは"議会（parish council）"に対してであり、住民総会（parish meeting）を意思決定機関とするパリッシュは新しい権限をあまり与えられなかった。住民の直接民主主義よりも、間接民主主義の形態をとっている議会のほうが重んじられたわけである。

１８９４年の地方行政法がなぜ間接民主主義のほうを重視したのか、その理由は明らかでない。しかし、イギリスのその後の政治史をみると、議会制民主主義は非常に重んじられてきたが、直接民主主義はあまり重視されなかったようである。むしろ、否定される傾向が強かったといっても言い過ぎではない。たとえば直接民主主義の典型例である住民投票（レファレンダム）が問題になると、すぐ

---

[79] K P Poole & Bryan Keith-Lucas, *Parish Government 1894-1994*, p.40.

に強力な反対勢力が登場し、撤回されてしまうのが常であった。住民投票に反発するという傾向は、どちらかといえば、保守党に強かったが、20世紀に入ってから、急激に勢力を伸ばした労働党も、長い間、住民投票に反発してきた。しかも、まだ国会の議席をほとんどもたず、発言権が実質的にないという時代からそうであった。これは、1924年に首相となったマクドナルド（Ramsay MacDonald）が、1912年の時点で、住民投票に対して次のように反対していたことを見ても、明らかといえよう。

「レファレンダムは何が何でも反対である。レファレンダムは代表者の責任をぶち壊してしまう。"まやかし"以外の何ものでもない」[80]。

表3　20世紀初頭の政党の議席数

総選挙年	保守党	労働党	自由党	その他	総議席
1906	156	29	399	86	670
1910.1	272	40	274	84	670
1910.12	271	42	272	85	670
1918	382	61	163	101	707※
1922	344	142	115	14	615
1923	258	191	158	8	615

注）※1918年は第1次世界大戦の時であり、選挙も連立政権と反対派で争われ、労働党は分裂して4人が連立に加わっていた。

資料）F.W.E. Craig ed., *British Electoral Facts 1832-1987* (Hampshire: parliamentary Research Services, 1989), pp.18-26 より作成

住民投票に反発する際に、その理由として議会政治は"理解の政治"であるいう点が強調されることが多い。議会政治は、責任者が論議を尽くして、その功罪を理解した後に、物事の善悪や適否を判

---

[80] Cumbria County Record Office, *Catherine Marshall MISS*, box 8 (File CEM January 1912), *MacDnald to Mrs Fawcett* (Jan.29, 1912), quoted in Brian Harrison, *The Transformation of British Politics 1860-1995* (Oxford, Oxford University Press, 1996), p.224.

断する政治であるが、それに対して、住民投票は個々の住民が感性で判断する政治、いわば"感情の政治"であり、"無知の政治"につながりかねない。したがって、議会制民主主義のほうが適切であるというのである[81]。このように論議を重視する姿勢、あるいは"理解の政治"を目指す姿勢は、イギリスのいろいろな分野に現れているといってよい。たとえば、国会の審議形態の審議形態をみても、議論抜きで採決に持ち込まれるということはなく、常に与党と野党が向かい合って議論を繰り返すという形で審議されている。これは、議論による"理解"を端的に目指しているというべきであろう。

また、地方自治体のレベルでも、首長制ではなく、議会（カウンシル）制を採用しているが、これも、"理解の政治"を志向しているということができる。イギリスの自治体の統治機関は議会（カウンシル）だけである。議会が唯一の統治機関である結果、日本のように首長が単独で物事を決定するということはない。常に複数の議員の議論によって意思が決定される。このように議会制を採用しているのは、議論を重んじ、ひいては、物事を理解するためといってもよい。あるいは、議会制民主主義が、長い間、展開されてきたために、議論が重んじられるようになった可能性もあるが、いずれにしても、１８９４年の地方行政法が議会制民主主義を住民の間に根付かせ、議論によって状況を理解した上で物事を決定するという習慣を根付かせる働きをしたことは否定できないところであろう。

もっとも、１９９０年代に入ってからは、イギリスでも、住民投票を重んじる傾向が強くなりつつある。また、県などの自治体の統治機関も、自治体の裁量で議会制（カウンシル制）を放棄することができるようになった。首長制を採用したり、市支配人制度を採用したりすることができるようになったのである。このように、伝統的な議会民主制の慣習に若干の崩れがみえはじめているが、しかし、

---

[81] イギリスの住民投票をめぐる 1990 年代前半までの動向については、竹下譲「議会制民主主義と住民投票」、『月刊自治研』39 巻 448 号（1997 年 1 月）、26-33 頁参照。

現在でも、ほとんどの自治体は議会制（カウンシル）制に執着している。このことからいえば、議会制民主主義がそれほど大きく崩れることはないと考えるのが妥当であろう。

　１８９４年法により、パリッシュ議会は、森や牧場あるいは畑のなかの小道（footpath）を管轄する権限を与えられた。散歩道（public walk）やレクレーションのための土地を所有できるようにもなった。必要がある場合には、それらの土地を強制的に購入する権限も獲得した。ただし、強制的に購入した土地を処分するときには、自治体の監督機関である地方自治委員会（Local Government Board）[82]の同意を得るが必要であったが……。

　レクレーション用のグランドや緑地帯を規制する条例を制定することもできるようになった。また、１８９４年法を制定する際に大きな争点となった貸農地の管理権も与えられた。パリッシュ議会は、その所有地を貸農地として貸すことができたのはいうまでもないが、貸農地のための土地を買い上げることもでき、さらには、借り上げることもできるようになった。この土地の取得が難しい場合には、地方自治委員会に訴えて、強制買い上げ命令を出してもらうことができた。強制借り上げについては、県議会に申し出て、その許可を受けることが必要であったが……。また、村当局が道路の維持や補修などをしない場合、あるいは、県当局が県の業務を誠実に履行しない場合には、パリッシュ議会は苦情を申し立てることができるとされた。これによって、村や県が積極的に義務を履行するようになるに違いない、と法律は期待したわけである[83]。

　このように、１９８４年法は、もっぱら議会に権限を与えるものであった。言い換えれば、議論もしくは"理性の政治"によってパリッシュが意志決定することを期待するものであった。とはいうも

---

[82] この委員会は 1918 年に廃止され、その業務は保健省（Ministry of Health）に引き継がれた。
[83] K P Poole & Bryan Keith-Lucas, *Parish Government 1894-1994*, pp.49-51.

のの、このパリッシュの議会制民主主義は、議員だけに特権を与えようというものではなかった。１８９４年法は、議会での議論を重視しただけであり、その議論の参加者については、とくに注文は付けなかった。この結果、多くのパリッシュは、従来の教区会の慣習にしたがい、住民にも議論に参加する権限を認めるところが多かった。住民が議会に出席し、発言をし、採決に参加するということが多くのパリッシュでみられたわけである。（こうした議会の運営については、第７章参照）。

 それはともかく、１８９４年法は議会を重視するものであったが、例外的に、住民総会を重視することもあった。たとえば、一定枠以上の課税をする場合には、住民総会の同意が必要としたのが、それであった。パリッシュ議会は家屋や土地の課税評価額１ポンドにつき最高６ペンス（評価額の４０分の１）の課税をすることができるという権限を与えられていたが、３ペンス以上（評価額の８０分の１）の課税をする場合には住民総会を開き、その同意を得なければならなかったのである[84]。

 なお、議会をもたないパリッシュも、すなわち住民総会も課税権は与えられていた。そして、その最高額は、議会をもっているパリッシュと同じく、６ペンスであった。これは、パリッシュの諸々の関連法に基づいて、住民総会もお金を使ってサービスをする可能性、そのための権限を獲得する可能性があったからである。

---

[84] この当時の貨幣単位は１ポンド２０シリングで、１シリングは１２ペンスであった。つまり評価額１ポンドにつき１ペンスの課税というのは、評価額の２４０分の１の課税をするということを意味した。３ペンスの課税というのは、評価額の８０分の１の課税を意味したわけである。なお、この税金は財産税の一種であり、家屋や土地の評価額にしたがって課税され、「村」も「県」も同じ評価額にしたがって課税された。この税体系は、これ以後、１９９０年のコミュニティ・チャージ（いわゆる人頭税）の導入まで続いた。しかし、このコミュニティ・チャージには反対が多く、１９９３年に廃止され、それ以後は財産税と人頭税の混合形態であるカウンシル・タックスが地方税となっている。コミュニティ・チャージ導入および廃止の経緯については、竹下譲・佐々木敦郎『イギリスの地方税——中央政府と地方自治体の葛藤——』（１９９７年、梓出版社）を参照。

2 パリッシュ議会の最初の選挙

 1894年法により、人口300人以上のパリッシュは、パリッシュ議会（parish council）を設置することが義務づけられた。人口100人から300人のパリッシュの場合は、住民総会で議会を設置する旨の議決をし、そして、「県」議会の同意があればパリッシュ議会を設置することができるとされた。人口100人未満のパリッシュは、原則的には、議会を設置することができなかった。しかし、実際には、住民総会の意向のもとに、県がパリッシュ議会の設置を指示したこともあった[85]。

 議会が設置された場合には、この議会が、パリッシュの代表機関、統治機関となった。日本流の形態でいえば、議会と執行機関の双方の機能を担うこととされた。しかし、議会を設置したパリッシュも、少なくとも1年1回は、住民総会を開かなければならなかった。議会の幹部は住民総会でパリッシュの運営状況の説明をし、また、一定額以上の課税をする場合には、住民総会で承認を受ける必要があった。とはいっても、これらのパリッシュでは、意思決定をするのは議会であり、住民総会はただ議会の面々の説明を聞くだけであった。中央政府（地方自治委員会）の1898年の報告書によると、この当時、パリッシュは全部で13,083あり、そのうち7,364のパリッシュが議会を設置していた[86]。

 パリッシュ議会の最初の選挙は1894年12月に行われたが、この選挙のときには、自由党の国会議員や労働組合のリーダーが農村部を走り回った。1894年法の趣旨を説明し、労働者に候補者になるように説得して回ったのである。自由党の国会議員のなかには、「国教会の牧師を追放し、大地主を押さえこもうではないか」と

---

[85] K P Poole & Bryan Keith-Lucas, *Parish Government 1894-1994*, p.38.
[86] *Local Government Annual Report*, 1898, quoted in K P Poole & Bryan Keith-Lucas, *Parish Government 1894-1994*, p.39.

労働者をあおるものも少なからずいたという。その一方では、労働者が立候補することに対して、「慈善事業の恵みを受けられなくなるぞ」などと脅しをかける国教会の牧師もいた。ノーフォーク県のイースト・ハーリング（East Harling）パリッシュのように、議席数１１人の議会に２３人の国教会牧師が立候補したところもあった[87]。ある週刊誌が、この最初の選挙の状況を、次のように、封建権力の終焉を示す日々として描写していた。

「ここ数週間、ムラの学校では熱心な会合が開かれ、酒場では白熱した論議が戦わされるようになった。教会の前では、礼拝が終わった後も、大勢の人がたむろして議論しており、労働者は作業場で助言や警告をささやきあいながら、うなずいたり、ウインクしあったりしている。また、週刊紙を熱心に読むようになった。青物市場では、農場主が、値段の低さに対するいつもの不満を忘れ、新しく出現した敵に怒りをぶちまけていた。牧師館では、牧師たちが論争をし、票読みに熱心であった。大地主の館では、これまで読まれてきたタイムズ新聞ではなく、国会報告書が読まれるようになった。以前は時事の風刺マンガを見て人々が笑いあっていたが、こうした光景は消えてしまった。牧師が通ると、労働者はこれまでの習慣でつい帽子に手が伸びるものの、寸前で手が止まり、帽子を脱がなくなった」[88]。

１８９４年１２月４日、この日が最初の選挙の投票日であった。有権者は、当該のパリッシュに住宅を所有している者、あるいは居住している者で、パリッシュ税を納めている者であった。既婚の女性も選挙権を与えられたが、有権者となるには、これらの条件が必

---

[87] K P Poole & Bryan Keith-Lucas, *Parish Government 1894-1994*, pp.40-41.
[88] The Eastern Weekly Leader, quoted in K P Poole & Bryan Keith-Lucas, *Parish Government 1894-1994*, pp41-42.

要であった。これらの有権者は、すべてパリッシュ議会のメンバーになる資格があった。この日、各パリッシュでは住民総会が開かれ、そこで投票が行われた。たとえば、ケンブリッジシャー県のバッシンバーン（Bassingbourne）パリッシュの選挙状況をみると……[89]。

選挙は、北部と南部の2つの地区に分かれて行われた。北部では、夕方から、小学校の教室に有権者が集まりはじめ、定刻の7時には80人以上が集まった。女性も2・3人混じっていた。まず、暫定の議長が議員候補者の16人の名前をアルファベット順に黒板に書き、それをもとづいて投票が行われた。出席者は挙手によって投票したが、手を挙げることができたのは当選者の数と同じ回数の9回であった。その結果、次の9人が議員に当選した。

表4　バッシンバーンの当選者（1894年）

候補者名	得票数
H Huckle	80
McTrend	74
J P Clarke	63
J Mulberry	60
G Worboys	58
W Wedd	54
J G Russell	49
G Chapman	40
J H Bonner	37

南部の選挙は12月17日に同じく挙手で行われた。そして、T Nash、H Smith、T Tookey、G Packerの4人が議員に選ばれた。この後、すぐに第1回のバッシンバーン・パリッシュの議会が開かれ、議長候補を推薦するということになった。議長候補には2人が推薦されたが、うち1人は議員ではない住民であった。しかし、この2人の候補者は結局は議長に選ばれず、それに代わって、北部か

---

[89] Bassingbourn-cum-Kneesworth ParishHistory,http://www.camcnty.gov.uk/htm.

ら議員になったクラークが議長に選ばれた。続いて、教区管理者と副管理者が選ばれ、この副管理者がパリッシュの書記官を兼務することとなった。実質的には、この3人でパリッシュを運営することになったわけである。

このようなバッシンバーンの選挙は平均的な選挙であったようである。しかし、有権者の要請がある場合には無記名の投票によって選挙をしなければならないと法律で定められていたため、投票によって選挙が行われたところもあった。なかには、1人の有権者が無記名投票をするべきであると頑強に主張したため、裕福な候補者が候補を辞退し、残りの候補者が無投票で当選したというパリッシュもあった。立候補を辞退したのは、投票が行われると選挙費用がかかり、その費用がパリッシュ税という形で富裕な住民にかかってくるため、言い換えれば、余分な税金がかかってくるのを回避するためであった[90]。

1894年の選挙で57,000人を超すパリッシュ議員が登場した。しかし、これで民主化が進んだというわけにはいかなかった。ノーフォーク県のある新聞は、次のように報道していた。

「大地主や教区牧師の権力に対する攻撃は、予想とは異なり、ほとんど見られなかった。ムラのヒエラルヒーはそのまま続き、ドラマチックな変化は生じなかった」[91]。

地方自治委員会がまとめた報告書を見ても、議員に選ばれたのは、ほとんどが、農場主や商店主あるいは地主など従来から教区会の有力者としてムラを仕切ってきた人々であった。労働者階層で議員に選ばれたのは全議員のわずか9%に過ぎなかった[92]。

---

[90] K P Poole & Bryan Keith-Lucas, *Parish Government 1894-1994*, p.42.
[91] *The Mercury* の記事。K P Poole & Bryan Keith-Lucas, *Parish Government 1894-1994*, p.43 より再引用。
[92] Local Government Board, *Annual Report 1895*. quoted in K P Poole & Bryan Keith-Lucas, *Parish Government 1894-1994*, p.44.

しかし、パリッシュを個別にみる場合には、労働者が、それまでのムラの有力者を切り崩し、ムラの政治を左右できるようになったところもあった。たとえば、ケンブリッジシャー県のソーストン（Sawston）では、パリッシュ税の納税者がひとりも議員に当選できなかったし[93]、ヨークシャーのシャールストン（Sharlston）では、当選した全議員が労働者であった[94]。もちろん、その逆に、労働者がひとりも選ばれなかったパリッシュもあり、また、全議員が農場主というところもあった。

　バッキンガムシャー県のトリング（Tring）というパリッシュでは、大富豪の銀行家ロスチャイルドとともに、ロスチャイルド家の煙突掃除人が議員に選ばれたという興味ある事例も記録されている。また、ウォーリックシャー県のアロー（Arrow）というパリッシュでは、5人の議員が選ばれたが、そのうち2人はハートフォード侯爵（Marquis of Hertford）とその弟アーネスト・シーモア（Lord Ernest Seymour）であり、1人はハートフォード侯爵の庭師クリスティー（Mr D Christie）であった[95]。

　女性が何人パリッシュ議員に選ばれたのかは明らかでない。80人ほどという推測もあれば、200人近くいたという推測もある。いずれにしても、57,000人を超すパリッシュ議員のなかの80人か、200人であり、非常に少ない数であったが、しかし、その数少ない女性のなかから何人かが議長に選ばれ、リーダーシップを発揮していたたとえば、ハンプシャー県のシャーフィールド

---

[93] 19世紀末から、パリッシュ議員に関連するいくつかの雑誌や定期刊行物が発行されるようになった。そのひとつに『The Parish Councillor』という名前の週刊誌があった。これは、かなり前から発行されていた『Yeoman』を改名したものであったが、自らを「パリッシュ議員と小自作農および入植者の雑誌」であるとし、パリッシュ法制定時にいわれた"3エーカーの土地と一頭の牛"の実現に大きな関心をもっていた。本文の引用文は、この雑誌の記事である。参照、K P Poole & Bryan Keith-Lucas, *Parish Government 1894-1994*, p.42, p.57.

[94] The Parish, *District and Town Councils Gazette* の記事。K P Poole & Bryan Keith-Lucas, *Parish Government 1894-1994*, p.44 より再引用。

[95] K P Poole & Bryan Keith-Lucas, *Parish Government 1894-1994*, p.27.

（Sherfield-upon-Loddon）というパリッシュでは、国教会の牧師の娘であったバーカー夫人（Mrs Barker）が議長に就任した。同夫人はいう。

「私たちのパリッシュ議会は道路を管理することにいたしました。私は議会にパリッシュの２５インチの測量地図を備えました。そして、土地所有者の一人ひとりに対して、その所有地内に自然にできてしまった人々の通行道（小道）を改めて一般に開放してくれるように交渉しました。２人の所有者は別として、議会の要求はすべて認められました。こうして確保した道路を、幹線道路は茶色の線で、乗馬道（bridle paths）は赤い線で、人道（footpaths）は緑の線で測量地図に落としました。この地図はいまパリッシュの金庫に保管しています。…私は６インチの地図を２枚買いました。そして、同じ方法で道路を描き、枠をつけて、パリッシュの両端にある２軒のパブ(酒場)の壁にかけました」[96]。

議長を議員以外から選んだパリッシュもかなりあった。以前の教区会では国教会の牧師が議長になるというのが慣例であったが、１８９４年法にもとづくパリッシュ議会でも、初代議長に国教会の牧師を、しかも、議員に選ばれなかった牧師を議長にしたところがかなりあった。５分の１のパリッシュがそうであったといわれているくらいである[97]。大地主などの有力住民を議長に選んだところも多かった。ほかに、侯爵などの貴族が議長になったところも多く、農場主や商店主、学校長などが議長になったところもあった。しかし、労働者が議長になったところはほとんどなかったといわれている[98]。

---

[96] Ibid., p.47.
[97] Ibid., p.45.
[98] Ibid.

3 パリッシュの住民総会（カルデコートを中心に）

　人口３００人未満のパリッシュでは、原則的には、住民総会が統治機関となった。しかし、これらのパリッシュでも、議長と教区管理者（overseer）は選ばれたため、実質的には住民総会が議決機関となり、議長と教区管理者が執行機関の役割を果たしていたようである。このほかに、副教区管理者や警察官を選んでいるパリッシュもあった。

　こうしたパリッシュは、地方自治委員会の１８９８年の報告書によれば、5,719あったようであるが、ケンブリッジシャー県のカルデコート・パリッシュもそのひとつであった。当時のカルデコートの人口は約１００人いただけであり、議会を持つ資格をもっていなかったのである。

　カルデコート・パリッシュでは、１８９４年１２月４日に、おそらく貴族だったと推測されているクラーク（Joseph Butler Clarke）が所有する館（Manor Farm House）の台所で最初の住民総会が開かれた。１３人のムラ人が出席し、クラークの司会のもとに議事が進められ、パシュラー（W.Ingram Pashlar）と呼ばれる人物が初代の議長となった。しかし、この館の台所で住民総会が開かれたのはこのときだけであった。２回目からはフォックス・イン（Fox Inn）という酒場で開かれたるようになり、以後、１９３３年までこれが続いた[99]。

　１８９４年法によると、議会を持っていないパリッシュは、年２回、住民総会を開かなければならなかった。しかし、カルデコートでは１８９４年から１９１８年にかけて３２回の住民総会しか開かれなかった。ほとんどの年は年１回の住民総会であったわけである。

---

[99] 現在、このFox Innの建物は個人の住宅となってしまっている。ただし、現在もフォックスと呼ばれているが…。

しかも、その出席者は非常に少なかった。最初の１３人は例外で、翌１８９５年は８人、その後は多くても１０人であった。少ないときは４人ということもあった。（１９３０年代にはいると、住民も増え、住民総会への出席者も５０人とか７０人というように増加したが…）。

ところで、１９世紀末から２０世紀初頭にかけてのカルデコートはどういうムラであったのだろうか。１９２６年にカルデコートに転入し、それ以後、１９３３年に住民総会の議長に就任するなど、ムラの最前線にいたベイズ（Peter Bays）が１９２０年代のカルデコートについて次のように説明している。

「ムラには郵便局がなかった。電報は遠くの郵便局から配達されたため、受取人は６ペニー支払わなければならなかった。電報は郵便局に着いてから２・３日経ってから配達されるということがよくあった。ムラを通っている道路はひどいもので、道路というよりも、荷車のわだちといったほうが適切であった。両側はジャングルともいえる灌木に覆われていた。もちろん、人間が歩く小道（footpath）はなかった。ケンブリッジに行こうと思うと、タボニーさんのトラックに頼るしかなかった。タボニーさんは水曜日と土曜日にケンブリッジに出かけていたが、時間は決まっていなかった。お客はタボニーさんの荷物の隙間に潜り込んで、激しい揺れをじっと我慢していた。ケンブリッジではタボニーさんの仕事が終わる前に用事を済ませ、トラックに戻っている必要があった。

小学校は１９１０年に建てられたもので、坂道を上りきったところに建っていた。学校の反対側の道は、縁が整備されておらず、また歩道がなかった。そのため、子供たちは学校に通うときには道路の真ん中を通っていた。

１９２５年から３１年にかけてかなり多くの住宅が建てられるようになり、軍隊を退役した人々が家族を連れて移住してきた。

世帯主の男はすべて障害を持った退役軍人で、身体は壊れていたが、精神は健全であった。これらの人々は、ムラの当時の状況に驚き、事態を変えるにはどうしたらよいかを一緒に考えるようになった。しかし、会合を開く場所がなかったので、ムラの告知板があった屋外で、いまは街路樹があるところで会合が開かれた。以前にムラのホールの用地を買おうという計画が持ち上がったことがあったが、そのときの用地がこの場所であった。この頃、スパークさんの店、ムラではじめての店も出現した。スパークさんはムラのお客さんが必要とする品物を手に入れるためにあらゆる手を尽くしてくれた人であった。

　１９３１年の終わりにやっと郵便局がつくられた。ムラのホールの建設用地も購入され、最初のホールがムラの人々のボランティアで建てられた。集会場所ができたわけである。１９３２年に住民総会がここで開かれた。５０人の住民が出席した。それからは、ここで住民総会が開かれるようになった」[100]。（なお、１９３０年代のムラの大部分では、電気はなく、水道もなかった）。

　このような状況のもとで、カルデコート・パリッシュの住民総会では、郵便をちゃんと配達してもらうにはどうしたらよいか、人間が歩く小道をどのように整備するか、ということが議論されることもあった。しかし、初期段階の住民総会では、ほとんどの場合、選挙が行われただけであった。その選挙も、１８９４年の最初の住民総会では、議長の立候補者が複数であったため、挙手による選挙で議長が選ばれたが、１８９５年の２回目の住民総会では立候補者が

---

[100] Owen Kember, *100 Years of Confrontation : An account of the settlement at Highfields in the parish of Caldecote, Cabs, Volume II*, p.2. 本書の著者ケムバー（Owen Kember）はカルデコート・パリッシュの住民でパリッシュ議員を長く務め、1999 年現在はパリッシュ議会の議長を務めている人物である。本書は、カルデコート・パリッシュが住民に配布する広報誌（*The Caldecote Journal*）に、この著者が連載したカルデコート・パリッシュの歴史をまとめたものであり、市販されていない。

なく、無投票でパシュラー（M Pashlar）の再選となった。パシュラーは１９０１年まで議長を続けた。それからも、この状況は変わらず、以後、グリーン（W.J. Green）が１９１２年まで、次いでラドフォード（George Radford）が１９２１年まで議長を務めた。

住民総会に出席する者は少なく、出席者はほぼ全員が常連であった。そして、これらのメンバーが議長、教区管理者、警察官、それに慈善事業の受託者という役職を占め続けた。１８９４年法により、小さなムラには民主的な住民総会が設置されることになったが、カルデコート・パリッシュの場合は、実質的にはちょっとした寡頭政治が続いた。以前の教区会と実質的にはあまり変わりのない運営が続いたわけである

表5　カルデコートの住民総会と役職者(1894-1906)

開催日	議長	教区管理者	警察官	出席者
1989.12.4	Pashlar			13
1895.4.1		Clarke		8
1896.3.23	Pashlar	Clarke		10
1897.3.29	Pashlar	Clarke	Morley	10
1898.2.24	Pashlar	Clarke	Morley	8
1899.3.22	Pashlar	Clarke	Morley	8
1900.3.21	Pashlar	Clarke	Morley	6
1901.3.22	Green	Clarke	Morley	6
1902.3.21	Green	Clarke	Morley	6
1903.3.12	Green	Clarke	Morley	?
1904.3.12	Green	Clarke	Morley	6
1905.3.17	Green	Clarke	Morley	8
1906.3.5	Green	Clarke	Morley	4

注）このほかに臨時住民総会が3回開かれている。

資料）Caldecote Parish Meeting の議事録より作成。

4　パリッシュ議会――期待と現実――

１８９４年の選挙で選ばれたパリッシュ議会は１６ヶ月間続いた。そして、第２回目の選挙が１８９６年４月に行われた。が、このときは多くのムラ人は無関心になってしまっていた。極端なところで

は、サフォーク県のリンゼイ（Lindsey）パリッシュのように、立候補者が１人もいないところもあった。また、定員７人の議員のうち、６人を住民総会の欠席者のなかから、住民総会で選んだというパリッシュもあった。もちろん、状況はパリッシュによって異なっており、議席６人のところに３１人が立候補したというパリッシュもあったが……。全般的に、２回目以降のパリッシュ議会の選挙は、少なくとも第１次大戦の頃までは、ほとんど義務的なものになってしまい、ムラ人もほとんど関心を示さなかった[101]。

　何故、こうなってしまったのであろうか。最初の選挙の時に示されたムラ人の興奮・熱気はどうして消えてしまったのであろうか。パリッシュ議会に対する期待があまりにも大きかったため、現実のパリッシュ議会がそれに応えることができず、結果的に、ムラ人の失望と無関心を引き起こしてしまったと分析するのが妥当であろう。

　１８９４年法が制定されたとき、労働組合のリーダーは次のように宣伝していた。

　「労働者が歴史上はじめて行政に参加できるようになった。また、切り離された土地に（貸農地によって）再び近づくことができるようになった」[102]。

　また、自由党も、パンフレットを公表し、そのなかで次のような大きな期待を表明していた。
　「この法律が与えた力は大きく、その利益も大きい。しかし、それよりもっと大きな恵みを、間接的ではあるが、与えることになるはずである。１８９４年法は、いわゆる"有力者政治"を廃止し、特権を廃止するものなのである。少数者の支配を終わりにし、代わりに、多数の責任と協力でムラを運営しようというもの、

---

[101] K P Poole & Bryan Keith-Lucas, *Parish Government 1894-1994*, pp.45-46.
[102] Ibid., p.59.

これが１８９４年法である。この法律は農夫（peasant）の自由の憲章（Charter）である」[103]。

しかし、現実はこの期待の応えることができなかった。現実のヒエラルヒーのために、人々は自由な意志表示をすることが事実上できなかったのである。たとえば、議員選挙は一般に住民総会で、しかも、挙手によって行われていたが、これでは、人々が自分の本当の意志で投票することは不可能であった。事実、ある論者は次のようにコメントしていた。

「農場内にある小作人長屋に住み、農場主の言いなりになっている農場労働者が、彼らの雇い主に挙手しなかったら一体どうなるか。あなたは想像できるだろうか」[104]。

同じように、多くのムラ人にとっては、大地主や教区牧師と対立することも不可能に近かった。食料品などの商店主と対立することも難しかった。仕返しが怖かったからである。１８９４年法は、誰でも無記名の投票を要求することができると定めていた。しかし、ムラ人がこういう要求をすれば、それだけで大地主や牧師から、あるいは商店主から敵対行為と見なされる可能性があった。また、カルデコート・パリッシュの事例にみるように、住民総会が酒場で開かれることが多かった。酒場での挙手という公開の投票により、投票者にビールをごちそうするという習慣は一層強化されるようになった。これは教区会（ベストリー）の時代からの慣習であったが…。そして、ムラ人は、ビールをごちそうになると、別の人に投票する

---

[103] The Liberal Party, *The Parish Councillors' Handbook*, quoted in K P Poole & Bryan Keith-Lucas, *Parish Government 1894-1994*, p.59.
[104] Peter Ambrose, *The Quiet Revolution* のなかのコメント。K P Poole & Bryan Keith-Lucas, *Parish Government 1894-1994*, p.75 より再引用。

ということはできなかった[105]。

　こうして、選出されたパリッシュ議会は、一般的には、教区会（ベストリー）の時代と変わりがなく、有力者によってパリッシュが牛耳られたところが多かった。たとえば、ミッチェル（G.D. Michell）がデボン県のパリッシュを実態調査した後に、次のように分析していた。

　　「1894年法は、パリッシュ・レベルの政治形態を基本的にはほとんど変えることがなかった。……それどころか、1894年法は、大地主と国教会の牧師が長い間ムラのリーダーとして果たしてきた役割を続けさせるために、民主主義的にみえる有効な手段を提供したということすらできた」[106]。

　また、パリッシュ議会の活動に関しても、期待と現実のギャップがあった。パリッシュ議会には決まった業務がなく、パリッシュ議会が自らの意思で何をするかを決めなければならなかった。とはいっても、パリッシュがムラ人のために何かしようと思っても、あるいはムラの刷新をはかろうとしても、パリッシュの裁量だけで、それを実行することはできなかった。それをするには、法律で認められている必要があった。国会制定法で定められていない場合には、パリッシュの行為は、権限踰越(ultra vires)の原理によって、違法とされ、それに費消した金銭の賠償を命じられた。この権限踰越の原理は、18世紀に活動していた教区会には適用されず、教区会は住民のために良かれと思うことであれば何でもすることができた。ところが、19世紀に入ってから、裁判所が判例によって権限踰越の原理を発展させ、結果的に、それがすべての地方自治体の活動を制約する原理として機能するようになった。そして、中央政府の役

---

[105] K P Poole & Bryan Keith-Lucas, *Parish Government 1894-1994*, p.75
[106] G.D. Mitchell, "The Parish Council and the Rural Community", *Public Administration*, Vol.29, (Winter 1951), pp.51-3.

人である地区監査官（district auditor）がこの原理を駆使してパリッシュを監督したために、パリッシュの活動が実際上妨害されることが多かった。たとえば、川で泳ぐムラの子供のためにパリッシュで安全施設を整備しようとしても、その権限が法律で定められていなかったために、権限踰越になったし、ムラの公衆トイレを設置することもできなかった[107]。

こうして、発足当初は意気込みがあったパリッシュも、次第に熱意を失って行くところが多かった。それに対応して、ムラ人の関心も、一般的には、薄れていった。住民が全く無関心になってしまった状況を、たとえば弁護士のディビス（Wallis Davies）が、１８９６年に、ノーフォーク県のスァフィールド（Swafield）パリッシュを事例にとって、次のように報告していた。

「２人の有徳の議員が辞任した。２人の議員は残った。そして、この２人の議員が空席をうめようと住民総会で訴えた。しかし、住民の反応はなかった。住民総会は閉会となった……。パリッシュ議会は２年も経たないうちに死んでしまったのである。議員はあたふたと去ってしまった。議員のそれまでの活動に謝意を表明する暇もなかった。議会は当初次のような約束をしていた。①運動グラウンドをつくる。②道路の曲がり角に明かりをつける。③貸農地を提供する。④小道（footpath）を整備する……。しかし、成果はゼロであった」[108]。

パリッシュ議会が設置されなかった小規模なパリッシュにおいても、状況はほぼ同じであった。地方自治委員会の年次報告によれば、１８９７年度に支出を伴う活動をしていたパリッシュは５０８パリッシュ、議会を持たない5,719パリッシュの8.9％に過ぎなか

---

[107] K P Poole & Bryan Keith-Lucas, *Parish Government 1894-1994*, p.86.
[108] *The Parish Councils Journal*, April 1,1896.

った。しかも、この比率は年々減り続け、1912年には401パリッシュになっていた。残りの支出ゼロのパリッシュ（大部分のパリッシュ）は、住民総会を散発的にしか開いていないところが多く、全く開いていないというところもあった。オックスフォードシャー県のベッグブローク（Begbroke）パリッシュでは1898年から1906年にかけて全く住民総会が開かれなかったし、また、同じくオックスフォードシャー県のヘンジントン・ウイズアウト（Hensington Without）パリッシュでは、1905年から1915年にかけて、住民総会が開催されたのはたった3回であった[109]。

　ケンブリッジシャー県のカルデコート・パリッシュ（前述のパリッシュ）は住民総会を定期的に開いているパリッシュであったが、それでも、住民総会の開催は年1回であった。1894年法は、年2回、住民総会を開かなければならないとしていたが……。しかも、参加者は数人の常連だけであり、審議内容はそれらの常連を議長や教区管理者あるいは警察官などに選出するだけというのが普通であった。その後、1930年代に入ってから、カルデコートの住民総会はかなり活発化したが、少なくとも20世紀書との頃までは、住民総会は実質的にはほとんど機能していなかった。ムラの運営は少数の人々に一任され、一種の寡頭政治のもとで運営されていた。

5　パリッシュの活動

　1894年法は、多くの地域において、少なくとも制度発足の当初は、ムラに活発な民主主義を植え付けるということはできなかった。農業労働者の地位や生活を改善し、農村部の人口減少を緩和するという機能、すなわち、法律の制定時に、パリッシュに期待された機能も発揮できなかった。農業の落ち込みは、20世紀のはじめ

---

[109] Local Government Board, *Annual Reports*, quoted in K P Poole & Bryan Keith-Lucas, *Parish Government 1894-1994*, pp.64-65.

になっても続いていた。

　これは、しかし、1894年法によってパリッシュの上位の自治体として位置づけられた村（rural district council）の場合も同じであった。ある論者が1914年に次のように村の状況を論じていた。

　　「村の統治者の考えは、労働者階級の住民たちの日常生活とは大きくかけ離れていた。村の議会は"農場主のクラブ"といっても誇張ではなかった。議員のもっぱらの関心は、地方税を安くし、できるだけ何もしないというところにあった。それにも関わらず、国会の制定法は労働者のための行政権限を、パリッシュではなく、何もしない村議会に次々と与えていった。
　　たとえば、自治の理念にとりつかれた国の政治家（ほとんどは都市で選出された政治家）は、労働者のためのより良き住宅の建設を村議会の権限としたが、村々の議会の記録をみる限り、村の議会はより良き住宅の建設どころか、その建設を妨害したり、無視したりするほうが多かった。1906年の下院の住宅委員会でも、『村議会は住宅法を全く活用していない』と報告されているほどである。都市の政治家は、農村部の自治の習慣が19世紀の貧困と圧制の時代に消えてしまったことを見過ごしているのである」[110]。

　そして、この論者はパリッシュについて、「パリッシュの権限はその本当の能力を引き出すには、あまりにも少なすぎた。権限があまりにも小さいため、議員になろうという考えを持つものが少なく、選挙に行こうという気持ちもあまり持てなかった」と残念がっていたが、それでも次のように、パリッシュ議会に大きな期待を寄せて

---

[110] E.N. Bennett, *Problems of Village Life* (London: William & Norgate, 1914), pp.118-119.

いた。

　「パリッシュは、労働者が役割を果たすことのできる唯一の統治体である。いろいろなパリッシュで生み出された経験、とくに貸農地の提供と結びついた経験は、ムラの生活を増進し、ムラ人の独立心、自尊心の育成に貢献した」[111]。

　事実、この論者の期待に応えるような活動をしているパリッシュ議会も少なくなかった。たとえば、ノーフォーク県のシップダム（Shipdham）パリッシュの公選で選ばれた最初の議会は、ミルナー夫人（Mrs Milner）が中心となって、貸農地（allotment）を希望者（住民）に十分に貸し出せるだけの土地を入手し、ムラのグリーン地帯をきちんと整備し、小道や共有地を地図に記入し、墓地を買い足し、消防車を購入するということをしていた。ケント県のパリッシュ議会は、街灯や小道の整備に関心をもち、それを実行するところが少なくなかった。また、地主に協力を要請し、農地を提供してもらって、それを農業労働者に貸すというパリッシュもかなりあった。地方自治委員会の統計をみると……、

　１９０８年時点で、約７，０００のパリッシュ議会のうち、４分の１近くのものが貸農地を取得し、１，０００近くのパリッシュが自家発電をもち、７００のパリッシュが墓地を新設し、５００のパリッシュが消防施設を備えていた。また、街灯を設置しているところもかなりあり、パリッシュ支出のほとんどは街灯および墓地の経費であった。運動場や球技場用の土地を購入したパリッシュもかなりあったが、図書館や洗濯場、スイミング・プールは多くのパリッシュが必要施設と考えていた。施設よりも、人材の育成に力を注ぐパリッシュ議会もあった。たとえば、ウォーリックシャー県のタイソー

---

[111] Ibid., p.119.

(Tysoe) パリッシュは、次のように、その人材を誇っていた[112]。

「パリッシュの消防車は小さく、大火事を消す力はなかった。しかし、消防団員はつぶよりであった。日頃の訓練によって、茅葺きの屋根の茅をすばやくはぎ取る技術を身につけていたし、どの家に長くて軽い梯子があるかという情報ももっていた。野次馬をバケツリレーに動員することも得意であった。そして、新人の補充には事欠かなかった。多くの子供たちが真鍮のヘルメットに憧れ、消防署のラッパを吹きたがっていたからである」[113]。

このようなパリッシュの活動によって、19世紀に混乱した地方行政が、部分的にではあったが、かなりの秩序をもつようになった。また、パリッシュ議会は、男性だけの選挙の争いに、女性を参加させるという一撃も加えた。女性が政治行政のリーダーになり、大きな業績をあげるようにもなった。もちろん、労働者に対して、行政に参加する機会を与えるという働きもした。労働者に行政への参加の機会を与えたのは、実質的には、パリッシュ議会だけであった。フェビアン協会のパンフレットの表現にしたがえば、「彼等の票は、ほかの誰の票とも同じように、価値がある」[114]ということをパリッシュ議会は労働者に教えたのであった。

---

[112] K P Poole & Bryan Keith-Lucas, *Parish Government 1894-1994*, p.51-58
[113] Ibid., p.52.
[114] Fabian Society, *Fabian Tract 137. Parish and Village Life*, (London: Fabian Society 1908).

第3章　パリッシュの法的権限

1　パリッシュ議会の権限の拡大

　１８９４年法が定めたパリッシュの権限は、パリッシュが自ら自己の権限として採用することを決めれば、パリッシュの権限になるというものであった。この権限と同時に、当初は、パリッシュ内の慈善事業について報告を受けなければならないという義務を定められていたが[115]、しかし、慈善事業を請け負う者がいない場合には、この義務はなく、また、これ以外の義務は定められていなかった。パリッシュが何も仕事をしなくても、法律的には問題ではなかったわけである。

　その一方では、積極的に活動しようとしたパリッシュも、やみくもに活動できたわけではなかった。活動をするには、その根拠となる法律が必要であった。法律に定めがない活動をした場合には、権限踰越（ultra vires）の行為をしたとして、パリッシュの責任者が、地区監査官（district auditor）により、それに使った費用の弁償を命じられた。

　このため、初期段階のパリッシュは教区会（ベストリー）から引き継いだものや、貸農地の提供、あるいは、街灯、墓地、図書館の設置など、一定の活動ができるだけであった。しかし、時代の変遷とともに、パリッシュの法律上の権限は、少しずつ拡大していった。たとえば、パリッシュが発足した翌年の１８９５年には、はやくも、ひとつの権限が追加された。郵便ポストを建てるための補助金を郵便局に出すことができるようになったというのが、それであった。ただし、この権限は郵便局の合意がなければ行使することができず、実際には、ほとんど行使されなかったといわれているが……[116]。

---

[115] K P Poole & Bryan Keith-Lucas, *Parish Government 1894-1994* (London: The National Association of Local Councils, 1994), p.79.
[116] Ibid., p.80.

１８９７年には、共有地の使用を制限する条例をパリッシュ議会が制定してもよいということになった。１８９９年には、この権限がさらに拡充され、共有地の維持・管理をパリッシュ議会がすることができるということにもなった。しかし、共有地を維持管理するためには、村議会の承認が必要であり、そのため、実際には、共有地の維持権を獲得したパリッシュ議会はほとんどなかった。１８９８年には、パリッシュ消防自動車法（Parish Fire Engines Act）により、近隣の町村と防災の協定を結ぶ権限も認められた。

　２０世紀に入ってからも、パリッシュの権限の拡大は続いた。１９０６年のオープン・スペース法（Open Space Act）により、パリッシュ議会はオープン・スペースを取得できるようになり、１９２３年には、戦争記念法（War Memorials Act）によって、戦争記念物を管理できるようになった。１９３７年からは、ナショナル・トラストの資産の維持にパリッシュ議会も関与できることとなった。

　１９５７年には、パリッシュ議会法（Parish Councils Act）が制定され、パリッシュ議会の権限が一般的に定められるようになった。それに伴い、街灯の維持や警察官の設置、墓地や洗濯場の設置、あるいは貸農地の提供はもちろんのこと、時計台やバスの待合所、道路のベンチなどの設置が認められるようになった。この法律により、パリッシュ議会は、村当局がパリッシュに設置すべき施設を、代わりに設置し、それを村に貸したり、提供したりすることができるようにもなった。実質的に、村の仕事を奪うことができるようになったわけである[117]。１９６１年の公衆衛生法（Public Health Act）により、パリッシュ議会はゴミ箱を区域内に設置できるようにもなったが、これも、村の業務の奪い取りを意味した。

　そして、１９７２年には、地方行政法（Local Government Act）の制定により、パリッシュが長い間求め続けてきた権限をいくつか獲得した。たとえば、基金の積み立てが自由にできるようになり、

---

[117] Ibid., pp.80-81.

それによって、美術工芸の財政的な援助、観光事業の促進をはかれるようになった。また、公衆トイレや駐車場を設置し、会議施設を建設できるようになった。それまでは駐車場や公衆トイレをつくる権限がなく、そのために、さまざまな"小細工"をして、駐車場をつくったり、公衆トイレをつくったりしてきた[118]。こうした小細工をする必要が１９７２年法によりなくなったわけであった。１９７２年法は、このようないわば"行政機関"としての権限だけではなく、パリッシュにとってのもっと根幹的な権限、すなわち住民の"代表団体"としての権限を強化するものでもあった。また、都市の実態を備えるパリッシュ——すなわち"タウン"——を創設するものであった。このような１９７２年法の意味については、後半の章で改めて詳述することにする（第９章、参照）。

　パリッシュの権限の拡充は現在も続いている。たとえば、１９９５年には、環境法（Environment Act）により、国立公園の維持管理に参加できるようになったし[119]、また、１９９７年の地方自治・税法（Local Government and Rating Act）により、バスの運行をしてもらうために、バス会社に助成金を交付することができるようにもなった。ムラのなかでの交通騒音や事故を防ぐために、パリッシュ議会は、車のスピードを規制したり、騒音の規制をしたりすることもできるようになった。また、パリッシュの警察官は、１９６４年に廃止されたが、現在は、ムラの犯罪を防ぐために、再び"ムラの警察官"すなわち無給の警察官（constable）を置くことができるようになった。パトロールカーを購入し、それを警察署に提供して、ムラを見回ってもらうということもできるようになった[120]。

　しかし、その一方では、権限が削減されることもあった。という

---

[118] Ibid., p.86.
[119] Secretary of the State for the Environment and the Minister of Agriculture, Fisheries and Food, *Rural England 1996* (London: The Stationery Office, 1996), p.14.
[120] David Wilson and Chris Game, *Local Government in the United Kingdom*, 2d ed. (Hampshire: Macmillan, 1998), pp.69-70.

よりも、20世紀に入ってからのイギリスの中央政府には、規模の小さなパリッシュを無視する傾向が強かった。そして、パリッシュの権限を、規模の大きな上層の地方自治体、すなわち県や村に引き上げるということがしばしばあった。1919年には、県立図書館があるところでは、パリッシュは図書館を設置できないことにしたし、また、1938年には、消防署法（Fire Brigade Act）を改正し、消防を市町村の独占的な業務にしてしまった。それまで、パリッシュのなかには、消防車とボランティアの消防夫をもっているところがあったが、これにより、パリッシュが消防活動をすることはできなくなった。1964年には警察法（Police Act）が改正され、パリッシュは警察官をもつことができなくなった。それまでは、カルデコート・パリッシュのように、人口100人程度の非常に小さなパリッシュでも、無給の警察官を選出しているところが多かったが、この法律によって、こうした警察官が消えてしまった[121]。

　時代がちょっと遡るが、1925年は、パリッシュにとって非常に重要な年であった。それまで地方税は、村税や県税を含めて、パリッシュの教区管理者が徴収していたが、この年に、地方税徴収法（Rating and Valuation Act）が改正され、教区管理者のこの地方税徴収権が剥奪されてしまったのである。パリッシュの教区管理者に代わって、地方税の徴収者となったのは村当局であった。それまでは、パリッシュが地方税の徴収者という機能を果たしていたため、少なくとも納税者である住民はパリッシュを意識せざるを得なかったが、これにより、住民のパリッシュに対する意識が薄くなったことは確かであった。また、パリッシュが何か仕事をしようとすれば、すなわち税金を使おうとすれば、その税金を村当局に委託して徴収しなければならなくなった。課税額を評価する際に発揮していたパリッシュの影響力もなくなってしまった。

　もちろん、この法律の制定が表面化したときには、パリッシュは

---

[121] K P Poole & Bryan Keith-Lucas, *Parish Government 1894-1994*, p.82.

組織をつくって強力に反発した。この反発は、効果をあげることができなかったが[122]、しかし、これがきっかけとなって、パリッシュは組織的に行動するようになり、それが、パリッシュが自分自身で自らの権限を拡大するという方向に結びついていった。パリッシュの全国組織が整備され、その組織がパリッシュの権限を拡充する法案を策定し、それを国会にかけて法律に仕立て上げるというようになっていったのである。前述の１９５７年のパリッシュ議会法はこうして制定された法律の代表的なものであるが、それをはじめとして多くの法律がパリッシュ自身によって立案され、制定されるようになった。パリッシュの権限を拡大した法律のほとんどはパリッシュ自身がその制定をリードしたもの、あるいは自らつくったものであった。（パリッシュがどのように組織的に行動し、どのようにして法律を制定していったかについては、第４章を参照）。

　パリッシュの権限のなかには、上述のような"行政機関"としての権限のほかに、住民の"代表団体"として行動する権限が当初から含まれていた。県当局や村当局が仕事をしない場合に苦情をいう権限がそれであったが、住民の意向のもとに、中央政府に圧力を加えるということもあった。村当局に対しては、当初は、農業労働者の人々のために住宅を提供してほしいと圧力をかけるパリッシュが多かった。そして、村当局が住宅の建設を行わない場合には、それを県当局に訴える権限がパリッシュ議会に与えられていた。必要がある場合には、中央の担当大臣に訴えることもできた。道路上の障害物を取り除いてほしいと、道路管理者である県当局に要請するという権限もあった。また、県当局が道路マップをつくる場合、パリッシュの小道についても調査することになっていたが、この調査が行われる場合には、関係あるパリッシュは県から相談を受けることができるという法律上の権限があった[123]。また、このような法定の

---

[122] Ibid., p.81.
[123] Ibid., p.83.

権限だけではなく、パリッシュには、いわば慣習法上の権限といえるものもあった。さらには、権限があるかどうかに関係なく、社会的に認知されている権限もあった。たとえば、鉄道会社に対して踏切の遮断機の開閉が遅すぎるという苦情を持ち込んだり、郵便局長に対して郵便物に関する文句をぶっつけるというような権限がそれであった[124]。

　この種の権限のなかで、非常に重要なものとしては、建築許可や開発許可の報告を受けるという権限をあげることができる。市町村が住民や企業から建築許可や開発許可の申請を受けたときには、それを関係するパリッシュ議会に報告し、その意見を聞かなければ、許可することができないというのが、それである。これは１９７２年の地方行政法で導入された権限であり、現在では、他に何もしていないパリッシュでも、これだけは実行しているといえる権限である。また、この権限を用いて、住民の意向をパリッシュでまとめ、それを市町村（１９７２年以後はディストリクトと呼ばれている）に持ち上げているところも多い。住民の"代表団体"としての役割をこれによって果たしているわけであるが、この過程で、市町村と対立することもしばしばあるという。（この詳細については、第９章、第１０章を参照）。

　パリッシュには、２０世紀に入ってからであるが、他の団体の機関を任命するという権限も付与されるようになった。たとえば、１９０２年の教育法（Education Act）によって、小学校の理事（運営者）を決めることができるという権限が与えられた[125]。ケンブリッジシャー県のカルデコート・パリッシュの住民総会の議事録をみると、いつ頃からこの権限を行使しはじめたか定かではないが、１９３０年代の頃から、「小学校の理事を指名した」とか、「３年に１度の小学校理事の選挙をした」とか、あるいは「理事の行動を注意

---

[124] Ibid., p.56.
[125] Ibid., p.84.

深く見守っていくことを決議した」という記録が残されている。遅くとも1930年代には学校経営に携わるようになったといってよいようである。もちろん、小学校に経営者（理事）を送り込むという、この権限は現在も行使されている。1998年現在、8人の理事者が選出されているが、直接的にパリッシュが選定しているのは2人であるが、他の理事についても、その人選にパリッシュが影響を及ぼしているという[126]。

なお、現在のカルデコート・パリッシュの人口は620人である。このように人口が増えた結果、1946年から住民総会ではなく、パリッシュ議会を有するパリッシュとなっている。

2　パリッシュ議会の統制——内部チェックと外部チェック

パリッシュ議会は、積極的に活動をしようという意思がある場合には、相当程度のことをすることができた。とくに20世紀に入ってからは、権限が拡充したため、"行政機関"としても、かなりのことができるようになった。事実、地方自治自治委員会の年次報告をみると、1896年度のパリッシュの支出は全体で20万ポンドを少し下まわる状況であったが、これが1912年度には30万ポンドに増え、1934年度には60万ポンドになっていた[127]。

また、1913年度のパリッシュ税は平均で課税評価額1ポンドにつき0.9ペンスであった。議会を設置していないパリッシュを除く場合には、1ペンスを越えたといわれているが、いずれにしても、非常に低い額であり、法律による課税額の最高額（6ペンス）の設定は実際にはほとんど意味がない状況であった。ところが、1918年の頃になると、100～200のパリッシュが最高額の6ペンスを課税するようになっており、わずかではあったが、12ペンス

---

[126] Caldecote Parish Council, *The Caldecote Journal* (Autumn 1998).
[127] Local Government Board, *Annual Reports* (London: HMSO, 1934) p.3.

の課税をしているパリッシュもあった[128]。

こうした権限を行使するパリッシュ議会には、もちろん、チェック機関が必要であった。そして、１８９４年法はパリッシュ議会をチェックするための三種類の装置を設定していた。その第一は、住民総会であった。

１８９４年法は、パリッシュ議会を設置したパリッシュの住民総会には積極的な権限はほとんど与えなかった。しかし、パリッシュ議会の統制権だけは、住民総会のものとした。たとえば、パリッシュ議会が課税評価額１ポンドあたり３ペンス以上の課税をする場合には、言い換えれば、それだけの支出をする場合には、住民総会の決議が必要であった。（この額は１９２９年の法律の改正によって、４ペンス以上の課税ということになった）。また、住民総会は墓地の設置をパリッシュ議会に強制することができたし、パリッシュの所有地の売却をする場合も住民総会の同意が必要であった。住民総会のこうしたチェック機能については、１８９４年の法案審議の過程においても、その法案策定にかなりの影響を及ぼしたゴッシェン（G. J. Goschen）により、次のように強調されていた。

「住民総会は、パリッシュの議会をチェックするという機能を果たすはずである。また、パリッシュの住民の関心を刺激し、パリッシュの状況を住民に理解させるという働きもするに違いない」[129]。

しかし、住民総会は単なるチェック機関ではなく、もっと権限のある"ムラの国会"として位置づけることのできる機関であると解説するものもあった。１８９５年発行のフェビアン協会のパンフレットがそれである。フェビアン協会はいう。

---

[128] Ibid.

「住民総会は、ムラの国会（Parliament）であり、如何なる時でも集まり、協議し、ムラ人の苦情の救済を検討することができる。住民総会は、その執行委員会（executive committee）であるパリッシュ議会に、住民総会が必要と考える事柄を実行するように指示する。パリッシュ議会がすることは、如何なることであれ、住民総会が妥当か否かを論じることができる。…住民総会は、パリッシュの慈善事業の会計を承認する権限をもっている。もちろんその承認を拒むこともできる。パリッシュ議会がそれにしたがわない場合には、慈善事業委員会に訴えることもできる。パリッシュ議会が課税評価額1ポンドにつき3ペンス以上の課税をする場合には、必ず住民総会に協議しなければならない。如何なる道の通行権も、住民総会の同意がない限り、廃止されることはない。ムラが運動場をもつか、図書館をもつかを決めるのも住民総会である。街灯、墓地…すべて、そうである。住民総会は、パリッシュの関係ある事柄すべてに関して議決することができる」[130]。

　しかし、このフェビアン協会の説明はどうも正しくはないようである。パリッシュ議会の権限は、住民総会を経由して与えられたものではなく、議会に直接的に与えられたものであるからである。現実の住民総会とパリッシュ議会の関係を見ても、住民総会が"主"で議会が"従"であるとはいいにくい。どうみても、議会のほうが"意思決定機関"であり、"主"である。

　たとえば、カルデコート・パリッシュは1946年に議会を設置したが、以後、すべての事柄がパリッシュ議会で決定されるようになった。住民総会は年に1回開かれているものの、そこでは、住民は議員から説明を聞くだけである。ただ、カルデコートのムラ人に大きな影響を与えるような出来事がおこったときには、住民総会も

---

[129] K P Poole & Bryan Keith-Lucas, *Parish Government 1894-1994*, p.238.
[130] Fabian Society, *Fabian Tract 62* (London: Fabian Society, 1895).

それなりに活発になっている。たとえば、１９５７年にスラムクリアランスが問題になったが、このときには、６月１７日に住民総会が開催され、ムラ人７０人が出席した。そして、村議会の住宅委員会の委員長も特別に出席してスラムクリアランスの経緯を説明し、論議が重ねられた。さらに、それに続いて、８月２８日にも住民総会が開かれ、ムラ人の間で議論が展開された[131]。そして、これらの住民総会で示されたムラ人の意見にもとづいて、パリッシュ議会が、カルデコート・パリッシュの意思が決定した。形式的な意志決定者は、パリッシュ議会であったが、実質的には、住民が議論をすることによって、物事を理解し、その理解にもとづいて、パリッシュ議会が住民の意見を代表してパリッシュの意志を決定したわけである。

　パリッシュ議会は、このような住民総会によるチェックに加えて、外部からのチェックも受けてきた。たとえば、パリッシュが住民に課税評価額１ポンド当たり８ペンス以上の課税をする場合には、中央政府の承認を受けなければならず、公債を発行する場合も中央政府の認可が必要であった。パリッシュの条例も認可を必要とした[132]。

　当初、このような中央政府のチェックを担当する機関とされたのは地方自治委員会であった。が、この地方自治委員会が１９１９年に廃止され、その機能は保健大臣（Minister for Health）に引き継がれた。その後、保健大臣はその地方自治関係の権限を住宅・自治大臣（Minister for Housing and Local Government）に譲り渡し、１９７０年になると、この住宅・自治大臣が環境大臣（Secretary of state for the Environment）の指揮下に入った。閣僚ではなくなっ

---

[131] Owen Kember, *100 Years of Confrontation, Volume V*; *Slum Clearance, 1956-1964*, pp.6-8　（本書については、第２章の注20を参照）。
[132] K P Poole & Bryan Keith-Lucas, *Parish Government 1894-1994*, pp.95-96.

たわけである[133]。その後も、地方自治関係の大臣の名称はしばしば変わったが、現在（１９９９年）では、パリッシュに関係がある大臣は、閣僚である環境交通大臣（Secretary of State for the Environment, Transport and Regions）とその傘下にある自治・住宅大臣（Minister for Housing and Local Government）になっている[134]。

　もっとも、パリッシュ議会の条例の認可権は、１９４７年以後、保健大臣から内務大臣（Secretary of state for the Home Department）に引き継がれた。そして、その後は、内務省の姿勢もあって、パリッシュの自主的な条例の制定はほとんど見られなくなった。内務省は、パリッシュごとに条例が異なると、混乱が生じやすいという理由のもとに、モデル条例をつくり、それにしたがって条例をつくるようにと指導するようになったのである[135]。ただし、最近は、内務省は、パリッシュの条例に関して何の指導もチェックもしなくなったといわれている。

　また、８ペンスを超える課税の承認権は１９７２年の法律で廃止された。そのほかの中央政府のパリッシュの行動に対する承認権・認可権も、徐々に行使されなくなっていった。現在では、パリッシュ議会に対する統制はほとんど撤廃されたといわれているほどである[136]。このような統制の撤廃も、パリッシュがそうした運動を展開した成果であった。

---

[133] イギリスの大臣には、閣議に出席する閣僚大臣と閣議に出席しない閣外大臣がある。一般的に、閣僚はSecretary of State という肩書きがつき、閣外大臣には Minister の名称がついている。しかし、閣僚であっても、Minister の肩書きをもつことがある。中央省庁には、このほかに、副大臣（Junior Minister）と呼ばれている人も配置されている。したがって、各省に配置されている国会議員の数は非常に多い。たとえば、地方自治を管轄している環境交通省の 1999 年の数字をみると、閣僚が１人、閣外大臣が４人、それに副大臣４人、合計９人の国会議員が配置されている。そのほかに、閣僚や大臣の補佐として配属されている国会議員も数人いる。こうした状況については、Cabinet Office, *The 32nd Civil Service Year Book, 1999* (London: The Stationery Office,1999), p.92 参照。

[134] これらの大臣の管轄下にあるのはイングランドだけである。ウェールズの場合はウェールズ大臣が管轄している。

[135] K P Poole & Bryan Keith-Lucas, *Parish Government 1894-1994*, p.95

[136] Ibid.

3 "権限踰越"と"2ペンスの自由"――パリッシュの裁量権――

　パリッシュ議会に対する中央政府の統制はほとんど撤廃されたが、しかし、まだ大きな統制が残されていた。パリッシュ議会が何か行動をする場合には、その行動を明示している具体的な法律が必要であるという統制である。このような法律がない場合には、パリッシュ議会の行為は"権限踰越（ultra vires）"ということで無効になるだけではなく、地区監査官によってその経費の弁償を命じられるのが普通である。

　"権限踰越"の事例は前にもいくつかとりあげたが、ここで、もう少しあげてみると、たとえば、典型的な事例としては、レスターシャー県のあるパリッシュ議会が、1960年代に、アメリカのケネディー大統領とソ連のフルシチョフ書記長に平和の維持を訴える電報を公費で送ったという事例がった。この行動は、地区監査官によって"権限踰越"と認定され、その結果、パリッシュ議会の議員全員（8人）が17シリングの弁償金を払うこととなった[137]。

　また、ノースヨークシャー県のグレート・エイトン（Great Ayton）というパリッシュの事例も典型的な事例とされているが、これは、少なくとも日本人には「違法である」ことが納得しにくい事例である。このムラには1902年に建てられた美しい鉄製の建物があるが、1991年に、この建物が国の重要記念物に指定された。しかし、この建物にはトイレがなく、そのため、パリッシュ議会は重要記念物の指定を受けるとすぐにトイレを整備した。その費用はもちろんパリッシュの財源で支払った。しかし、これが地区監査官によって問題にされた。パリッシュにはトイレを整備する権限がなく、"権限踰越"であるというのが地区監査官の主張であった。結局、このトイレの設置は違法ということになり、パリッシュ議会の幹部

---

[137] Ibid., p.92.

は弁償金を支払わされた[138]。

このような"権限踰越"の原理は、前述したように、国会の制定法で定められたものではなく、判例が積み重ねられて形成された原理であった。この原理が発展するに伴い、地区監査官の権限も拡大していった。当初は地方自治委員会の代理として、財政の正確さ、あるいは誠実さという観点から、パリッシュの会計を検査するだけであったが、"権限踰越"の原理の発展に伴い、法律に明示された行為であるかどうかも検査するようになったのである。１９２０年代には、毎年５０件ほどのパリッシュの行為が"権限踰越"と判断されるようになっていた。しかし、この"権限踰越"の原理による統制は、パリッシュだけではなく、自治体全体の行動を制約するものであった。そのこともあってか、次第に、"権限踰越"が問題視されるようになり、１９６０年代にはいってから、制定法による見直しが強く要請されるようになった。そして１９６３年、一定額という制約があるが、その額の範囲内であれば、自治体は、法律に根拠があるか否かに関係なく、自由に財源を使うことができるという趣旨の法案が国会に提案された。地域のために、あるいは住民のために使うのであれば、何に使ってもいいようにするという法案であった。

ところが、この法案が自治体として想定していたのは県と市町村だけであり、パリッシュについては全く考慮していなかった。このため、パリッシュ全国協会は強く反発し、パリッシュにもこの権限を与えてくれるように、担当省である自治・住宅省に働きかけた。が、自治・住宅省には全く問題にしてもらえなかった。そこで、次の方法として、全国パリッシュ協会は自治・住宅大臣に陳情を重ね、結局、これが成功した。全国パリッシュ協会の要請が受け入れられ、パリッシュにも一定の財源を自由に使う権限が与えられたのである[139]。言い換えれば、パリッシュも、法律の具体的な根拠があるか否

---

[138] Ibid., p.85.
[139] Ibid., pp.85-87.

かを気にせずに、自由に施設をつくったり、財源を使ったりすることができるようになった。

　しかし、パリッシュが自由に使える財源はきわめて少額であった。県と市町村の場合は、課税評価額１ポンドにつき１ペンス[140]の財源を自由に使うことができるようになったが、パリッシュの場合は、５分の１ペンスの財源しか使えなかった。この権限は"５分の１ペンスの自由"といわれたが、あまりにも少額であったため、全国パリッシュ協会は早くも１９６６年にはその増額を要請するようになっていた。県や市町村と同じように、１ペンスまで認めてほしいという要請を出したのである。しかし、このときは、一挙に５倍にするなどということは不可能であるとされ、拒絶されてしまった[141]。

　この"５分の１ペンスの自由"は、しかし、１９７２年に、保守党のヒース政権によって"２ペンスの自由"に増額された[142]。この直前に、イギリスの貨幣単位が変えられ、新１ペンスの価値が旧ペンスの２.４倍になっていた[143]。このため、"５分の１ペンス"から"２ペンスの自由"への増額は、その後のインフレーションによる実質的な目減りを差し引いても、パリッシュの自治権を大幅に拡充するものであった。

　１９９０年、サッチャー保守党政権によって、地方税のシステムが抜本的に変革され、コミュニティ・チャージ（いわゆる人頭税）が実施された。これに伴い、"２ペンスの自由"もそのままでは実施できなくなった。そのため、住民１人あたりの額で示すことになっ

---

[140] 正確にはペニーという。ペンスは複数形で１ペニー、２ペンス、３ペンスというように数えられるが、ここでは、すべてペンスで統一した。
[141] K P Poole & Bryan Keith-Lucas, *Parish Government 1894-1994*, p.88.
[142] 県や市町村（これはディストリクトという自治体になったが）も同じく"２ペンスの自由"を享有することになった。"権限踰越"の原理や"２ペンスの自由"については、たとえば、Peter G, Richards, *The Reformed Local Government System*, Rev. 3d ed. (London: George Allen & Unwin, 1978), p.67, pp.157-160 を参照。
[143] それまで１ポンド＝２０シリング、１シリング＝１２ペンス、すなわち１ポンド＝２４０ペンスであったものが、１ポンド＝１００ペンスになったのである。

たが、これはかなりの難作業であった。しかし、最終的には、全国パリッシュ協会の計算に政府が同調したこともあって[144]、1人あたり3.5ポンドになるということで落着した。それ以後、"2ペンスの自由"ということができなくなったために、このシステムの根拠となっている1972年の地方行政法の第137条を使って、"第137条の自由"と一般にいわれるようになった[145]。このように、コミュニティ・チャージの導入はパリッシュの"2ペンスの自由"にも影響を及ぼしたが、しかし、コミュニティ・チャージに対する国民の反発が非常に強かった。また、その税金を課税する自治体のなかにも反対するところが多かった。自治体の保守党議員になかにも、中央の政権党である保守党が導入したコミュニティ・チャージに反発し、保守党を脱党する地方議員も少なくなかった。自治体のなかには、その保守党議員がこぞって保守党を脱党するというところもあった。こうしたこともあって、1990年11月、サッチャー首相が辞任に追い込まれ、代わってメージャー政権（保守党）が出現した。そして、この新政権のもとで、当然のことともいえたが、1993年3月、コミュニティー・チャージが廃止され、4月からカウンシル・タックスが導入された[146]。このとき、"第137条の自由"は変更されず、そのまま生き残った。その結果、現在もパリッシュはこの自由を享受している。ただし、その自由を享受しているのは、規模の大きなタウンに限られているようである。小さなパリッシュの場合は、この自由をほとんど享受していないといわれている。

　"第137条の自由"は、パリッシュの場合は人口1人あたり3.5ポンドである。しかし、この額はすべての自治体が同じというわ

---

[144] K P Poole & Bryan Keith-Lucas, *Parish Government 1894-1994*, p.90.
[145] John Sharland, *A Practical Approach to Local Government Law* (London: Blackstone Press Limited, 1997), p.91.
[146] 1990年の地方税改革の経緯、また、コミュニティ・チャージがつぶされる経緯については、竹下譲・佐々木敦朗『イギリスの地方税——中央政府と地方自治体の葛藤—』(1997年、梓出版社)を参照

けではない。自治体の種類によって、次のように、その額は異なっている[147]。

①県(county council)　　　　　　　1.90ポンド／人口1人あたり
②ディストリクト(district council)　1.90
③ロンドン区（London borough）　　3.55
④大都市区（metropolitan district）　3.55（あるいは3.80）
⑤パリッシュ(parish council)　　　　3.50

なお、地区監査官は、1970年代のはじめまで、パリッシュに違法の支出があるかどうかを判断し、弁償金を課するという役割を担っていた。いわば"検察官"と"裁判官"の双方の役割をひとりで担っていたわけであるが、1972年の地方行政法によって、その役割が"検察官"の業務のみに限定された。パリッシュなどの自治体に不適切な支出があるという証拠を県裁判所（County Court）や高等裁判所（High Court）に提出し、弁償金の徴収を要請できるだけになったのである。また、それまで、監査官になれるのは地区監査官（district auditor）だけであったが、1972年法により、その独占権が消えてしまった。そして、地区監査官の雇用者である監査委員会（Audit Commission）[148]が、自治体の監査の実施者として、有資格者の民間人を使うこともできるようになった[149]。パリッシュの会計がこのような民間監査員（commercial auditor）によって行われるのか、それとも地区監査官によって監査されるのかは、パリッシュを包括する自治体（日本の市町村にあたるもので、現在はディストリクトと呼ばれている）がどちらを選ぶかによって決ま

---

[147] John Sharland, *A Practical Approach to Local Government Law*, p.92.
[148] 監査委員会は13人から17人で構成されている。これらの委員の任命は大臣によって行われているが、事前に、地方自治体の協議会との調整がある。監査委員会は、国の機関ではなく、独立の法人である。国のために、活動しているわけでもない。監査委員会は、監査を行った自治体から徴収された手数料で運営されている。
[149] 現在の監査については、John Sharland, *A Practical Approach to Local Government Law*, pp.240-264 参照。

ることになっている。ディストリクトを監査する人がその区域内のパリッシュの監査も行うことになっているからである[150]。

---

[150] K P Poole & Bryan Keith-Lucas, *Parish Government 1894-1994*, p.93.

第4章　パリッシュと法律の制定

1　全国パリッシュ協会の設置

　現在の日本の地方税には、住民税、事業税、固定資産税、都市計画税、自動車税、たばこ税、ゴルフ場利用料税、入湯税、等々、様々なものがある。しかし、イギリスで地方税といえば、今でもそうであるが、昔から一種類のものしかなかった。昔は、住民が所有もしくは占有している住宅や店舗に課税する資産税（rates）が唯一の地方税であった[151]。この地方税の税額は、まず資産の課税評価額が算定され、その評価額1ポンドにつき、3ペンスとか8ペンスの税額を課するという形で決められていた。そして、1894年の地方行政法は、この課税評価をパリッシュの教区管理者（overseer）の権限と定めた。県や市町村は、教区管理者が算定した課税評価額をもとにして税額を定め、しかも、その徴収を教区管理者に委託しなければならなかったのである。

　教区管理者は、パリッシュ議会によって（議会がないパリッシュでは住民総会によって）選出される役職であった。したがって、教区管理者が評価するということは各パリッシュが評価するということを意味した。そのため、課税評価額の算定はパリッシュの事情に影響されることが多く、客観的には同じ価値の資産であっても、パリッシュが違えば、評価額が異なるというのが普通であった。そして、県税や村税はこうした評価額にもとづいて課税されたため、不公平という問題を引き起こしていた。評価額を高く算定したパリッシュの住民は多額の県税を払わなければならず、一方、評価額を低く算定したパリッシュの住民はそれだけ負担が軽くなるという問題

---

[151] この資産税（rates）は1990年に廃止され、代わって人頭税であるコミュニティ・チャージが地方税となったが、これに対する反発が強く、1993年から人頭税と資産税のミックスといえるカウンシル・タックスが地方税となった。参照：竹下譲・佐々木敦朗『イギリスの地方税』（1997年、梓出版社）

であった[152]。

　中央政府は、1900年代のはじめの頃から、県に課税評価の調整する権限を与えるなど、この不公平という問題の解決を試みていたが、あまり効果がなく、1925年に、その抜本的な解決をはかることになった。課税評価額の算定を12,000のパリッシュに行わせるのではなく、472の「村」の権限にするということにしたのである[153]。この改革の動きが出はじめると、多くのパリッシュがそれに反発した。はじめは、個々のパリッシュがそれぞれ反発していたが、次第に結束するようになり、最終的には、2,511のパリッシュ（全パリッシュの20％）が一緒になって、国会に改革反対のデモンストレーションをするというところまでいった。

　この反対運動は結果的には成果を上げることができなかったが、しかし、これがきっかけとなって、バーンズ（**Major Harry Barnes**）国会議員がパリッシュの全国組織の設置を主張するようになり、その結果、1926年に全国パリッシュ協会（**National Association of Parish Councils**）が設置された。この協会の最大の目的は、パリッシュのために、国会や中央省庁にロビー活動をするというところにあった[154]。

　ちょうどこの頃、すなわち1923年に「地方行政に関する王立委員会（**Royal Commission on Local Government**）」が設立され、地方自治体の制度、区域、機能などの全面的な見直しをはじめていた。この王立委員会は、オンスロー卿（**Lord Onslow**）が委員長であったところから、「オンスロー委員会」といわれていたが、自治体の見直しをするために、「県」や「村」の代表者を集めて、ヒアリン

---

[152] K.B. Smellie, *A History of Local Government* (London: George Allen & Unwin, 1946), pp.120-121.
[153] 1925年の地方税評価法（Rating and Valuation Act）を制定が、これであった。
[154] K Poole & Bryan Keith-Lucas, *Parish Government 1894-1994* (London: The National Association of Local Councils, 1994), p.98.

グをしていた[155]。そして、全国パリッシュ協会もパリッシュの代表とみなされ、このオンスロー委員会に招かれたため、次のような趣旨の意見を披露した。

「規模の小さなパリッシュは往々にして住民総会を開くこともできない状態にあります。したがって、すべてのパリッシュに議会を設置するようにするべきであると考えていますが、そのためには、小さなパリッシュの合併ないしはグループ化をはかる必要があります」[156]。

この意見の表明が、この全国パリッシュ協会の最大の業績であった。バーンズをリーダーとする全国パリッシュ協会は、会費をパリッシュ税から払ってもらえる団体としては認定されず、個々の議員から会費を徴収しなければならなかった。このため、財政基盤がきわめて弱く、このオンスロー委員会に意見を表明するとともに、創設時の意気込みが急速に薄れ、自然消滅していったのである。

また、オンスロー委員会に対して行った全国パリッシュ協会の意見に対しても、反対するものも多かった。「ムラは愛郷心をもてる範囲にするべきであり、議会であろうが、住民総会であろうが、別に支障はない」[157]と主張するものが多かったのである。

オンスロー委員会は、結局は、パリッシュの規模をどうするべきかという点については、これらの意見を列記したのみで結論は出さなかった。しかし、実際には、1930年代に入ってから、かなり

---

[155] オンスロー委員会は1923年に設立された委員会であり、日本でいえば権威のある"審議会"に該当する機関である。このオンスロー委員会の勧告は、1929年の地方行政法や1933年の地方行政法などで実現されたものが多い。オンスロー委員会については、William A. Robson, *The Development of Local Government* (London: George Allen & Unwin, 1948), pp. 149-151, pp.173-174 などを参照。

[156] K Poole & Bryan Keith-Lucas, *Parish Government 1894-1994*, p.98, p.187.

[157] Ibid.

のパリッシュが合併するようになった。それに伴い、1913年には12,865もあったパリッシュが、1951年には11,175に減少していた。

また、グループ化も盛んに行われるようになった。たとえば、ノーサンバーランド県は、ほかの県と比べると、かなり遅れてグループかがはじまったようであるが、1950年代に急激にグループ化が進み、450あったパリッシュが150のグループに編成し直された。そして、すべてのパリッシュが議会をもつようになった[158]。

なお、1894年法は、人口300人以上のパリッシュは議会を設置しなければならないと定めていたが、1933年の地方行政法（Local Government Act）は、これを200人以上のパリッシュは議会をもたなければならないと改めた。この1933年法はオンスロー委員会の勧告にもとづいて制定されたものであった。このほかにも、オンスロー委員会は、主要道路の街灯は県税で整備・管理するべきであるとか、上下水道の整備は村税で行うべきである等々の勧告をし、その後の法律で、これらの勧告が実現された[159]。

しかし、勧告のなかには、実現しなかったものも少なからずあった。たとえば、オンスロー委員会は、パリッシュの"親"のような自治体である「村」の議員はパリッシュ議会に職権で出席できるようにするべきという勧告をしていたが、1933年の地方行政法はこれを受け入れなかった。このとき、全国パリッシュ協会は、オンスロー委員会に対して、パリッシュの議員は村議会にも自由に参加できるようにしてほしいという希望を出していたが、これはもちろん受け入れられなかった。しかし、実際には、多くの村で、村議会議員がパリッシュ議会に出席し、また、パリッシュ議会の議員は村議会に出席していた[160]。

---

[158] Ibid., p.189.
[159] William A. Robson, *The Development of Local Government*, pp.101-102.
[160] K Poole & Bryan Keith-Lucas, *Parish Government 1894-1994*, p.181.

2　全国パリッシュ協会の復活

　全国パリッシュ協会は、前述したように、オンスロー委員会に意見を提供し終わると、活動が自然に停止してしまった[161]。しかし、当時の農村地域では、人口の大幅な減少という深刻な問題があり、この人口減にどのように対処するかが大きな課題とされていた。このため、ムラの生活に関心をもちはじめるようになった団体がいくつかあった。たとえば、全国女性協会（National Federation of Women's Institute）がそうであり、また、全国社会サービス会議（National Council of Social Service）もムラに関心をもつようになっていた。

　全国社会サービス会議というのは、第一次世界大戦のイングランドとウェールズに発生していた社会問題を改善するために設立された組織であったが、この全国社会サービス会議が、1920年代の中頃から、ムラの生活を向上させ、深刻な人口減を改善することのできる組織として期待を寄せるようになったのが、パリッシュ議会であった。そして、1932年に、『ムラ（Village)』という季刊誌を発行し、パリッシュ議会の活動を掲載するようになった。また、1934年には、パリッシュ議会の活動を助けるために、相談を受けるサービスを開始した。当時、通常のパリッシュ議会の議員には、自分たちにどんな権限があるのか、理解しているものがほとんどいなかった。したがって、全国社会サービス会議は、議員を啓蒙するために、1935年に、パリッシュ議会や住民総会の権限を分かりやすく解説した小冊子を、非常に安い価格（3ペンス）で発行した。

　そして、最後の仕上げとして、「パリッシュ議会の仕事を助け、情報を提供するために」、全国社会サービス会議のなかに、"パリッシュ中央委員会（Central Parish Councils Committee）"を設置した。

---

[161] Ibid., p.99.

これは、多くの県当局から要請があったため、言い換えれば、それらの要請に応えて設置したものであった[162]。

1938年、このパリッシュ中央委員会の全国大会が開催された。が、出席したのは、わずか151のパリッシュであった。しかも、その直後に第二次世界大戦に突入してしまった。しかし、この戦争のなかで、全国中央委員会の会員になるパリッシュ議会が着実に増えていった。そして、会員の間で、次第に、全国社会サービス会議から独立するべきであるという意見が強くなり、1947年、パリッシュ中央委員会の業務は"全国パリッシュ協会（National Association of parish Councils）"に移されることになった。

とはいっても、もとの全国パリッシュ協会は自然消滅していた。このため、実態は、パリッシュ中央委員会が、全国サービス会議から独立して、新たに全国パリッシュ協会を創ったというものであった。事実、1947年のある日、全国パリッシュ協会は全国から会員であるパリッシュの代表を集め、盛大にオープン・セレモニーを開いた。

全国パリッシュ協会の事務局長には、中央委員会の事務局長であったメージャー（Eric Major）がそのまま就任し、全国パリッシュ協会の理事長にも、中央委員会の責任者であったプラッツ（Leslie Platts）が就任した。中央委員会が使っていた部屋と電話もそのまま全国パリッシュ協会のものとなった。そして、はじめの頃は、全国社会サービス会議から財政上の支援（補助金）も受けていた。この補助金が1971年に返還されたというように、その後、全国パリッシュ協会は実質的にも全国社会サービス会議から独立した[163]。

1949年には、イングランドとウェールズのすべての県に、全国パリッシュ協会の支部が設置されるようになり、会員のパリッシュも全国（イングランドとウェールズ）で3,700を越えた。しか

---

[162] Ibid., pp.99-101.
[163] Ibid., p.103.

し、この頃の全国パリッシュ協会はまだ財源が非常に乏しく、職員は、事務局長を含めて、たったの2人しかいなかった。それでも、中央政府の法律の制定に大きな影響を及ぼしていた。たとえば、1948年には、「挙手による選挙」を取り止めるべきであると政府を説得し、政府がこの説得に応じて国民代表法（Representation of the People Act）を改正した。「挙手による選挙」が廃止され、「秘密投票による選挙」となったのである[164]。

その後も、全国パリッシュ協会の会員は増え続け、1967年には会員のパリッシュは6,430になった。すべて、議会を有するパリッシュであった。1990年には、全国パリッシュ協会は名称を変更し、直訳すれば"自治体全国協会（National Association of Local Councils）"となったが、この時には、会員数が7,300議会となっていた[165]。このように名称を変更したのは、1970年代の半ばから、ウェールズのパリッシュが"コミュニティ"となったためであった。イングランドのパリッシュおよびタウンとウェールズのコミュニティが会員になっているということを示すために、"パリッシュ協会"ではなく、"自治体協会"としたのである。（ただし、本書では1990年以後についても、全国パリッシュ協会という名称を使うことにする）。

このように会員数が増えていくにしたがい、全国パリッシュ協会の法律制定に対する影響力も大きくなっていった。1956年には、全国パリッシュ協会の発案で地方選挙法（Local Government Elections Act）が改正され、パリッシュ議会の選挙と村議会の選挙が連動して一緒に行われるようになった。また、1957年にパリッシュ議会法（Parish Councils Act）
が制定されたが、この法律の原案も、全国パリッシュ協会によってつくられたものであった[166]。

---

[164] Ibid., p.130.
[165] Ibid., 105.
[166] Ibid., pp.111-112.

ところで、1949年に、全国パリッシュ協会のもとで"県の支部"が設置されたと前述したが、これは、全国パリッシュ協会のほうが先に設置されたという実態を明らかにするために、こういう記述をしたのである。規約上からいえば、これは正しい記述ではない。規約上は……、全国パリッシュ協会と各県のパリッシュ協会は、さらには、各県のパリッシュ協会と個々のパリッシュは、"連邦制"に類似する関係にあるといったほうが正確である。すなわち、個々のパリッシュが集まり一緒になって県パリッシュ協会をつくり、次に、各県のパリッシュ協会が集まって全国パリッシュ協会を結成するというのが、規約上の全国パリッシュ協会である。個々のパリッシュが県の協会に加入するかどうかは、各パリッシュの自由裁量であり、強制されることは全くない。各県のパリッシュ協会にも、全国パリッシュ協会と同じように、総会があり、執行機関もある。県の協会は、そのメンバーである個々のパリッシュに助言をしたり、援助をしたり等々、すべて自分の裁量で行動している。全国パリッシュ協会から指示されるということはない。個々のパリッシュとの関係で、パリッシュを指導したり、あるいは、住民の代表団体としてのパリッシュの活動を支援したり等々、第一線に立っているのは、各県の協会であるといっても言い過ぎではない。しかし、ときには、県協会の手にあまることがある。たとえば、中央政府と直接談判しなければならない場合や、中央政府の政策を変更しなければならない場合が、それである。こういうときには、県協会の要請を受けて、全国パリッシュ協会がバックアップをする。とくに、法律を制定する必要がある場合には、全国協会がリーダーシップを取ることが多い[167]。

---

[167] Ibid., pp.105-106.

3 利益集団としてのパリッシュの意見

 それでは、全国パリッシュ協会はどのようにして、法律を制定しているのであろうか。あるいは、どのようにして、法律の制定に影響を及ぼしているのであろうか。これを理解するためには、その前提として、イギリスの法律がどのようにして制定されているのかという過程を理解することが必要である。そこで、イギリスの法律の制定過程をみてみることにするが、理解しやすくするために、まず、日本の状況を説明すると……
 日本の場合、通常、法律の制定は担当省庁の官僚が原案を作成することからスタートする。原案が策定されると、それが関係省庁にまわされる。調整をはかるのであるが、一般には、この段階で関係省庁の細かいチェックを受け、原案を策定した省庁と丁々発止をやりあいながら、原案が修正（もしくは、改悪）されていく。この段階で折り合いがつかない場合、通常は廃案となる。そして、関係省庁と何とか折り合いがつけられたものが内閣に回され、閣議で了承された後、政府案となって、国会にかけられる。これが、ごく一般的な日本の法律制定過程の非常におおざっぱな説明であるが、この過程から分かるように、国民は、憲法で主権者として位置づけられているにもかかわらず、原案の内容も知らされず、調整の経緯も知らされていない。もちろん、法律の制定に参加することができない。
 ところが、イギリスでは、国民は主権者とされていないにもかかわらず、法律の制定に、実質的には、参加できる仕組みになっている。それを、簡単にみてみると、まず、法律の原案をつくるのは、日本と同じく、担当省庁の官僚であることが多い。しかし、担当省庁は策定した原案を、とくに最近は、「協議書（コンサルティション・ペーパー）」という形で、国民に公表するのが普通である。この協議書は、政府刊行物センターや書店などで販売されている。また、図書館などにも置かれており、さらには、インターネットでも公表

されている。国民はこの協議書を読んで、どういう法律がつくられようとしているのか理解することができるが、それだけではなく、意見をいうこともできるようになっている。通常は、協議書の最後の頁が意見を書く場所になっており、そこに意見を書いて、原案をつくった省庁に郵送するようになっているが、最近はEメイルで送ることもできるようである。また、担当省庁は関係者には、直接的に、意見を求めることも多い。こうして集められた国民の意見をもとにして、担当省庁は原案を修正する。そして、その修正案（これは「ホワイト・ペーパー」と呼ばれている）を再び国民に公表する。国民はこの「ホワイト・ペーパー」に対しても、協議書と同じように、意見をいうことができる。また、「ホワイト・ペーパー」は国会にも回付され、国会議員も、いろいろ意見をいったり、批判をしたりしている。これらの「ホワイト・ペーパー」に対する意見は、再度、担当省庁に送付され、担当省庁は、これらの意見や批判にもとづいて、さらに修正を加える。これが「法案（Bill）」となって、国会の審議に付されるのである[168]。

　このような法律の制定過程をみれば、個々のパリッシュ議会といえども、法律の制定に意見をいうチャンスが何回かあることが理解

---

[168] これが、とくに１９９０年代に入ってから一般に見られるようになったイギリスの法律のつくり方であるが、この経緯をみれば明らかなように、国会議員は国会にかかる前から「法案」の内容を熟知している。国民も、「協議書」や「ホワイト・ペーパー」に意見をいった者はもちろん、関心がある者は、法案の中身を熟知しており、自分たちの代表者である国会議員がどういう発言をするか注目をしている。そのため、新聞も国会議員の発言内容を素早く、かつ詳細に報道し、コメントを加える。国会の議事録も翌日には公表される。こうした状況のもとでは、国会議員は選挙民が納得するような議論をしなければならず、また、有権者が納得するように法案を修正していかなければならない。この結果として、イギリスでは政治主導といわれる状況がつくりだされているのである。日本でも最近「政治主導」の実現が叫ばれているが、本当にそれを実現しようとするのであれば、このようなシステムの導入こそ必要といわなければなるまい。ところで、イギリスは国王主権の国である。その国でこのように国民が法律制定に参加している。これに対して、日本は国民主権の国である。にもかかわらず、日本の国民は法律制定の過程で全く無視されている。これは何を意味するのであろうか。ちなみに世界的に有名な（？）ランド・マクナリー社の『世界の国々』をみると、イギリスは「議会制民主国家」となっているが、日本は「立憲君主国家」となっている。実態をよく見ているというべきであろうか。竹下譲「法律制定過程への国民の参加」、全国市町村文化研修所『国際文化研修』Vol.24（1999年夏）44-45頁を参照。

できるであろう。ましてや、県のパリッシュ協会や全国パリッシュ協会のような組織の場合には、意見を表明するのが普通である。担当省庁もこのことは十分にわきまえており、全国パリッシュ協会に直接的に意見を求めることが多い[169]。

　もっとも、「協議書」によって国民の反応を見るという法律制定の形態は、１９７０年代に入ってから、とくに１９８０年代後半になってから多用されるようになった形態であった。それまでは、王立委員会を設置し、その王立委員会が関係者からヒアリングをした上で勧告をし、その勧告にもとづいて法案がつくられるというのが一般的であった。しかし、この場合も、地方自治に関係がある事柄については、パリッシュや全国パリッシュ協会が王立委員会から意見を求められてきた。また、担当省庁が法案を制定する段階でも、パリッシュ協会は、担当省庁から、あるいは大臣から、意見を求められるのが普通であった[170]。

　たとえば、１９７２年の地方行政法制定のきっかけをつくった「地方行政に関する王立委員会（Royal Commission on Local Government in England）」──レドクリフェ・モード委員会──は、その勧告をつくるにあたって、２,０００以上の地方自治体や中央省庁などから意見を聞いたが、そのなかには、約５００のパリッシュ、そして、１５県のパリッシュ協会、それに全国パリッシュ協会が含まれていた。そして、レドクリフェ・モード委員会は、これらのパリッシュ関係者の意見に非常に好意的であった[171]。同委員会の調査チームが個々のパリッシュやパリッシュ協会のヒアリング結果を一冊の報告書にまとめ、その意見を強調していたことをみても、これは確かである[172]。また、１９７２年の法案が上院で審議された際に、レドクリフ

---

[169] 全国パリッシュ協会担当者の説明。また、ケンブリッジシャー県のパリッシュ協会の担当者も同じ説明をしていた。
[170] 同上。
[171] K Poole & Bryan Keith-Lucas, *Parish Government 1894-1994*, pp.198-120.
[172] Royal Commission on Local Government in England ; (Redcliffe-Maud) (1966-69), *Research Appendics Vol Ⅲ*, Cmnd 4040Ⅱ, Written Evidence of Parish Councils (London: HMSO, 1969).

ェ・モード卿が次のように説明していた。(この一部は、「序論」で引用したが、状況を明確にするため、再度引用する)。

「パリッシュは英国の本物の地方自治を最高に実践している自治体である。また、世界的な観点からみても、どの国の自治体にも劣ることのないすばらしい自治体である、とわれわれ委員会は考えた。私自身はいまでもそう確信している。パリッシュの住民は少なくともお互いに顔見知りである。そういう草の根の交流が存在する地域は地方自治の基本として残さなければならない、と私は確信している」[173]。

レドクリフェ・モード委員会はこうしてパリッシュに有利な勧告をしたが、１９７２年法はこの勧告を受け入れなかった。しかし、委員会が発足する前に心配されていたパリッシュ制度の廃止についてはまったく問題にされず、パリッシュはそのまま存続することになった。それどころか、住民の"代表機関"としてのパリッシュの機能を大きく強化するものであった。これをもたらしたのはレドクリフェ・モード委員会であり、ひいては、個々のパリッシュやパリッシュ協会の働きであったといわなければならない。

このように、いわゆる利益集団として政府が策定する法案に影響力を及ぼしてきたが、それと同時に、全国パリッシュ協会は、担当省庁の大臣に直接働きかけるということも頻繁に行ってきた。大臣を説得し、またプレッシャーを加えて法案を修正してもらうという努力をしてきたわけである。このため、パリッシュ協会は大臣に影響力をふるうことができる国会議員と親交関係を結んできたが、これについては、後述する。

---

[173] K Poole & Bryan Keith-Lucas, *Parish Government 1894-1994*, pp.204-205

4 イギリスの議員立法

　イギリスでは個々の国会議員が立法権をもっている。日本の場合、個々の議員が法案を国会に提出できるという仕組みにはなっていない。議員が法案を提出するには、衆議院では２０人以上の議員の賛成が必要であり、予算を伴う法案のときには５０人以上の議員の賛成が必要である[174]。このため、地方自治体が、たとえ法案を作成したとしても、それを国会に提出するには、２０人とか、５０人の国会議員を説得し、賛成してもらわなければならない。これは、実際には、不可能といってよいであろう。このような仕組みになったのは１９５５年（昭和３０年）のことであるが、こうした仕組みのもとでは、個々の国会議員が立法権をもっているとはいいにくい。議員立法といわれることがあるが、日本の議員立法は、個々の国会議員が法案を出すことを指しているものではない。議員立法という名前のもとに、実際に法案を提出しているのは、衆議院で２０人以上（もしくは５０人以上）の議員を有している政党である。このことからいえば、議員立法ではなく、政党立法というほうが正確な表現とすらいえる。また、政権党（もしくは与党）が議員立法という形で法案を国会に提出することはほとんどない。もちろん、地方自治体が法案を国会に提出したことは、１９５５年以後は、ないはずである[175]。要するに、現在では、法案は実質的に中央省庁がつくるものとなっており、地方自治体は法律をつくりたい場合には、中央省庁に法案の作成を陳情することができるだけである。事実、１９９５年の阪神大震災の後、兵庫県がその復興のために「特別措置法」

---

[174] 国会法第56条。なお、参議院の場合は、10人以上の議員の賛成（予算を伴うときは20人以上）の賛成が必要である。
[175] （昭和30年）までは、国会議員は1人で法案を提出することができ、地方自治体が国会議員を経由して法案を提出し、法律に仕上げるということがいくつかあった。たとえば、1949年の首都建設法は東京都および東京都議会によってつくられたものであった。

の法案の要綱を作成し、被災地入りした内閣官房長官に手渡したそうであるが、それに対する霞が関（中央省庁）の反応は「地方が法案をつくるなど、おこがましい」というものであった[176]。

表6　議員提案で制定された法律の数（イギリス）

会期年度	プレゼンテーション	テン・ミニッツ・ルール	バロット	上院議員	合　計
1980	2	1	7	4	14
1981	1	0	7	2	10
1982	2	1	5	2	10
1983	1	0	10	2	12
1984	4	2	11	4	21
1985	4	0	13	4	21
1986	4	0	7	4	15
1987	2	0	9	2	13
1988	2	0	6	1	9
1989	2	0	8	1	11
1990	8	0	11	1	20
1991	2	0	8	3	13
1992	3	2	6	5	16
1993	2	0	8	6	16
1994	1	3	9	4	17
1995	1	1	12	3	17
1996	0	1	14	7	22
1997	2	1	5	2	10

資料）House of Commons Information Office, *The Success of Private Members Bills*, No 67, Revised December 1998

ところが、イギリスでは個々の議員に立法権がある。議員一人一人が法律案を国会に提出できるようになっているのである。実際にも、野党の議員であれ、政権党（与党）の議員であれ、議員がひとりで法案を提案している。しかも、これらの議員は政党を代表して法案を提出しているのではない。大臣や政務次官などの政府の役職

---

[176] 朝日新聞、1996年1月16日、「幻の特別法案。復興支援、国の反応鈍く」。

に就いていない議員、あるいは、政党の幹事長などの役職に就いていない下院議員はイギリスでは「バックベンチャー」と呼ばれているが[177]、これらのバックベンチャーがひとりで法案を提出しているのである。そして、これらの法案が、１９９０年代に限定してみても、毎年２０近く法律になっている。

下院のバックベンチャーが法案を提出する場合には、３つの方法がある。第一の方法は、くじ引きで提案権を引き当てるという方法である。"バロット（ballot）"と呼ばれている方法であるが、このくじ引きは毎会期のはじめに行われ、２０人の議員がこのくじを引き当てることができることになっている[178]。このくじに当たって、法案の提案権を獲得した議員は、多くの組織から「自分たちの法案を取りあげてくれ」と、あの手この手で口説かれるのが常である。全国パリッシュ協会も、これらの議員と接触し、パリッシュのための法案を提案してくれるように懇請することがしばしばあった。この仕事は、全国パリッシュ協会の場合は、事務局長の重要な仕事として位置づけられているほどである。事務局長は、法案も作成しなければならず、また、それを国会に提出するために、くじ引きを引き当てた議員を口説き落とすという面でも腕を振るわなければならない[179]。くじ引きを当てた議員は、国会で法案を提出する日を割り当てられている。会期中の金曜日がこの"バロット"の日であるが、この日は法案説明のために、さらには、それを審議するために、たっぷりと時間がとられているため、提案された法案が法律になる成

---

[177] イギリスの国会（下院）では政権党と野党が向かい合って座り議論するようになっており、首相や大臣などの政権党の幹部と、野党の党首や幹部が一番前の席に座って向かい合っているので、"前の席に座る人"という意味でフロントベンチャーと呼ばれ、普通の平の議員は後ろの席に座っているのでバックベンチャーと呼ばれている。

[178] Central Office of Information, *Parliament*, 2d ed. (London: HMSO, 1994), p.73.

[179] K Poole & Bryan Keith-Lucas, *Parish Government 1894-1994*, p.111.

功率はかなり高い[180]。1980年度から1997年度までの18年間をみると、平均して毎年9件の法案が国会を通過している。約50％の成功率である[181]。

第二の方法は"テン・ミニッツ・ルール (Ten Minute Rule)"と呼ばれている方法である。これは、原則的には、すべてのバックベンチャーが行使することのできる方法ということができる。法案を提案したい議員が、議長から、その法律がどうして必要なのかという点の説明をする時間を数分間与えられ、それに反対する者も2・3分間の演説をすることができるというものである。その後で、国会議員による採決が行われ、それを国会で審議するか否かが決定される。この方法で提案された法案で、実際に、国会で審議されたものは非常に少ない[182]。また、たとえ審議されることになっても、国会を通過して、法律になるのはもっと大変である。それでも、ときには国会を通過して法律となることがある。たとえば1994年度には、この方法で提案された3つの法案が法律となった。また、1960年代には毎年3〜4件の法律が制定された。1963年度は5件の法案が国会を通過したほどである。もちろん、成功率ゼロの年もある。むしろ、そのほうが多い。とくに1970年代、80年代の成功率が低く、ゼロという年が連続して続いた[183]。こうした実態があるため、"テン・ミニッツ・ルール"で法案を提出する議員は、実際には法律の制定をあまり期待していないといわれている。それでも、法案を提出するのは別の目的があるため、たとえば国会議員に現行法の問題点を認識させるといった目的があるためである[184]。

---

[180] Austin Mitchell, "Backbench Influence" in F.F. Ridley and Michael Rush, eds., *British Government and Politics since 1945* (Oxford: Oxford University Press, 1995), pp.202-203.
[181] House of Commons Information Office, *The Success of Private Members Bills,* No67, (London: House of Commons, 1998), p.3.
[182] Central Office of Information, *Parliament,* pp.73-74.
[183] House of Commons Information Office, *The Success of Private Members Bills* No67, p2.
[184] Central Office of Information, *Parliament,* p.74; Austin Mitchell, 'backbench. Influence' p.203

第三の方法として、会期中の月・火・水・木曜日の2時半からはじまるクエスチョン・タイムの後に、バックベンチャーが法案を提案するという方法がある。これは、"プレゼンテーション（Presentation）"と呼ばれている[185]。この提案をすることができるかどうかは議長の裁量によるため、また、その前のクエスチョン・タイムが長引くことが多いということもあって、実際には、ほとんど提案することができないけれども、それでも、法律が制定されるところまで進むことがある[186]。1990年度には、この方法で8件の法律が制定され、また1997年度も2件の法律が制定された[187]。

　下院のバックベンチャーが法案を提案する方法は以上の三つであるが、上院の場合は、上院議員であれば、いつでも法案を提出することができる。このため、全国パリッシュ協会も法案を上院に持ち込むことが多かったが、こういう場合は、上院は通っても、下院で反対されるのが常であった[188]。とくに昔はそうであった。しかし、1960年代の頃から、何が何でも反対するという下院の姿勢は次第に改められるようになり、最近は、こうした法案が、1年につき4〜5件の割合で、下院でも承認されるようになっている[189]。

5　法律制定のための戦略

　全国パリッシュ協会が法律を制定するという場面で、もっとも活

---

[185] このクエスチョンには担当大臣や次官が応答するが、質問をするバックベンチャーは、質問だけではなく、政府の政策の批判をし、修正を迫ることもできる。なお、火曜日と木曜日のクエスチョン・タイムの後半は首相のクエスチョン・タイムとされており、野党第一党の党首と首相が"一対一"で相手の政策の批判をしあっている。See; John Biffen, *Inside the House of Commons*, Grafton Books, 1989, pp.39-48.

[186] Ibid., pp61-67.

[187] House of Commons Information Office, *The Success of Private Members Bills* No67, p.2.

[188] K Poole & Bryan Keith-Lucas, *Parish Government 1894-1994*, p.111.

[189] House of Commons Information Office, *The Success of Private Members Bills* No67, p.2.

躍したのは、歴代の事務局長（Secretary）である。たとえば事務局長の職務について、全国パリッシュ協会自身が次のように解説していることをみても、これは明らかであろう。

「事務局長の職務はいつの時代も多種多様であった。事務所を管理しなければならず、協会の運営、すなわち全国会議や総会・理事会の運営をしなければならない。また、県のパリッシュ協会でスピーチをしなければならず、文書のやりとりや質問に対する回答など、日常業務も処理しなければならない。さらに、もっと広範囲な政治問題を処理する必要もある。たとえば、法案の修正や大臣に対する質問をしてくれるように国会でロビー活動をする必要があり、また、省庁の職員とは常にコンタクトをとっていなければならない」[190]。

1947年に全国パリッシュ協会が発足したとき、その事務局の職員は事務局長を含めてわずか2人であった。その後、若干は増えたものの、それでも、非常に少なかった。たとえば1970年代末で、事務局長、事務次長、次長補佐、事務職員1人が常勤の職員であり、それに、パートタイムの機関紙の編集者と出版者がいるだけであった[191]。1980年代に入ってから、もう2人ほど増えたようであるが、それでもごく少数の事務局である。ただし、歴代の事務局長および幹部職員のほとんどは、法廷弁護士（barrister）や事務弁護士（solicitor）の資格をもっていた。また、協会の専属として法律家をパートタイムで採用していることも多かった。こうした職員や法律家がいたために、法案をつくることも可能であったわけであるが、しかし、法案をつくっただけでは、それを法律にすることはできなかった。法律にするには、それを国会にかけてくれる人が

---

[190] K Poole & Bryan Keith-Lucas, *Parish Government 1894-1994*, p.109.
[191] Ibid., p.110.

必要であった。

こうして、全国パリッシュ協会が採用したのは、"副会長（Vice-President）"のポストを設置するという戦略であった[192]。"副会長"には、政権党と野党双方のバックベンチャーを任命し、また、上院議員を任命した。そして、これらの議員に、法案を提出してもらったのであった。このような国会への回路をつくったのは１９５０年代の半ばであったが、１９５５年には"副会長"に就任したフォート（Richard Fort）がはやくも法案を提出していた。パリッシュ議会の議員の選挙を村議会の議員選挙と同時に行わせるようにするという選挙法改正の法案であった。この時の国会では、これは残念ながら廃案となってしまったが、しかし、翌年の１９５６年の国会で採用され、地方選挙法（Local Government Elections Act）として制定された[193]。

１９５７年のパリッシュ議会法（Parish Councils Act）も"副会長"の提案によって制定された法律であった。この法律によって、中央省庁が地方自治体の事柄について何か決定する場合には、全国パリッシュ協会に必ず相談しなければならないということになった。ほかにも、全国パリッシュ協会の発案で制定された法律は、１９５８年の体育・レクリエーション法（Physical Training Act）、１９７０年の埋葬団体法（Parish Councils and Burial Authorities Act）、

---

[192] 全国パリッシュ協会の"会長（President）"には、1974年に就任したグラフトン公爵（Duke of Grafton）、1986年のフェバーシャム卿（Lord Feversham）のように、高貴な貴族が就任してきた。その任務は、年に一度の総会を主宰することである。また、全国パリッシュ協会には、この会長のほかに、理事長と訳すことができる"Chairman"がいる。この理事長（チェアーマン）は理事会のメンバーであり、実質的に全国パリッシュ協会の"長"として機能しているといってよい。ほかの理事会のメンバーには、ほとんどの場合、各県のパリッシュ協会の代表者が選ばれている。この理事会が、各パリッシュから提案されたさまざまな事柄に決断を下し、全国パリッシュ協会の方針を決定している。ただし、実際には、総務委員会に多くの意思決定が委ねられており、また、その委員長である事務局長が全国パリッシュ協会の実質的な顔になっている。

[193] K Poole & Bryan Keith-Lucas, *Parish Government 1894-1994*、pp.77-78.

1971年の危険廃棄物法（Dangerous Litter Act）など、いくつかある。

　全国パリッシュ協会の法案は、すべてが"副会長"を経由して国会に提案されてきたわけではない。"バロット"を引き当て、法案の提案権を獲得した下院のバックベンチャーと近づきになり、協会の法案を提出してくれるように口説くということもしばしばあった。上院議員に法案を提案してくれるように頼みこむということもよくあった。そして、このようなときにも、"副会長"が大きな働きをした。バックベンチャーや上院議員は、他の人よりも、同僚である"副会長"の説得に応じる傾向が強かったからである[194]。

　また、"副会長"は、政府提案の法案を修正するという点でも、大きな役割を果たしてきた。政府案の修正は、パリッシュにとって、独自の法案を提出するのと同じように、むしろ、それ以上に重要なことであった。そして、この修正をするには、法案の責任者である大臣および官僚を説得することが不可欠であったが、この役割を果たしてきたのが"副会長"とりわけ政権党のバックベンチャーから任命された"副会長"であった。もちろん、法案を修正するには多数の国会議員の賛同を得る必要があったが、この説得も"副会長"が果たしてきた。

　たとえば、1971年に、ヒース保守党政権が地方制度を抜本的に変革する法案を国会に提出した。この法案がそのまま法律になれば、パリッシュの地位は大きく揺らぎ、その権限を大幅に削減される可能性があった。このため、全国パリッシュ協会は、法案の修正に全力を注いだが、その際、国会で活躍したのは"副会長"であった。実際に、それを仕掛けたのは全国パリッシュ協会の事務局長であったが……。この時の状況は、全国パリッシュ協会によって、次のように説明されている。

---

[194] Ibid., pp.111-112.

「事務局長は、来る日も来る日も一日中、ウエストミンスター宮殿（国会議事堂）で過ごした。地方行政法案の修正案を練り、全国パリッシュ協会の副会長でもあるモリソン下院議員（Charles Morrison）に説明をしていたのである。それをもとにして、モリソン議員は国会の委員会で合計８９回も発言をした。政府案に対して全部で１，８５２の修正動議が出されたが、そのうち３００の修正案は全国パリッシュ協会の発案でモリソン議員が出したものであった。そして、そのなかの１７０の修正案が受け入れられた。このなかには、非常に重要な修正もあった。たとえば、パリッシュは一般に課税評価額１ポンドにつき４ペンス以下しか課税できないと制限されてきたが（住民総会の同意がある場合には８ペンスまで課税が可能）、この制限を撤廃することができた。また、パリッシュの自由裁量権がそれまでの"５分の１ペンスの自由"から"２ペンスの自由"に拡大された。これによって、パリッシュは他の自治体のレベルにかなり近づくことができるようになった」[195]。

このように修正動議が多かったため、下院での審議は１５０時間も続き、審議が終わった段階で法案は４００頁に膨れ上がったといわれているが、１９７２年の地方行政法として制定された。そして、これにより、パリッシュは権限が逆に増大したが、これについては後述する。

---

[195] Ibid., p.204.

第5章　パリッシュの実際の活動

1　カルデコートの活動（前半期）

　１８９４年法のもとで民主的なパリッシュとして発足して以来、今日まで、カルデコート・パリッシュが経てきた期間は、大きく二つの時期に分けることができる。前期は、１９４０年代半ばまでの時代で、住民総会がムラの意思決定機関であった時代であり、後期は、それ以後現在までの時代、議会が設置され、その議会が意思決定機関として機能するようになった時代である。このようなカルデコートが、それぞれの時期にどういう活動を実際にしてきたのか、みていくことにしたい。

　カルデコートは、１８９４年に、人口約１００人のパリッシュとしてスタートした。議会はなく、意思決定機関は住民総会であった。パリッシュの日常業務は、住民総会で選ばれた議長、教区管理者、警察官、副教区管理者によって行われていた。これらの執行者は、形式的には、選挙（投票による選挙）で選ばれていたが、実質的には、一種の寡頭政治であった。しかも、１９世紀末、あるいは２０世紀はじめの頃は、これらの幹部は目立った行動をしていなかった。せいぜいのところ、住民が近道あるいは散歩道として使う小道を指定し管理するという程度の仕事をしたくらいであった。しかし、その後、人口が若干増加するようにあり、それに伴って、小学校が遠いという問題が表面化するようになってきた。子供たちが２.５マイル（４キロメートル）ほど歩いて学校に通わなければならず、遠すぎるということになったのである。そして、議長や教区管理者の要請もあって、１９１０年に小学校が建設された。この頃のカルデコートの人口は１６０人で、児童数は、１９１２年の視察官（ケンブ

リッジシャー県）の報告書によれば、４１人であった[196]。この学校の建設は、当時のカルデコート・パリッシュの突出した業績ともいえたが、実態は、ケンブリッジシャー県の職員（視察官）の勧めにしたがったものであった。

　しかし、１９３０年になると、今度は正真正銘の自主的な仕事が行われるようになった。ムラ人の間で、みんなが集まることのできるホールがほしいという声が高まるようになり、住民総会でホール建設を議決したのである。資金集めのために、１９３１年３月に４人で競うホイスト（whist drive）というトランプのゲームが開催された。この大会には、全部で３６人が参加し、その参加費が資金として蓄えられた[197]。また、４月には"がらくた市（jumble sale）"が小学校で開かれた[198]。こうして、５５ポンドの資金がたまったとき、ムラ人が憩いの場として使っていた広場の向かい側の土地がたまたま売り出されることになった。値段は５４ポンドであった。カルデコート・パリッシュはすぐに住民総会を開き、この土地の購入を議決した。この総会では、同時に、建設資金を工面するために９人のホール建設委員を選出するということもした。そして、８月にはさらに５０ポンド蓄え、これを資金に建設資材を購入することができた。そして、いよいよホールの建設にとりかかった。ムラ人はほとんど総出で働いた。それを取り仕切ったのは、ムラ人の一人であった経験豊富な建築業者であった[199]。そして、１ヶ月たらずでホールが建設され、１０月１日、ブリスコー女史（Miss E. Briscoe）の司会のもとにオープン・セレモニーが開かれた。その状況を１０月２日の地元の新聞が次のように報道していた。

---

[196] Austin Keen (Education Secretary). *School Report*, 2 December 1912. （カルデコート・パリッシュに保存されている文書）。
[197] *Cambridge Independent*, 20 March 1931.
[198] *Cambridge Independent*, 21 April 1931.
[199] Owen Kember, *100 Years of Confrontation, Volume II*, p.7 （本書については、第２章の注26を参照）。

「建築資材が運び込まれてから一か月も経たないうちに、カルデコートの建てられた。このような素早く建てることができたのは、昨日のオープン・セレモニーで指摘されたように、委員会のエネルギーと熱意によるが、委員会はホール建設のすべてを処理し、しかも、無駄なお金は使わなかった。このホールは、カルデコートでは、はじめて建てられたものであるが、一時的なホールとされている。委員会は、これから数年かけてお金を集め、もっと大きな永久的なホールを建設する予定である。今回のホールは木材だけでつくられ、42フィート×18フィート（約70㎡）の大きさである。台所あるいはクロークとして使うことのできる広い区画がある。中の部屋は質素ではあるが、上品に内装され、必要な家具はそろえられた。それにダンスをするためのピアノも置かれている」[200]。

1932年6月、このホールで住民総会が開かれ、ホールは「カルデコート会館（Caldecote's Village Hall）」と名づけられた。同時に、委員会を設置して会館を管理するという管理規則も定められた[201]。このホールは"一時的なホール"とされていたが、結果的には、その後もずうっとホールとして機能し続けた。しかし、半世紀を経た1980年代の中頃になると、さすがに使用に耐えなくなり、閉鎖された。現在も、建物はそのまま残っているが、パリッシュ議会や住民総会は、1963年に建てられた小学校で開催されている。

---

[200] *Cambridge Daily News*, 2 October 1931.
[201] Owen Kember, *100 Years of Confrontation, Volume II*, pp.12-13.

> 「カルデコート会館(Caldecote's Village Hall)」管理規則（１９３２年）
>
> (1) このホールは「カルデコート会館」と命名する。
> (2) カルデコートの住民で選挙権を有する者は、すべて、この会館の会員である。
> (3) 会館の目的は、レクリエーション、スポーツを振興し、政治色をもたない催し物を促進することにある。
> (4) 会館の運営（財政を含む）は、委員長、事務長、財務、および委員６人で構成される委員会が行う。これらのメンバーは会館会員の総会で選出する。総会の定足数は５人である。
> (5) 総会は、毎年、６月に開催される。開催日は少なくとも１４日前までに会員に通知しなければならない。
> (6) 会館のバランス・シート（会計簿）は総会が開かれる７日前までに会館に掲示しなければならない。
> (7) 総会では、会館の財政に影響を及ぼしそうな動議がある場合には、評決をとらない。ただし、前もって（総会の１４日前までに）、その動議が委員会の事務局に提示されている場合は、別である。
> (8) 会員に不行跡があり、それが会館に害を与えると委員会が判断する場合には、あるいは、不行跡のために会員を閉め出すことが適切であると委員会が判断する場合には、委員会は当該会員を会館から追放することができる。
> (9) 委員会はこの規則を解釈する権限、また、解釈を最終的に決定する権限を有する。委員会には、会館に影響を及ぼしそうな事柄に関して処置する権限もある。
> (10) 会館の財産は、総会で選出する３人の資産管理人が生存する限り、これらの管理人に所属するものとする。管理人が死亡した場合、総会で管理人を選出する。
> (11) 会計検査を担当する会員２人を総会で選出する。
> (12) この規則の改変、条文の追加・削除は、総会以外ですることができない。

　カルデコート会館の建設後、カルデコートの住民総会では、誰を小学校の理事に選出するか、溝の清掃をどうするかというようなことが検討されていたが、最大の問題は、水道の整備であった。この当時、水道をもっていないムラは多かったが[202]、カルデコートもそのひとつであり、水は遠方から馬車などで運んでいた。１９３３年・３４年の頃はとりわけ水不足が深刻であり、パリッシュの議長の力

---

[202] １９３９年時点のことであるが、25％以上のパリッシュは水道をもっていなかったという保健省の報告がある。Ministry of Health, *Rural Housing, Third Report of the Rural Housing Sub-Committee of the Central Housing Advisory Committee* (London: HMSO, 1944), p.10.

で何とか水道をつけるようにしてほしいという願いがムラ人の間に強まっていた。そして、その期待に応えてくれる人物として、自治体の職員であったベェイズ（P. S. Bays）がムラ人の圧倒的多数の支持を受けて議長に選出された。このような住民の期待に応えるため、ベェイズ議長は、水道を整備してくれるようにチェスタートン村（Chesterton Rural District Council）と交渉を繰り返した。しかし、村当局の反応は冷ややかであった。このため、ベェイズ議長は村の最高責任者である村議会議長に直接折衝をするということもあった。また、中央の保健省にまで陳情に出かけるということもしたが、効果はなかった。一方、水不足はますます深刻となった。結局、ベェイズ議長は応急的な措置として、パリッシュで仮設水道を建設することにし、何とか当面の水不足をしのいだ。しかし、「もう少し日照りが続けば、この仮設水道ではとても間に合わない」[203]というものであった。このため、ベェイズ議長はその後もチェスタートン村と交渉を続け、保健省にも陳情を繰り返した。保健省から派遣されてきた職員を、議長が案内してまわり、緊急に水道建設が必要であることを何とか理解してもらおうと努めたこともあった。10月22日の住民総会でベェイズ議長は次のように住民に説明していた。

　「チェスタートン村は何の努力もしていない。われわれは、もっと積極的に戦わなければならない」[204]。

しかし、このベェイズ議長に対してある日、突然に、ムラ人6人から住民総会を開いてほしいという要請が舞い込んできた。そして、1934年12月17日に住民総会が開かれ、6人の住民が「仮設水道の料金が高すぎる」というクレームを提出した。長い議論の後、

---

[203] カルデコート住民総会議事録、1934年10月22日。
[204] 同上。

「料金が望ましいものであるかどうか」を投票できめることになった。結果は、49人が「高すぎる」とし、「妥当である」としたのは、たったの9人であった。ベェイズ議長の努力は否定されてしまったわけであり、これをみたベェイズは議長を辞任してしまった[205]。以後、議長空席の状態が2年以上も続き、この間住民総会が開かれることはなかった。（仮設水道の料金がどうなったかは不明である）。

　1937年3月15日、住民総会が開かれ、カルデコート・パリッシュが2年4か月ぶりに生き返った。この住民総会を開いたのは、それまでのパリッシュの活動に関係したことのない人々であった。20人の住民が集まり、暫定的に議長を選び、次回の総会できちんとした体制を整えるということになった。そして、7月14日、今度は本格的な住民総会が開かれた。この時も出席者は20人であったが、クラーク（Archie Clarke）が議長に選出され、事態は平常に戻った。そして、小道（footpath）の利用権を如何に確保するか、その少し前から走りはじめたバスの待合所をどのようにして建てるか、道路をもう少し整備するためにどうしたらよいか、排水路の囲いをどのように整備するか、等々のことが検討された。しかし、こうした平常の状態は長くは続かなかった。第二次世界大戦が近づいてきたのである[206]。

　戦争に突入すると、カルデコート・パリッシュは急激に忙しくなった。空襲監視者を決めなければならず、ロンドンからの疎開者に住宅をどのように提供するかも決めなければならなかった。ガスマスクを各戸に配布し、カルデコート会館を応急処置の場として赤十字社に提供することも決定した。1940年6月の住民総会では、空襲警報に警笛を鳴らすかどうかが喧々囂々と論議されていた。出席者は40人で、激しい議論の末、26人の賛成で警笛を鳴らすことに決着したが……。1941年3月17日の住民総会では、19

---

[205] カルデコート住民総会議事録　1934年12月17日。
[206] Owen Kember, *100 Years of Confrontation, Volume II*, p.19-20.

３４年に議長を辞任したベェイズ元議長が再び立候補し、現職のクラーク議長と争った。いわば、新旧のリーダーの争いとなったわけである。選挙は"挙手による投票"で行われ、１０対６で旧リーダーのベェイズが議長に返り咲いた。しかし、前回の熱狂的なムラ人の支持とは違い、今回ベェイズに賛成したの出席者３２人のうち、わずか１０人であった。大半の住民はいずれにも投票しなかった。

　このベェイズ議長のもとで、荒れ地の開墾が行われた。また、空襲警報のサイレンの設置を村当局に要請し、設置された。そのほか、電力会社に電力を供給してほしいという陳情もしたが[207]、これは、戦争中にそんな余裕はないとすぐに拒絶された[208]。しかし、ベェイズ議長がもっとも力を注いだのは水道の整備であった。１９４１年から４３年はじめにかけて、ベェイズ議長はチェスタートン村やケンブリッジシャー県に何度も足を運び、交渉を繰り返した。そして、１９４３年４月、戦争の真っ最中であったが、ついに水道が整備されることになった。費用は、カルデコート・パリッシュとチェスタートン村、ケンブリッジシャー県が３分の１ずつ負担した[209]。（このとき、水道が整備されたのは、カルデコートの一部であり、村全域の水道が整備されたのは１９６０年代に入ってからであった）。

　１９４４年にはいると、カルデコートの人口が３００人に近くなったこともあって、議会の設置が検討されるようになった。たとえば、１９４４年２月２９日の住民総会では、次のような決議文が採択されていた。

　　「戦争が終結した段階で、カルデコートにもパリッシュ議会を
　　設置することにする。まもなく、地方選挙が再開される予定にな

---

[207] 電気が通じているムラもこの頃は非常に少なかった。カルデコートにももちろん電気がついていなかった。W.A. Armstrong, "The Countryside" in F M.L. Thompson, ed., *The Cambridge Social History of Britain 1750-1950* (Cambridge: Cambridge University Press, 1990), p144.
[208] カルデコート住民総会議事録　1941年4月28日.
[209] Owen Kember, *100 Years of Confrontation, Volume III*, p.5.

っているが[210]、議長はその選挙の前に、必要な手続をとることを希望する」[211]。

こうして、ベェイズ議長が提出した議会設置の申請はケンブリッジシャー県に認められ[212]、1946年3月から、5人の議員をもつ議会が設置されることになった。

1946年3月11日、"意志決定機関"としての最後の住民総会が開かれた。議員を選出するためであったが、7人の住民が立候補し、出席者86人が候補者一人一人に挙手で賛意を表明し、次の5人が議員に選出された。ベェイズ議長は立候補しなかった。

表7 カルデコート・パリッシュ議会の第1回議員選挙 (1946年3月)

候補者	提案者	支持者	得票数
H.V. Bendon	F. Harrington	M. Harrington	59
V.J. Rolph	A. Bonwell	C. Brammar	49
.J. Coulton	J. Leaney	W. Bird	49
D. Nagle	S.D. Osbourn	L. Hobson	47
C.C. Woolstone	L. Badcock	J.W. Badcock	40
J. Leaney	D. Lawrence	E. Lambart	34
C. Brammar	P.S. Bays	V.J. Rolph	29

資料) Owen Kember, *100Years of Confrontation, Volume III*, p.33.

2 一般的なパリッシュの活動（第二次世界大戦まで）

この頃、他のパリッシュはどのような活動をしていたのであろうか。18世紀末のパリッシュの活動は一般に期待はずれのところが多かったことは前述したが、1900年代に入ってからもパリッシ

---

[210] 第2時大戦中、全ての選挙が停止され有権者の登録も行われなかった。1944年、地方選挙を再開するべきであると考えられるようになったが、実際には戦争が終わってから再開されることになっていた。
[211] Owen Kember, *100Years of Confrontation, Volume III*, p.30.
[212] カルデコート住民総会議事録 1945年3月15日。

ュの活動は総じて低調であった。小道や共有地（common land）を管理し、墓地を整備し、貸農地を管理するというようなことは結構行われていたが、これらの活動にしても、積極的に取り組んでいるところはあまりなかった。そして、第１次世界大戦がはじまると、パリッシュの活動はますます抑制されるようになった。戦争中は、県や村も、パリッシュと同じように、あまり活動をしなかったが、しかし、戦争が終わると、県や村はその活動を大幅に拡大していった。そのなかでパリッシュだけは、戦争が終わっても、相変わらず活動が低調であった。バス停留所の待合所の設置や、ごみ集積所の設置など、新しい活動を展開するようになったパリッシュもあったが、全般的には、せいぜいのところ、戦前のレベルまでサービスを戻しただけであった[213]。

第一次世界大戦のイングランドとウェールズの社会問題を改善するために設立されたボランティアの団体、「全国社会サービス会議（National Council of Social Service）」[214]が、ムラの生活を向上させることのできる団体としてパリッシュに期待をしていたことは前述したが、この社会サービス会議が１９３０年代にパリッシュの実態調査をしていた。それをみると、小道の点検と管理、貸農地の提供、街灯の維持管理、共有地（緑地）の維持が当時のパリッシュの一般的な活動であった。ほかには、慈善事業の受託者の任命をしているパリッシュが多かったくらいで、総じて、パリッシュの活動は低調であった。全国社会サービス会議が、「パリッシュはすでに全盛期を過ぎたと一般に考えられている」と報告しているほどであった[215]。

もっとも、住民の代表団体として行動するパリッシュは多かった。前述のカルデコート・パリッシュも村当局や県当局に水道の建設を

---

[213] K P Poole & Bryan Keith-Lucas, *Parish Government 1894-1994* (London: The National Association of Local Council, 1994), p.123.

[214] この全国社会サービス会議は、現在は、全国ボランティア会議（National Council for Voluntary Organisation）となっている。

働きかけるなどもっぱら住民の代表団体として機能していたが、議会を設置しているパリッシュもそのようなところが多かった。とくに、第一次大戦後、この傾向が強くなった。村や県に、さらには、保健省に、また郵便局や運輸省に、住民を代表して苦情を申し立てるようになったのである。1931年にロブソン教授が次のような指摘をしたのは、まさに、この当時のパリッシュの実態を説明したものであった。

「パリッシュは行政機関というよりは、本質的には住民の代表団体である。法律上も、たとえば水道や下水道に関して不満をいう権限を認められているし、また、道路の適切な維持を要請する権限も付与されている。パリッシュはこのような住民の代表団体としては、これからも存続し続けることであろう。しかし、行政機関として不滅の命を持ち続けることはあまり期待できない」[216]。

この頃のイギリスの農村部が抱えていた最大の問題は、都市部と農村部の住民生活の格差であった。たとえば、小学校の教育水準が都市部に比べて格段に低かったが、その最大の原因は、農村部には有資格者の教員が少ない等々、教員のレベルの低さにあった[217]。また、1939年の農村部では水道がついていない地域が非常に多いなど、当時の農村部は衛生施設の面でも、格段に劣っていた[218]。電

---

[215] K P Poole & Bryan Keith-Lucas, *Parish Government 1894-1994*, p.127.
[216] William A. Robson, *The Development of Local Government* (London: George Allen & Unwin, 1948), pp.203-204. なお、本書が最初に発行されたのは1931年である。
[217] W.A. Armstrong, "The Countryside" p143.
　なお、1944年時点のことであるが、カルデコート・パリッシュの住民総会の議事録で、次のように、教育水準の低さが嘆かれていた。
　「学校の現在の状態には満足することができない。とくに、教育の水準の低さ、暖房施設のお粗末さ、急速の失敗が不満である。この学校は県内ではもっとも新しい学校である。それにもかかわらず、要求された水準に達していない」(1994年2月29日、議事録)。
[218] G. D. H. Cole, *Local and Regional Government* (London: Cassell and Company Ltd., 1947), pp.266-279.

気も多くのパリッシュに通じていなかった[219]。パリッシュ自身でこうした格差を是正する能力はなく、問題の解決を県や村に要請するしかなかった。この頃のパリッシュにとって最も重要な活動は、こうした格差の是正をはかること、言い換えれば、県や村にプレッシャーを加えることであり、したがって、住民の代表団体として機能していくようになるのは必然であった。

しかし、第二次世界大戦の勃発とともに、状況は一変した。パリッシュが行政機関として大きな働きをするようになったのである。たとえば、戦争によって食糧不足が深刻になると、国民が自力で食料を確保するようになり、パリッシュ議会の貸農地を提供するという機能が非常に重要になった。また、多くの小道や共有地が食糧確保のために耕作されてしまったが、そうなると、どこが小道であり、どこが共有地であるかを、パリッシュ議会が正確に把握して記録しておく必要があった。さらに、都市部から大勢の子供たちが疎開してきたが、パリッシュ議会はその子供たちの面倒もみなければならなかった。空襲警報などの業務面でも、パリッシュ議会の重要性が増し、住民防衛の面でもパリッシュ議会のリーダーシップが必要であった。福祉の面でも、村当局や県当局には余裕がなくなり、住民相互の助け合いが必要になり、それをリードするパリッシュ議会の働きが重要になった[220]。

戦争が終わった後も、中央政府は農業を強化する政策を継続した。そのためもあって、農村部に資金が流れ込み、パリッシュのムラ人の生活も徐々に向上するようになった。１９４０年代には、ほとんどのムラに水道がつけられ、下水道も整備され、電気もついた。農業の収入は増え続け、それに伴い、農村部の土地の価格も上昇し続けた。農業の機械化も進み、トラクターが馬に代わるようになった

---

[219] W.A. Armstrong, "The Countryside", p.144.
[220] K P Poole & Bryan Keith-Lucas, *Parish Government 1894-1994*, pp.127-130.

[221]。こうして、農村の所得は向上し、人口も増え、その結果、パリッシュ議会の行政機関としての重要性も、また、住民の代表団体としての重要性も、ますます大きくなっていった。そして、多くのパリッシュが、街灯を建設・整備し、貸農地を提供し、小道や共有地あるいは墓地、等々を整備するようになった。

3 カルデコートの活動（後半期）

　第二次世界大戦後のカルデコートのムラ人にとって、もっとも大きな出来事は小学校の建設であった。カルデコートの最初の小学校はムラ人の尽力によって１９１０年に建設されていたが、戦時中に、その隣接地が軍の飛行場になり、ドイツ軍の攻撃目標になってしまったために、１９４１年に取り壊されてしまった[222]。それ以後、子供たちは仮設の校舎で学んでいたが、１９５０年代のはじめに、別の建物に移ることになった。この建物は養豚業者から借り上げたものであり、校舎になる建物の周辺には豚の排泄物が至るところに散乱し、また、豚がうろつき回っていた。これに気がついた父母たちは、子供たちを通わせないということで一致し、通学拒絶の長いストライキに突入した。カルデコートの小学校は"豚の学校"としてすっかり有名になった。各地から何百人という人が見学にきたほどであった。カルデコートの議会で問題にされたことはもちろんであり、住民総会も開かれた。そして、前の住民総会時代の議長であったベェイズなど６人のムラ人が代表団となって、文部大臣に交渉した。そして、文部大臣からカルデコートの小学校建設を優先するという約束をとりつけ、この代表団は意気揚々とパリッシュ議会に報告したが、父母たち聞く耳をもたず、ストを解除しなかった。この結果、県の教育当局がカルデコート会館にムラ人を集めて陳謝し、

---

[221] W.A. Armstrong, "The Countryside", p.148.
[222] Owen Kember, *100 Years of Confrontation, Volume VI, The Selection of a Site for a New Primary School*, p.5.

新しい学校を早急に建設することを約束した[223]。また、何か変更をするときには必ずムラ人に相談することを約束し、さらに、"豚の学校"をひとまずきれいにしたために、ようやく、その次の学期になってから、子供たちが学校に通うようになった[224]。

こうして、小学校の新設が検討されるようになったが、これが遅々として進まなかった。1957年に文部省が2教室のカルデコート小学校の建設を認めてから、敷地を決定するまでに約3年かかり、それから、土地の買い上げの交渉、強制収用、それに対する所有者の控訴という争いが発生した。この解決に2年半もかかり、結局、建設に着工する前に5年半もかかってしまった。それから、建築に2年かかり、1963年9月10日、ようやくオープンした。

この学校は、ケンブリッジシャー県が建設したものであったが、この建設にもっとも貢献したのは、カルデコート・パリッシュのベェイズ元議長であった。ベェイズは1920年にカルデコートに転入し、1933年に住民総会の議長になり、途中に空白があるが、1946年まで議長を務めた人物である。カルデコートに議会が設置された段階で、議員に立候補せず、パリッシュの運営から身を引いた。しかし、それ以後も、住民総会の常連として、いつお出席し、会場となった教室の後ろのほうで注意深く、パリッシュの議員の説明を聞いていたという。このベェイズ元議長が小学校の建設に関しても、引退後ではあったが、ムラ人を説得し、所有者と交渉し、また、当局と渡り合うということをしたのであった[225]。パリッシュ議会も、このベェイズの活動をバックアップしたのはもちろんである。

この学校の建設は住民の代表団体としての典型的な活動であった

---

[223] イギリスで小学校や中学校の教育を担当しているのは、村やディストリクトではなく、県である。そのために、県当局がカルデコートのムラ人に説明したり、陳謝したのである。

[224] Owen Kember, *100 Years of Confrontation, Volume Ⅳ, After the War, 1946-1955*, p.33.

[225] Owen Kember, *100 Years of Confrontation, Volume Ⅵ, The Selection of a Site for a New Primary School*, p.130.

が、このような活動はほかの分野でも活発に行われていた。たとえば、カルデコートの水道の整備がそうであった。カウンシル議会が、チェスタートン村に根気よく、交渉し続け、その結果として、１９６０年代にはいってから、カルデコートのすべての区域に水道が整備されたのである。また、下水道も、カルデコートを含むこの地域のパリッシュ議会の執拗ともいえる要請があったために、１９７０年代の半ばに整備された。

スラムクリアランスをめぐってパリッシュ議会が村当局と渡り合い、排除される住宅を少なくしたということもあった。また、ケンブッリッジシャー県が地域計画を策定したときには、カルデコート・パリッシュの議会、さらには、住民が積極的にその策定に参加した。これを少し詳しくみてみると……。

この参加は、１９６９年の半ばに、カルデコートのウィルキンズ（Maurice Wilkins）議長がマールー（Martlew）県議会議員から手紙を受け取ったことに端を発した。この手紙は、パリッシュ議会の議長が、県議会の計画委員会に参加して、カルデコート・パリッシュの意見を表明してはどうかという誘いの手紙であった[226]。パリッシュ議会はもちろんこの誘いに乗った。そして、ウィルキンズ議長が１９７０年３月に県議会に出席し、カルデコート・パリッシュが考える構想を説明した。日本流の発想でいえば、これでお終いということになるが、カルデコート・パリッシュの場合は、これだけでは終わらなかった。むしろ、これがスタートであった。パリッシュ議会は、その後、県の計画案を改めて検討し、それに対するカルデコート・パリッシュの見解をまとめた。そして、ムラの要望（もしくは意見）として改めて県議会に送付した[227]。さらに７月１６日のパリッシュ議会では、県の計画部長に手紙を出すということを決議し、８月には、県の計画部の職員とパリッシュ議会の議員が非公

---

[226] カルデコート・パリッシュ議会議事録　１９６９年１１月２０日。
[227] カルデコート・パリッシュ議会議事録　１９７０年４月１０日。

式に話し合うということもした[228]。このような書簡や面談による交渉が1年ほど繰り返された後、翌1971年の7月27日、ケンブリッジシャー県の計画官によって地方計画の第2次案が作成された[229]。カルデコート・パリッシュ議会はそれを検討した後、住民の意見を聞くために、1971年8月19日、住民総会を開いた。この総会では、まずパリッシュの議長が状況および検討案の内容を住民に説明した後、臨席してもらっていた県議会の計画委員会委員長、県計画部の職員から説明してもらった。その後、住民は県の委員長や職員、あるいはパリッシュの議長に様々な質問を投げかけた後、住民相互で議論を重ね、最終的に、第2次案に賛成するかどうか、住民の採決を取るということになった。結果は、賛成58人、反対13人、意見を留保したもの30人であった。しかし、これだけでは終わらず、さらに10月21日に、2回目の住民総会が開かれた。1回目で議論されなかった部分、たとえば道路の整備にどれほどの費用がかかるのか、住民の負担はどれほどになるのか等々が議論されたのである[230]。このように住民総会で住民の意見が出尽くした後に、1971年12月16日、パリッシュ議会が開かれ、パリッシュの公式の意見がまとめられた。そして、それを県当局に送付した。この後、1972年に入ってから、県議会により地方計画が決定されたが、そのなかのカルデコートに関連する部分、たとえばカルデコートの人口を1970年時点の410人から1981年には630人に増やすという目標などは、住民が合意した内容にもとづくものであった。ほかの部分についても、カルデコートの住民が合意したものを、地方計画に大幅に組み込んでいた。

　このように、カルデコート・パリッシュの場合、その議会の活動はもっぱら住民の代表団体としての活動であった。しかし、行政機

---

[228] カルデコート資料；1970年8月12日のメモ。
[229] Owen Kember, *100 Years of Confrontation, Volume Ⅶ, Village Plan, 1964-1973*, pp.17-18.
[230] Ibid., p.18.

関としての働きもしていないわけではなかった。些細な活動ではあるにしても、あるいは、ほとんど経費がかからない仕事であるにしても、ムラ人にとって不可欠の活動を着実に処理してきた。現在も、行政機関としてそれ相応の活動をしていることは確かである。たとえば、街灯を設置する場所を入手するのは常にカルデコート・パリッシュであった。そこに、街灯を設置したのはチェスタートン村当局であったが、その街灯の維持をしてきたのはカルデコート・パリッシュであった。また、カルデコート・パリッシュは、ムラ人を動員して、ときには専門家を雇って、排水溝の掃除をするということもしてきた。バスの待合所も建設したこともあった。小学校を建設する際に、その敷地を選定したのもパリッシュであった。豚のにおいが臭いという住民の苦情を解決することも、カルデコート・パリッシュの議会の重要な役目であった。また、車のスピード制限をするということもしている。この制限は法律上のものではなく、実際には無視されることが多いが、それでも、カルデコート・パリッシュの議会はその制限を試み、通過交通に注意を呼びかけているのである[231]。

4 行政機関としての活動（現在）

カルデコート・パリッシュの場合、行政機関としての活動にはそれほど目立ったものがない。しかし、パリッシュのなかには、もっと積極的に行政機関として活動しているところもある。たとえば、カルデコートと同じケンブリッジシャー県に所属するセント・ニーツ（St Neots）パリッシュの１９９０年代後半の活動をみると、ここは８００年の歴史をもつ規模の大きい市街地であるため"タウン"

---

[231] カルデコート・パリッシュ議会議事録　1964年4月28日。

と呼ばれているが[232]、タウンのあちこちに"花かご"をつるすという活動をしている。クリスマスにイルミネーションをつけるのも、パリッシュの仕事である。そのほかに、グランドや公園を保有し、広い緑地帯もいくつかもっている。パリッシュが所有している墓地もある。教会もパリッシュの所有である。観光用の船も運行させている。ホールももちろんあり、住民の集会場所になっている。パリッシュ議会が開催されるのも、このホールである。スイミング・プールもある。また、昔の裁判所をパリッシュが購入し、それを博物館として活用している。ティーンエイジャー用の娯楽施設もあり、パリッシュ経営のコーヒー・ショップもある。コンサートもパリッシュによって頻繁に開かれている。貸農地も提供しているが、現在は、借り手はほとんどないようである。また、セント・ニーツは１９９０年に北フランスのある町と姉妹都市になっているし、最近は、ドイツやイタリア、ギリシャ、チェコの町とも非常に緊密な関係を結んでいるという[233]。

　このセント・ニーツほどではないにしても、ほかのパリッシュのなかにも、積極的に行政活動をしているところが多い。ただし、貸農地の提供は、１８９４年にパリッシュが設立されたときの重要な動機であったにもかかわらず、第二次大戦後、その重要性は次第に小さくなり、現在は、ほとんど意識されていないようである。それでも、４分の１近くのパリッシュ、とりわけ規模の大きいパリッシュが貸農地を提供しているといわれているが、そのほとんどは全く耕作されていない。

　もっとも、貸農地に対する住民の関心、ひいてはパリッシュの関

---

[232] セント・ニーツの人口は 25,116 人（1991 年国勢調査）というように規模が非常に大きいが、しかし、ハンティンドンシャー（Huntingdonshire）市の下層の自治体（パリッシュ）である。ただし、ここのパリッシュ議会の議長はメイヤー（Mayor）の称号を付与されている。議員は１８人、職員は３人である。

[233] St Neots Town Council, *Welcome to St Neots*, "A Better Centre" (St Neots: Leaflet, 1999).

心が、一時期、復活したことがあった。1973年のオイルショックのときである。このときは、貸農地を耕作する住民が増えたそうであるが、しかし、1980年代にはいると住民の関心は再び薄れ、その結果、貸農地を売るにはどうしたらよいかという相談が、多くのパリッシュから全国パリッシュ協会に舞い込むようになったという[234]。

また、第二次大戦前は、一般に、図書館の開設がパリッシュの重要な任務であるとみなされていた。実際には、図書館をもっているパリッシュは少なかったが、図書館開設という業務は、パリッシュにとって、教区会から引き継いだ特別の業務であり[235]、パリッシュの権限を示す特殊な業務として特別に扱われていたのである。ところが、1950年代前半の法律によって、図書館の設置は県の業務であるとされてしまった。その結果、パリッシュが図書館を新たに設置するということはなくなったが、それ以前に図書館を設置していたパリッシュのなかには、図書館を県に移管せず、継続して自前で図書館の運営を続けたところもあった。1958年には、このようなパリッシュが、まだ、17も残っていた。しかし、これらの図書館も徐々に県に移管され、1964年に最後のパリッシュ図書館が県に移管された。もっとも、博物館と美術館については、これも教区会から引き継いだ権限であったが、現在でも、前述のセント・ニーツ・パリッシュのように、新たに開設しているパリッシュが少なくない。

---

[234] K P Poole & Bryan Keith-Lucas, *Parish Government 1894-1994*, p.131.
[235] 1850年の法律で教区会は図書館を開設する権限が認められ、図書館開設のために、普通の税金に加えて、特別の税金を課税することができるようになっていたが、この法律は中央政府がつくったものではなく、住民の運動の結果として導入された法律であった。すなわち、農業労働者に聖書を読ませたいと考えたキリスト教知識振興会（Society for Promoting Christian Knowlege）と、ムラ人に集会の場所を提供してあげたいと考えた慈善家（philanthropists）による運動の結果、教区会に図書館を開設する権限を付与する法律がつくられたのであった。そして、この教区会の権限が、1894年にパリッシュが設立されたときに引き継がれた。参照、K P Poole & Bryan Keith-Lucas, *Parish Government 1894-1994*, p.31.

現在、パリッシュが行政機関として展開している活動は多種多様である。たとえば、1991年1月から3月にかけて、アストン大学が、環境省（Department of Environment）の委託を受けてイングランド全域のパリッシュの調査をしているが、この調査をみても、パリッシュが様々な活動をしている。これらの活動を検討する前に、このアストン大学の調査（以下、"アストン調査"という）が如何なるものであるかをみてみることにしたい。

　アストン調査は、アストン大学のビジネス・スクールが実施したものであるが、環境省の指示のもとに行われた調査である。環境省が委託した事項、すなわち、調査事項は次の3つであった。

① 国のパリッシュの活動や財政の実体を調べること。
② リッシュの議会や住民総会の運営を検証すること。
③ パリッシュの役割に関する情報を提供し、また、他の行政機関との関係やコミュニティとの関係に関する情報を提供すること。

　環境省がこうした調査を委託したのは、それまでパリッシュに関する　大規模な調査がほとんど行われたことがなかったからである。たとえば、1986年にウィッディコム委員会（Widdicombe Committee）[236]が地方自治体の政治機構や意志決定機構に関する報告書を出しているが、この報告書のなかでも、パリッシュの実状に関する情報が非常に少ないと報告されていた。しかも、数少ない調

---

[236] 1985年に、環境大臣、スコットランド大臣、ウェールズ大臣によって任命された委員会であり、地方議員の責任や任務、自治体職員の役割などを調査し、自治体の民主主義の強化をはかるための方法を勧告する異を要請された委員会である。委員長には（David Widdicombe）が　任命されたため、ウィッディコム委員会といわれている。報告書は1986年6月に提出された。参照、The Committee of Inquiry into the Conduct of Local Authority Business (Chairman Mr David Widdicomebe QC), *The Conduct of Local Authority Business—Report* (London: HMSO, 1986).

査資料も、たとえば、1969年のレドクリフェ・モード委員会[237]の調査資料がもっとも新しい調査であったというように、かなり前の調査であり、規模もさほど大きなものではなかった。こうした状況のもとで、環境省はパリッシュの実態を把握する必要性を認識し、アストン大学に調査を委託したわけである。

　アストン大学は、過去の調査を検証するということから、この調査を始めた。そして、これらの調査と対比するということも念頭に置いて、質問項目を策定し、いくつかのパリッシュに応えてもらうというテストによって整理した後、本格的な調査に着手した。まず、議会を設置しているイングランドのパリッシュ（8,159パリッシュ）を対象とすることにし、そのなかから無作為に744のパリッシュを選出した。そして、それらのパリッシュの書記官[238]に詳細な質問書を送付し、それに回答を書き込んでもらうという形態で調査を行った。これが第1段階の調査であり、この段階では617のパリッシュから回答があった。回答率は83％であった。しかし、この無作為のパリッシュ選出では、パリッシュの規模に偏りがあったため、（これは当初から予測されていたようであるが）、それを修正するため、第2段階の調査を実施した。今度は、調査結果の偏りを修正するために、作為的に256のパリッシュを選出し、同じ質問項目を送付し、第1段階と同じように各パリッシュの書記官に回答してもらったのである。結局、質問書を送付したのは、全部で1.000パリッシュであり、そのうち回答があったのは812パリッシュであった。回答率81％であり、第1段階の調査よりも、回答率が若干低下したが、それでも非常に高率の回答率であった。この調査結果は、1992年に一冊の報告書にまとめられ、政府刊行物として公表された[239]。

---

[237] この委員会については第9章参照。
[238] 書記官については、第7章参照。
[239] Aston Business School(Aston University; Sheila Ellwood, Sandra Nutleu, Mike Tricker, Piers Waterston), *Parish and Town Councils in England; A Survey* (London: HMSO, 1992.

このように、アストン調査は大規模に行われた調査というだけではなく、用意周到に、且つ綿密に、しかも、大規模に行われた調査でもある。したがって、信憑性が非常に高く、また、これによって、現在のパリッシュの実体がはじめて明らかになったといっても言い過ぎではない。本書では、アストン調査の結果を頻繁に使っているが、これは、このように信用度が非常に高いためである。

　このアストン調査によると、現在のパリッシュが実施しているサービスのなかで、もっともポピュラーなものは、運動場などの屋外レクリエーション施設の設置である。半数以上のパリッシュ（正確には５７％のパリッシュ）が屋外施設を保有している[240]。パリッシュは、現在においても、人口が非常に少ない自治体である。人口については第７章で詳述するが、アストン調査の結果を大雑把にみても、調査したパリッシュの４０．３％は人口５００人未満のパリッシュである。また、人口５０１人～１，０００人のパリッシュは全体の２３．９％あり、人口１，００１人～２，５００人のパリッシュは１８．５％ある。要するに、全体の８３％は人口２，５００人以下のパリッシュであり、全体の６４％は人口１，０００人以下ということになる[241]。このようなパリッシュの５６％が運動場などの屋外施設をもっているわけであるが、恐らく人口５００人を越すパリッシュのほとんどは屋外施設を保有していると推察することができる。この屋外施設を保有するのに、資金が必要なのはいうまでもないが、これはパリッシュの税金でまかなわれている[242]。

　墓地の維持管理も（このなかには、一般に教会の敷地の維持管理

---

[240] Ibid., P.43.
[241] Ibid., PP.14-15.
[242] Ibid., pp.72-87. なお、パリッシュの歳入は、１９８９年度の時点で、１００万ポンドを越すところもあれば、ゼロのところもあるというように、パリッシュによってバラバラであるが、その歳入の大部分はパリッシュ税（地方税）である。アストン調査によると、人口５０１人～１，０００人のパリッシュの平均歳入は４，１００ポンドである。日本円にすると、７０～８０万円ということになるが、このような収入で本文に述べる活動をしていることになる。

も含まれるが)、５６％のパリッシュの業務となっており、また、道路標識などの掲示板の設置も、５４％のパリッシュが行っている[243]。道路標識の設置については、実際に設置していないパリッシュにおいても、設置するべきかどうかが頻繁に議論になっているという[244]。広場や道路でのベンチや待合所（もしくは休憩所）の設置をしているところも多く、半数以上のパリッシュが実施していた。

オープン・スペースや緑地帯を設置し、その維持管理をしているパリッシュも半数近くある。コミュニティセンターやコミュニティ・ホール（会館）をもっているところも半数近くあった。また、新聞を出しているパリッシュも多く、インターネットなどで情報サービスをしているパリッシュも多い。街灯を管理したり、あるいは、人間や犬の散歩道（小道）や乗馬の道をもっているパリッシュも３分の１近くある。一方、貸農地をもっているところは、このアストン調査では、２０％に過ぎなかった[245]。（これらのサービス活動については、表８を参照）。

もっとも、これらのサービスはパリッシュの税金を使っているサービス、すなわち歳出の伴うサービスである。パリッシュの活動は、このような歳出の伴うサービスだけではなく、それに加えて、歳出の伴わないサービスも数多く行われている。たとえば、パリッシュを通過する車のスピード制限をしたり、ゴミ捨てなどの迷惑行為を注意したり、犬の糞の注意をしたり、等々のサービスである。最近は、リサイクルに熱心なパリッシュも多い。全体的には、こうした活動をしているパリッシュは、アストン調査によれば、２０～３５％程度であるが[246]、カルデコート・パリッシュなどのヒアリングから推察する場合には、規模の小さなパリッシュの場合は、むしろ、これらの規制活動に重点を置いているようである。

---

[243] Ibid., p.43.
[244] Ibid., p.41.
[245] Ibid., p.43.
[246] Ibid.

このほかに、実際の活動として実施していない場合でも、パリッシュ議会でその対応を論議していることがよくある。たとえば、道路標識などの案内板が不足していることがよく問題になっているが、こういう場合、解決方法としては、２つの方法が検討されるのが常である。ひとつは、パリッシュが自ら整備するという解決であるが、これは半数以上のパリッシュで行われている方法でもある。しかし、小さなパリッシュの場合、何とか工面して資金を捻出することがあるにしても、度重なると、資金の捻出が難しくなる。こういう場合、もう一つの方法、すなわち、上位の地方自治体（県や市町村）に圧力を加えて整備してもらうという解決方法が採られる。このような圧力活動については、「住民の代表団体としての活動」という形で後述することにする。

　この道路標識のほかに、多くのパリッシュで常に問題とされているのは、道路の整備状況が悪いという点である。また、交通の混雑や交通事故などの交通問題も論議されることも多い。小道・散歩道や乗馬道の悪さもよく問題にされている。アストン調査によれば、小道問題を議会でよく議論するパリッシュは４０％以上もある。また、街路樹や公園・緑地帯の樹木をどのように管理するかという点を議論しているパリッシュもあり、公共輸送の不足、スピード制限などを議会で問題にしているパリッシュもかなりある[247]。

---

[247] Ibid., p.40.

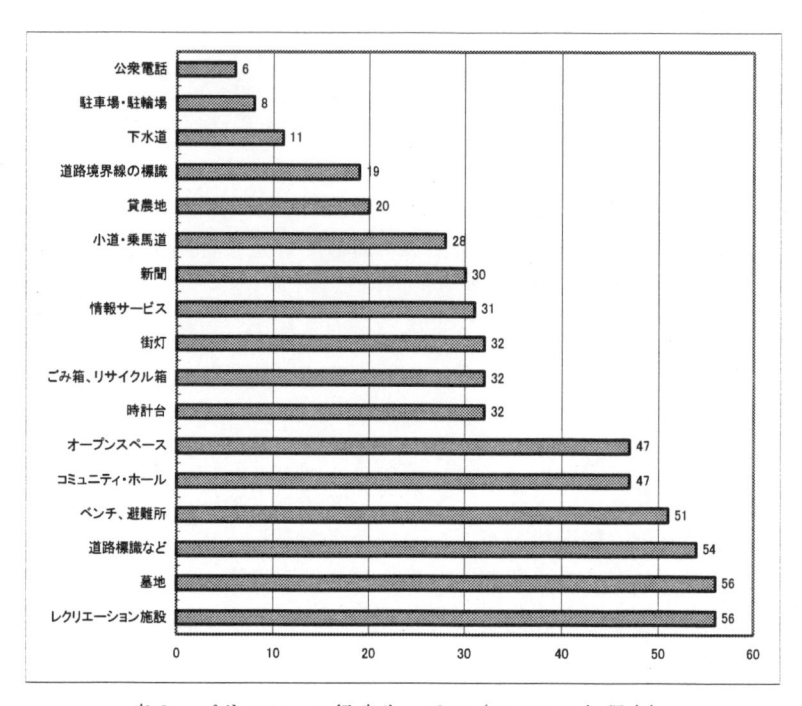

項目	数値
公衆電話	6
駐車場・駐輪場	8
下水道	11
道路境界線の標識	19
貸農地	20
小道・乗馬道	28
新聞	30
情報サービス	31
街灯	32
ごみ箱、リサイクル箱	32
時計台	32
オープンスペース	47
コミュニティ・ホール	47
ベンチ、避難所	51
道路標識など	54
墓地	56
レクリエーション施設	56

表8　パリッシュの行政サービス（１９９１年調査）

資料）Aston Business School　(Aston University), *Publish and Town Councils in England; A Survey*　(London: HMSO, 1992), pp.42-45 より作成

　このアストン調査の結果にみるように、最近のパリッシュの行政機関としての活動は際限がない。しかも、貸農地の提供や街灯の設置などの伝統的仕事はマイナーなものになってしまい、いまでは、新種の多種多様な業務がパリッシュによって行われている。パリッシュのこうした多様性は１９８０年代の頃から顕著になったようである。たとえば、コリンリッジ博士（**J. H. Collingridge**）が１９８０年代初期のパリッシュを調査してまとめた論文があるが、それによると、その頃に、ほとんどのパリッシュで活動が活発になり、とくに計画・道路。レクリエーション・オープンスペースの分野で活

動が活発になったとのことであった。規模の小さなパリッシュでも、グランド（運動場）を購入するために特別講演会を開いたり、ブランコをつくったり、水仙や木を植えたり、住民の旅行のニーズを調べたり、街路樹の手入れをしたり、というような活動をはじめるようになっていたという[248]。

最近の活動のなかから珍しいものを取りあげてみると……ケンブリッジシャー県のイクルトン（Ickleton）パリッシュは人口６５０人のムラであるが、このムラにはこれまでパブが２軒あり、ムラ人の社交の場となっていた。それぞれひいきにするパブに集まり、ビールを飲みながら議論を交わしていたわけである。パリッシュ全体の意見が、ここでのムラ人の議論のなかで、自然に煮詰まるということも多かった。ところが、この２軒のパブが同じ所有者にものにしまい、しかも、あまり儲からないということもあって、１軒のパブが廃業されることになってしまった。これに驚いたムラ人はパリッシュ議会に訴え、議会はそのパブを購入することを決定した。パブを経営することになったのであるが、パブを経営しているパリッシュはいくつかあるという。ムラ人の議論の場を確保しているわけである[249]。

デボン県のタラトン（Talaton）パリッシュには、３代続いたムラの雑貨屋があった。ところが、近くのタウンにスーパー・マーケットができたために客足が途絶え、閉鎖に追い込まれた。これを聞いたパリッシュ議会は、数年前に小学校がなくなり、また教会もなくなっていた（いずれも統合された）こともあり、急遽、救済委員会を設置した。そして、ムラ人に店がなくなっても良いかどうかのアンケート調査した。ムラには１２０世帯あったが、そのうち店の存続を希望したのは１０９世帯であった。これにもとづき、パリッシ

---

[248] J. H. Collingridge, *Parish Government in Rural England ; A Study of Present Day Trends and Practices*, (University of Birmingham 1987) ただし、これは未発表の論文であり、そのため、K P Poole & Bryan Keith-Lucas, *Parish Government 1894-1994*, p.133 より引用した。

ュ議会は寄付金7,000ポンドを集め、その店を買収した。その店に郵便局を併設することも決定し、また、酒を売る権利も獲得して、以後、ムラ人たちがNPOで店を続けている[250]。

　レスターシャー県のグレンフィールド（Glenfield）パリッシュでは、議会が1993年末から66人のムラ人に"観察者"というボランティアの任務を依頼するようになった。犬の散歩の途中やジョギングの途中で怪しい人物に気付いたときにはすぐに警察に連絡するという任務である。警察の目となり耳となって犯罪を防ぎ、1,000人のムラ人を守ろうというのが、パリッシュ議会の考えであった[251]。

　同じく犯罪を防ぐために、グロスターシャー県の3つのパリッシュは道路を監視するカメラを設置しているし、また、ヨークシャー県には、パリッシュ内をパトロールし監視するために、パリッシュ議会が数人のムラ人を監視員に任命しているパリッシュもある[252]。ウエスト・ヨークシャー県のカークバートン（Kirkburton）パリッシュの場合は、パリッシュ議会が警察のパトロールカーを購入している。その横腹にウエスト・ヨークシャー警察の名前と並んでカークバートン・パリッシュの名前を記入し、それを警察に提供して、ムラをパトロールしてもらっているのである[253]。

5　住民の代表団体としての活動

　住民の意見を県や市町村などに伝える活動、言い換えれば住民の代表団体としての活動をしているパリッシュは多い。前述したように、ケンブリッジシャー県のカルデコート・パリッシュも、上水道の整備にあるいは、小学校の建設やケンブリッジシャー県の地方計画の策定に、住民の要望や反対意見を代表して、パリッシュ議会（あ

---

[249] *The Times*, November 25, 1991.
[250] *The Times*, March 9, 1994.
[251] *The Times*, September 20, 1994.
[252] *The Times*, August 10, 1995.
[253] *The Times*, January 13, 1994.

るいは議長）が口を挟んできた。このような代表団体としての活動はほとんどすべてのパリッシュに共通にみられる現象であり、パリッシュの創設期の頃から行われてきた活動である。１９７２年の地方行政法は、パリッシュのこうした活動を法律上の行為として強化する働きをした。"ディストリクト"（１９７２年法により、それまでの市町村が"ディストリクト"となった）が建築許可や開発許可をする場合、許可をする前に、関係するパリッシュ議会に協議しなければならないと定めたのである。この１９７２年の地方行政法の制定、それに伴う"ディストリクト"の設置は、パリッシュにも非常に大きな影響を及ぼしたが、これについては、第９章で詳述する。

　この１９７２年法の建築許可や開発許可をパリッシュ議会に協議しなければならないという規定は、すべてのディストリクトによって尊重されたわけではなく、ディストリクトのなかには、形式的にパリッシュの意見を聞くという、いわばリップサービスですましてしまうところもあったようである[254]。しかし、グロスターシャー県のコツウォルド・ディストリクト（Cotswold District）のように、開発許可や建築許可の申請書を１週間毎にまとめてパリッシュ議会に送付し、ディストリクトの職員がパリッシュ議会に説明に行くようになったというところもあった。コツウォルド・ディストリクトは、必要がある場合には、現場で集会を開き、住民に直接説明をすることもあるという。パリッシュ議会が提出したコメントはディストリクト議会に報告され、ディストリクト議会が、それを参考にしながら、建築や開発の許可をするかどうかを最終的に決定する。これがコツウォルド・ディストリクトの１９７４年以後の事務手続きとなった。このディストリクトの最終決定は、もちろん、パリッシュ議会にも通知される。そして、パリッシュ議会は、この許可決定

---

[254] D Francis, "Community Initiatives and Voluntary Action in Rural England; A study of locally-based activities and community development, with special reference to Kent" (Ph.D. diss., Wye College, University of London), pp.40-43.

のもとに、違法な建築や開発の「見張り（watchdog）」の役割を実質的に果たしてきたとのことである[255]。

　住民の代表団体としての活動は、もちろん、１９７２年法によってはじめられたものではない。それ以前から、多くのパリッシュが代表団体としての機能を果たしてきたことは確かである。１９３１年には、すでに、ロブソン教授によって、パリッシュは「行政機関というよりは、本質的に住民の代表団体である」[256]と断定されていたし、１９６０年代末のレドクリフェ・モード委員会の報告書も、３分の２のパリッシュが開発許可や計画策定に関して住民の意見を代弁するのに積極的であると報告していた。

　パリッシュ議会が関与できるのは、「パリッシュの事柄（parish affairs）」についてだけである。しかし、学校についても、上水道についても、下水道についても、あるいは医療サービスについても、さらには、観光事業や工業開発についても、もっともらしい理由をつけるのはそれほど難しくはなく、「パリッシュの事柄」であると主張することができた。事実、１９９１年のアストン調査をみても、非常に広範な分野で、極論すれば、ありとあらゆる分野で、ディストリクトと折衝しているパリッシュが多かった。また、多くのパリッシュが県当局とも接触していた。しかも、これらの接触はひとつの窓口を経由しての交渉ではなく、多くの担当部局との直接的な交渉であった。たとえば、相手がディストリクトの場合、ほとんどすべて（９６％）のパリッシュが計画・開発部と交渉していたが、ほかにも、７６％のパリッシュが環境衛生部と交渉し、７２％のパリッシュが財政部と交渉していた。レクリエーション部と接触しているパリッシュは４８％あり、住宅部と接触しているパリッシュも４７％あった。

　また、ディストリクトや県だけではなく、国の機関と接触してい

---

[255] K P Poole & Bryan Keith-Lucas, *Parish Government 1894-1994*, pp.138-139.
[256] William A. Robson, *The Development of Local Government*, pp.203-204.

るパリッシュも多かった。ほとんどは、環境省（日本の自治省と建設省国土庁や環境庁を併せたような総合的な省）に対する折衝であったが、実に５０％ものパリッシュがこの環境省に折衝をはかっていた[257]。

アストン調査によれば、このほかに、ガス会社や電力会社や水道会社、あるいは郵便局やバス会社、鉄道会社などと折衝するパリッシュも多かった。警察にいろいろな要請をするパリッシュも多く、７９％のパリッシュは警察に接触し、住民の声を伝えていた。

また、各レベルの議員とコンタクトをとりあっているパリッシュも少なくなかった。ディストリクトの議員に対しては、８２％のパリッシュが議員に接触し、また、その逆に、６０％のディストリクトの議員がパリッシュに接触をはかっていた。県議会議員に接触しているパリッシュも７２％あり、さらに、国会議員と接触しているパリッシュも５１％もあった。このような議員とのコンタクトは、規模が大きいところほど多く、人口２万人を越すタウンの場合は、ほとんどすべて（９３％）のタウンが国会議員と接触していた。しかし、人口５００人以下というような規模の小さなパリッシュの場合でも、国会議員と接触しているパリッシュが３４％もあった[258]。

---

[257] Aston Business School, *Parish and Town Councils in England; A Survey*, pp.45-47.
[258] Ibid., p.50.

表9　パリッシュの主な折衝相手（1991年調査）(%)

	パリッシュから接触	相手方から接触
ディストリクト		
計画・開発部	96	93
環境衛生部	76	50
住宅部	47	33
レクリエーション部	48	49
財政部	72	59
法務部	40	22
ディストリクト議員	82	60
県		
計画・開発部	55	54
社会サービス部	13	10
教育部	33	26
道路部	92	66
図書館	14	11
県議会議員	72	47
公共サービス		
水道会社	52	26
ブリティッシュ・ガス	24	10
電力会社	44	24
郵便局	33	17
テレコム（電話）	35	19
バス会社・鉄道会社	51	34
国、その他の全国組織		
全国パリッシュ協会	75	67
コミュニティ協会	40	41
ボランタリー協会	8	13
地域スポーツ協会	14	13
地方境界委員会	19	33
環境省	50	36
国会議員	51	21
その他の機関		
他のパリッシュ	66	69
地区保健協会	21	22
警察	79	55
住宅協会	19	18

資料）Aston Business School, Parish and Town Councils in England: A Survey, p.46

住民を代表するという活動のなかで、もっとも一般的なものは、有権者の不満を適切な機関にそのまま伝えるという活動である。この活動は、住民の不満を文書で送付したり、口頭でディストリクトや県に訴えたり、また議員に伝えたりという形で行われることが多い。しかし、こうした単純な活動だけではなく、もう少し工夫をこらしているパリッシュもある。というよりも、多くのパリッシュは何らかの工夫を凝らしているというべきである。たとえば、住民の不満の裏付けとなる詳細なデータをつくり、それを担当機関に示すというパリッシュが少なくない。住民の集会を開き、そこにディストリクトや県の関係者にも出席してもらい、住民の意見を聞いてもらうということもよく行われている。住民集会の議事録をディストリクトなどに持ち込むパリッシュもある[259]。サマーセット県のロッキング（Locking）パリッシュのように、バスの待合所についてのアンケートを住民からとり、バス会社との交渉の過程で、住民の要望として示すことができたために、その交渉に成功したところもあった[260]。

パリッシュのなかには、時折であるが、手紙や口頭で穏健に不満を伝えるだけではなく、もっと積極的な行動をとることもある。たとえば、カンブリア県の湖畔地域に、自然が非常にきれいなムラとして名を売っているバターミアー（Buttermere）というパリッシュがあるが、県当局が、このムラを走っている道路の両側に２重の黄色の線を引くという決定をしたことがあった。このとき、パリッシュ議会は、強行に反発し、議長を先頭に"武装"して反対し、工事を阻止しようとしたという。１９９０年のことである[261]。

住民の代表団体としての活動は、住民の不満をディストリクトや

---

[259] カルデコート・パリッシュは、最近は、住宅建設をめぐって毎年のように住民の集会を開いているが、この集会にディストリクトや県の担当職員を招聘することが多い。招聘があると、ディストリクトや県の議員は、ほとんどの場合、出席している。
[260] K P Poole & Bryan Keith-Lucas, *Parish Government 1894-1994*, p.140.
[261] Ibid., p.141.

県に、あるいは国その他の機関に伝えるということだけではない。逆に、ディストリクトや県の情報を住民に伝えるというのも、代表団体としての活動とされている。こうした情報があってこそ、住民は事態を正確に把握することができ、その不満も根拠があるもの、正当なものになると考えられているわけである。住民に情報を提供する手段として、いろいろな工夫がなされている。ケンブリッジシャー県の現在の状況を見る限り、もっとも一般的に行われているのは、住民総会もしくは臨時の集会を開き、そこで状況を詳しく説明するという方法である。通常は、パリッシュ議会の議長や議員あるいは職員（書記官）が説明をしているが、ディストリクトや県の担当者、あるいは議会の責任者に説明してもらうということもある。

　パリッシュの議会を住民に公開し、パリッシュ議員に配布する検討資料と同じものを住民に提供し、しかも、議員と同じように自由な質問権を認めているという形で、住民に情報を提供しているパリッシュも多い。アストン調査によると、議会で住民が自由に質問することを認めているパリッシュが５２％もあり、住民に特別の質問時間を認めているところを含めると５７％もあった[262]。

　新聞や情報誌を出版し、そのなかで、ディストリクトや県・国の情報を解説し、住民の理解を深めているパリッシュもある。たとえば、カルデコート・パリッシュの場合、Ａ４版で２０頁ほどの情報誌「カルデコート・ジャーナル」を年３～４回発行し、そのなかで、ディストリクトや県の行政（カルデコートに影響を及ぼす行政）を解説している。このような新聞や情報誌の経費は、"２ペンスの自由"もしくは"第１３７条の自由"から得た財源で賄われているが、ヴィルトシャー県のアルドボーン（Aldbourne）パリッシュのように、読者から購読費をとっているところもあった。新聞や情報誌の作成も、記事の作成も、発行も、多くの場合、職員によって行われ

---

[262] Aston Business School, *Parish and Town Councils in England; A Survey*, p.32.

ている。小さなパリッシュには職員が1人しかおらず、しかも、パートタイムの職員で、給料はもらっていても、ごくわずかというところが多い。この職員が、議会で検討する資料の作成、個々の議員との連絡、ディストリクトや県への住民の不満の伝達、さらには、オープン・スペースの管理、グランドの管理、貸農地の管理、バス会社との交渉、等々、さまざまな仕事をこなしているのであるが、それに加えて、こうした新聞や情報誌を発行しているのである。大変な奉仕活動であるが、こういうボランティアの職員がパリッシュを支えているというのが、多くのパリッシュの現実のようである。カルデコート・パリッシュの場合は、職員ではなく、現在は、パリッシュ議会の議長が情報誌を発行している。しかし、この議長も無報酬であり、日々のパリッシュの雑務に追われながら、ディストリクトや県の行政の解説記事を執筆している。

　このような代表団体としてのパリッシュの活動は、とりわけ規模の小さなパリッシュで比重が高い。カルデコートの場合も、その活動のほとんどは、歴史的にみても、現在の時点でみても、住民の代表団体としての活動であった。これは、コリンリッジ博士がいうように、財政的な理由によるものであろう。

　「小さなパリッシュにとっては、行政サービスの充実は財政的に大きな負担であり、その結果、パリッシュの住民の代弁をするという役割に重点を置きがちである」[263]。

　規模の大きなパリッシュも、住民の声を代弁しているのはもちろんである。それどころか、アストン調査の結果をみると、規模の大きなパリッシュのほうが、頻繁に住民の声を代弁している。おそらく、圧力集団としての効果をあげているのも、規模の大きなパリッ

---

[263] J.h. Collingridge, *Parish Government in Rural England ; A Study of Present Day Trends and Practices*, quoted in K P Poole & Bryan Keith-Lucas, *Parish Government 1894-1994*, p.142.

シュの場合であろう。事実、カルデコートの議事録をみると、近くの大規模なパリッシュの圧力集団としての力をうらやんでいる発言が時折みられる。

こうしたことからいえば、さらには、規模の大きなパリッシュといえども、財政力はそれほど大きくないということを考えれば、パリッシュの存在価値は、住民の代表団体としての行為にこそあるといえそうである。これは、早くからロブソン教授によって指摘されてきたところであるが、しかし、全国パリッシュ協会は、次のように、パリッシュの機能のどちらに重点があるかを問うこと自体が愚問だといっているが……。

「パリッシュが地元住民の意見を代弁するという点に焦点を合わせているかどうか、あるいは、そうあるべきなのかどうか、それとも、行政サービスの実施に熱を入れるべきなのかどうか…。このような設問は愚問というべきである。パリッシュのほとんどは、この二つの仕事を両方ともしようとしている」[264]。

---

[264] K P Poole & Bryan Keith-Lucas, *Parish Government 1894-1994*,

第6章 パリッシュ議員と選挙

1 パリッシュの有権者

　女性にはじめて選挙権を与えたのは1894年法であった。この法律は、同時に、被選挙権を女性に与えるものであったため、1894年12月に行われたパリッシュ議会の最初の選挙では、80～200人の女性議員が選出された[265]。なかには、議長に選出され、ハンプシャー県のバーカー夫人（Mrs Barker）[266]やケント県のエスコム女史（Miss Jane Escombe）[267]のように、議長として目立った仕事をした女性もいた。しかし、1894年の選挙で選ばれたパリッシュの議員は57,000人を超したということからいえば、女性議員の数はきわめて少なかった。しかも、女性議員は、初めの数年間は別として、その後の数十年間は、ほとんど選出されなくなってしまった。女性を議員にもっと選出するべきであるという運動は盛んに展開されていたにもかかわらず、20世紀に入ってから女性議員の影が急激に薄れていったのは、ひとつには、女性に選挙権を与えられたとはいっても、その選挙権は非常に制限されていたためであった。実質的には、ほとんどの女性に選挙権がなかったのである。

　国政レベルでの女性の選挙権は、1918年に制定された国民代

---

pp.142-143.
[265] 1886年に設立された自由主義と男女同権論者の中流階層の組織であった「女性のための地方自治協会」（Women's Local Government Society）のパンフレットによると、最初の選挙で当選した女性議員は80人に過ぎなかったと推測している。しかし、全国パリッシュ協会は、実際には200人近い女性議員が選出されたと推測する。
K. P. Poole & Bryan Keith-Lucas, *Parish Government 1894-1994* (London: The National Association of Local Councils, 1994), p.48.
[266] ハンプシャー県のシャーフィールド(Sherfield upon Loddon)パリッシュで議長に選ばれた女性である。その活躍について、本書の第2章参照。
[267] ケント県のペンズハースト（Penshurst）パリッシュの議長であったが、パリッシュの住宅不足を解決するため、村議会や県議会、あるいは国の地方自治委員会に粘り強く交渉し、6件の住宅建設に成功した。K. P. Poole & Bryan Keith-Lucas, *Parish Government 1894-1994*, pp.47-48.

表法（Representation of People Act）によってはじめて認められた。しかし、この１９１８年法が選挙権を認めたのは、男性は２１歳以上であれば選挙権をもっていたにもかかわらず、女性は３０歳以上に限られた。この差別は、当時の国会議員には男女平等論に反対する者が多く、それらの国会議員と妥協するためであったといわれている。このため、制定当初から、その頃に急速に勢力を伸ばしはじめた労働党によって非難され、また自由党の有力者も強く批判していた。世論も、差別反対の声が強かった。

こうした状況の下で、国民代表法が制定された数か月後に、今度は、女性の国会議員への被選挙権をどうするかという点が審議されたが、このときは大半の国会議員が男性と平等に扱うという態度になっていた。この結果、やはり１９１８年に制定された法律で、女性は２１歳から国会議員に立候補できることとされた。２１歳から３０歳の女性は、国会議員になることができるが、投票権はないという非常に滑稽な現象が出現したわけである。しかし、この滑稽な状況が改善されるには、もう１０年待たなければならなかった。１９２８年になって、ようやく国民代表法が改正され、女性も２１歳から投票権をもつことになった[268]。

パリッシュ議員の選挙にもこれが適用されることとなった。パリッシュ議員の選挙では、１８９４年法によって、女性も選挙権をもつことはもっていたが、男性と全く同じ選挙権をもつようになったのは、このときであった。パリッシュでも、女性は、３０年以上にわたって、差別されていたわけである。

１８９４年法は、また、資産に重点を置くものであった。パリッシュで投票できたのは、当該パリッシュに住宅を所有している者、あるいは居住している者で、パリッシュ税を納めている者であった。国会議員の選挙では、納税者であるという条件は１９１８年の国民

---

[268] Robert Blackburn, *The Electoral System in Britain* (Hampshire: Macmillan, 1995), p.69.

代表法で撤廃されていたが、地方選挙では、その後も長く、納税者であるという条件が課せられていた。これはパリッシュだけではなく、県も市町村も同じであった。

もっとも、1918年の国民代表法は、"一人一票"という原則を認めるものではなかった。居住地以外の場所に年10ポンド以上の価値を生み出す業務用の資産を有している者については、資産がある場所でも投票できるとしていたのである。女性の場合は、30歳以上の者で、5ポンド以上の価値を生み出す業務資産をもっていれば、その場所でも投票権が与えられた。この制度が廃止され、"一人一票"になったのは、1949年のことであった[269]。

地方選挙の納税者という条件が撤廃されたのは、第二次世界大戦後になってからであった。しかも、それは、やむを得ずそうなったという要素が強かった。というのは……。

第二次世界大戦の間、すべての選挙が停止されていた。このため、有権者の登録事務も行われていなかった。誰が納税者かということも、戦争の混乱で正確には把握できなくなっていた。しかし、戦争の末期（1944年）になると、国会議員の選挙が1935年以来あまりにも長く行われなかったということもあって、国・地方ともに、選挙を再開するべきであるという世論が強くなってきた。当時、利用することができた名簿は、食糧の配給と徴兵に用いていた国民名簿だけであった。このため、1945年の国民代表法は、国会議員の選挙も地方議員の選挙も、この国民名簿にもとづいて選挙を行うと定めた。この国民名簿では、誰が地方税（レイト）を払っており、誰が払っていないかという点については、もちろん、判明しなかった。その結果、地方選挙でも納税者という条件を有権者の資格から外さざるを得なくなり、当該自治体に住んでいる者には、21歳以上であれば、すべての者に投票できるとしたのである。

しかし、その一方では、地方税を納めていることが明確な者につ

---

[269] Ibid., p.70.

いては、その場所での投票権を認めることにした。店舗や事務所などの資産をもち、その地方税（レイト）を納めていれば、当該のパリッシュに住んでいなくても、投票権が与えられたわけである[270]。

　これは、国会議員の場合と同じともいえたが、しかし、国会議員の選挙では１９４９年に"一人一票"になった。しかし、地方選挙ではその後も、この資産をもち地方税を納めていれば、投票権が与えられ続けた。それが廃止されたのは１９６９年のことであった。当時、政権を握っていた労働党政府が、このような資産をもつ人々はほとんどが保守党支持者であるという予測のもとに、法律を改正し選挙権を剥奪したのである。この時は、全国パリッシュ協会は強く反発し、また、県や市町村の全国協会もこぞって反対したが、結局は、労働党政府の主張にしたがって国民代表法が改正された[271]。

　同じ１９６９年の家族法改正（Family Law Reform Act）で有権者の年齢も２１歳から１８歳に引き下げられた。これによって、有権者が一挙に４００万人以上増えたといわれているが、１９９０年代に入ってからは、とくに労働党と自民党の国会議員の間に、もっと年齢を下げ１６歳から投票権をもつべきであると主張する者が増えている。しかし、１９９９年現在、労働党が政権を握っているにもかかわらず、まだ、正式の審議対象になっていない。

　こうして、地方議員の選挙も、納税者であるか否かに関係なく、１８歳以上の住民であれば、国会議員の選挙と全く同じように、男性も女性も投票できることとなった。パリッシュの場合でいえば、パリッシュ議員の選挙ができると同時に、住民総会に出席することができるようになった[272]。

　また、１９８３年に、国会議員についても、地方議員についても、選挙権に関する大きな変化があった。イギリスの国民だけでなく、

---

[270] K. P. Poole & Bryan Keith-Lucas, *Parish Government 1894-1994*, p.71.
[271] Ibid.
[272] ただし、国会議員（下院議員）の投票権は貴族には認められていないけれども、地方選挙は貴族も投票することができるという違いがある。

コモンウエルス（英連邦）の国民にも選挙権が与えられるようになったのである[273]。コモンウエルスには、カナダやオーストラリア、インドやパキスタン、ケニヤやガーナなど５０カ国が所属している。このほかに、アイルランド人も１９４９年から選挙権が与えられてきた。日本人の常識からいえば、こうした状況のもとでは、どうやって有権者を把握するのか心配になるが、しかし、イギリスでは、これは、それほど難しい問題ではない。日本では２０歳になれば、当人は何もしなくても、自動的に選挙人名簿に登録されるのに対し、イギリスでは、本人の申請に基づいて選挙人名簿がつくられているからである。しかも、選挙人名簿は毎年更新されている。選挙権を獲得するためには、毎年、有権者本人がこの申請をしなければならない。要するに、イギリス人であっても、コモンウエルスの人間であっても、有権者が自分で申請するために、同じように、その存在を把握することができるわけである。新旧の名簿は、毎年、２月に交換される。

　パリッシュ議員の選挙では、各有権者は議席の数だけ投票することができることになっている。このため、選挙を組織的に戦う場合にはひとつの陣営で全議席を独占することも可能である。事実、ある小さなパリッシュのアパートにある宗教団体の全会員が集結し他の有権者を圧倒しそうになったことがあった。このときは、そのパリッシュにいくつかの選挙区を設けるということに内務省が同意し、この宗教団体に乗っ取られるのを未然に防いだとのことである[274]。

2　パリッシュ議員の立候補資格

　現在では、２１歳以上のパリッシュの住民で、投票権をもっているものは、誰でも立候補することができる。イギリスの国籍がなく

---

[273] Robert Blackburn, *The Electoral System in Britain*, p.80.
[274] K. P. Poole & Bryan Keith-Lucas, *Parish Government 1894-1994*, p.72.

ても、コモンウエルスの国民であれば、候補者になる資格がある。これは、県やディストリクトの議員の場合でも、あるいは、国会議員の場合でも同じである。その結果、とくに大都市では、コモンウエルス出身の候補者が多く、現実にかなりの当選者がでている。しかも、その数はこのところ増えているようである。たとえば、大都市のバーミンガム市の場合、1990年代の初めには、コモンウエルス出身の、いわゆるマイノリティの議員が17人であった[275]。それが、90年代後半には20人になり[276]、バーミンガム市の全議員117人の17％を占めるようになった。しかし、25％の市民がマイノリティであるということからいえば、今後、バーミンガム市ではコモンウエルス出身の議員がますます増える可能性もある。

　とはいっても、これらのマイノリティの人々はほとんどが都市、なかんずく大都市に居住しており、農村部の自治体であるパリッシュにはあまり住んでいない。このため、パリッシュの議員にはコモンウエルス出身の議員はあまりいないようである。

　前述したように、1894年法は、住所地とは別のパリッシュに資産を有し、そこで地方税（レイト）を納めている者は、そのパリッシュでも投票できるとしていたが、これらの者は、また、住所地と資産所有地のいずれにおいても、議員に立候補することができた。しかし、この立候補権も、労働党政権が、1969年に資産所有地での選挙権を廃止したとき、同時に廃止された。保守党はこれに強く反発していたが、その保守党が翌年の1970年の総選挙で圧勝し、政権を奪取した。このため、保守党は、政権につくと同時に、資産所有地での立候補権の回復に取りかかった。しかも、都合のいいことには、前の労働党政府によって設置されたモード委員会（Maud Committee）が「地方自治体での立候補権は、そこで働い

---

[275] David Wilson and Chris Game, *Local Government in the United Kingdom* (Hampshire: Macmillan, 1994), p.213.

[276] David Wilson and Chris Game, *Local Government in the United Kingdom,* 2d ed. (Hampshire: Macmillan, 1998), p.223.

ている人々にも与えるべきである」という答申を出していた[277]。この答申を使って、保守党政府は、パリッシュに職場をもっている人々にも立候補する権限を与え、同時に、パリッシュの住民ではないが、資産をもっている者にも立候補権を与えるという法律を制定した。立候補権の回復に見事に成功したわけである。保守党政権は、また、資産所有地での選挙権（投票権）についても、回復を目指していたが、これは失敗に終わった。

表9　総選挙の結果（議席数）と内閣の変遷

	保守党	労働党	自民党	その他	合計	内閣	
1951	321	295	6	3	625	1951 W. Churchill	（保守党）
						1955　　A. Eden	（保守党）
1955	344	277	6	3	630		
						1957　H. Macmillan	（保）
1959	365	258	6	1	630		
						1963　　Sir Douglas-Home	（保）
1964	304	317	9	0	630		
						1964　H. Wilson	（労働党）
1966	253	363	12	2	630		
1970	330	287	6	7	630		
						1970　H. Heath	（保守党）
1974	297	301	14	23	635		
						1974　H. Wilson	（労働党）
1974	277	319	13	26	635		
						1976　J. Callaghan	（労働党）
1979	339	269	11	16	635		
						1979　M. Thatcher	（保守党）
1983	397	209	23	21	650		
1987	376	229	22	23	650		
						1990　　J. Major	（保守党）
1992	336	271	20	24	651		
1997	165	418	46	30	659	1997　T. Blair	（労働党）

資料）Robert Blake, *The Conservative Party from Peel to Thatcher* (Suffolk: Methuen,1985); F.W.S. Craig, *British Electoral Facts 1832-1987* (Hampshire: Parliamentary Research Services , 1989); National Statistics, *Britain 1999, The Official Year Book of the United Kingdom* (London: The Stationery Office, 1998) より作成。

---

[277] Sir John Maud, *Committee on the Management of Local Government, vol.1 ; Report* (London: HMSO, 1967).

イギリスでは、県の議員はもちろんのこと、ディストリクト議員の選挙でも、ほとんどの場合、選挙区に区分されて選挙が行われている。そして、パリッシュ選挙でも、選挙区に分けて議員を選ぶというのが法律の趣旨である。しかし、規模の小さなパリッシュの場合、選挙区を分けていないところが多い。ケンブリッジシャー県のカルデコート・パリッシュもパリッシュ全域が一選挙区となっている。

中規模のパリッシュも、選挙区に区分されていないところが多いようである。たとえば、ケンブリッジシャー県の人口3,402人（1991年国勢調査）のバッシンバーン（Bassingbourn）パリッシュの場合、前述したように、1894年の最初の選挙のときは2つの選挙区に分かれていた。しかし、その後、全パリッシュ一選挙区になり、13人の議員が同じ選挙区で選ばれることになってしまった[278]。また、同じくケンブリッジシャー県のパリッシュで人口3,997人を擁するミルトン（Milton）の場合も、議員が17人もいるにもかかわらず、選挙区が分かれていない。

これに対して、規模が大きく、一般に"タウン"と呼ばれているパリッシュの場合は、いくつかの選挙区に区分されているのが普通である。もっとも、これらのパリッシュの場合も、県やディストリクトとは異なり、一選挙区の当選者1人という小選挙区にはなっていないようである。たとえばケンブリッジシャー県の人口25,116人（1991年）のタウンであるセント・ニーツ（St Neots）は4つの選挙区に区分されているが、それぞれの選挙区から3～6人の議員が選出されている。ウエスト・サセックス県の人口25,691人のタウンで合計20人の議員を擁するイースト・グリンステッド（East Grinstead）も、選挙区が東西南北の4つに区分されて

---

[278] バッシンバーンは1966年に隣のニーズワース（Kneesworth）パリッシュを吸収合併し、その後、名称も正式にはバッシンバーン・カム・ニーズワース（Bassingbourn-cum-Kneesworth）となったが、パリッシュの議員はパリッシュ全体から、すなわち、選挙区が区分されずに選ばれている。

いるものの、ひとつの選挙区の定数が6人（東選挙区だけは2人）という大選挙区である。

3 「挙手による投票」とその廃止

パリッシュ議会の選挙は、もともとは、住民総会で挙手によって行われていた。有権者が議席の数だけ手を挙げて支持を表明し、その指示が多い順に当選者が決まるというシステムであった。もっとも、候補者が議席数を上まわっている場合には、有権者は誰でも無記名の投票による選挙を要請することができたが、これに対する批判はかなりあった。秘密投票をするには、投票箱が必要であり、投票用紙を印刷しなければならず、また、投票箱を管理する人間が必要であり、お金がかかるという批判であった。たとえば、1896年にデイリー・ニューズ新聞が「パリッシュ議会の実態」という特集を組んでいたが、その中で、「無記名投票を一人で要求できるという制度を廃止するべきである」と主張していた。こうした批判があったために、1897年には、中央政府の地方自治委員会が、投票による選挙を行うには、1人ではなく、5人の有権者の要請が必要であるという指示を、各パリッシュにするようになった。

一方、挙手による投票には多くの問題があった。たとえば、大勢の住民が出席する住民総会のなかで、各有権者がそれぞれ何回手を挙げたかを議長が判別するのは、実際には、大変な難事であった。また、20世紀初頭までのパリッシュの選挙では、農業労働者は、自分の意志を示そうと思えば、雇い主の目を避けながら手を挙げなければならず、そうした挙手を議長が確認するのは非常に難しかった。小さなムラに住む有権者にとって、大地主や教区の牧師に対立して、あるいは、有力な商店主に逆らって、その目の前で、手を挙げるのも、20世紀初頭の頃までは、不可能に近いことであった。仕返しを受ける危険性が多分にあったからである。無記名の秘密投票を要請することも、これらの有力者に対する敵対行為と見なされ

る危険性があった。また、挙手という公開の投票は、候補者が投票者にビールをご馳走するという慣習を助長するものでもあった。ビールのご馳走はイギリスの古くからの選挙の慣習であったが、国会議員やその他の地方選挙の場合は、秘密投票制の導入に伴って、いつの間にか消えてしまった。しかし、パリッシュ議員の選挙に限っては、２０世紀に入っても、相変わらず残っていた[279]。

１９２０年代に入ってから、全国女性協会（National Federation of Women's Institutes）が１０８のパリッシュの選挙を調査したことがあったが、それをみると、９９のパリッシュで投票用紙による選挙をしたことがあり、そして、挙手による選挙と投票による選挙では明らかに結果が異なっていると分析されていた。とはいうものの、挙手による選挙に対しては秘かな反発は多かったようであるが、大っぴらに批判するものはあまりいなかった[280]。

こうして、１９２３年に地方制度を見直すための王立委員会、オンスロー委員会（Onslow Committee）が設立されると、そこに、選挙方法の批判が集中するようになった。全国女性協会は前述の調査結果を示して、挙手による投票制度の廃止を訴え、パリッシュの代表も、規模の大きなパリッシュ議会については秘密投票制にするべきであると訴えた。しかし、オンスロー委員会が地方自治体の代表格として扱っていた県全国協議会（County Council Association）は、実現可能性を重視し、単純な公開投票を主張していた。また、内務省のコメントも、秘密投票制の採用は選挙費用の増大をもたらすというものであった。これらの意見やコメントを聴取した後、オンスロー委員会は結論を出したが、それは、挙手による投票を続けるか、それとも、秘密投票制を採用するかは、県に任せるというものであった。このオンスロー委員会の答申をもとに、１９３３年に法律が制定され、パリッシュ議会の要請があれば、県当局は、投票

---

[279] K. P. Poole & Bryan Keith-Lucas, *Parish Government 1894-1994*, pp.74-75.
[280] Ibid., p.76.

による選挙を命じることができるということになった。しかし、投票による選挙は、実際には、ほとんど行われなかった[281]。

1947年のある日、全国から多数のパリッシュの代表が集まり、文部大臣も出席して、盛大なセレモニーが開かれた。全国パリッシュ協会設立のセレモニーであった。この全国パリッシュ協会が、まず最初に手がけたのが、挙手による投票の廃止であった。そして、投票による選挙を採用するべきであると、政府を説得し、その結果、挙手による投票を全面的に廃止する国民代表法が1948年に制定された。投票法（Ballot Act）がパリッシュの選挙にも全面的に適用されることになったのである。言い換えれば、国会議員と全く同じ秘密投票による選挙がパリッシュ議員の選挙でも行われることになった。しかし、この投票システムにはいくつかの問題があった。たとえば、候補者が議席数より少なく、選挙に1ポンドも使わなかったという場合でも、判事の前に呼び出され、選挙に使った費用を示さなければならないという問題があった。しかも、提出する書類の量があまりにも膨大で、ムラ人たちをいらだたせた。

選挙費用の問題はもっと深刻であった。オックスフォードシャー県のあるパリッシュで1949年に5議席を6人の候補者で争ったことがあったが、これにかかった費用が予想外に多かった。これを税金で賄うとなると、パリッシュがあまりにも小さかったため、ムラ人の負担が大きすぎ、その負担に反発する者が多かった。このときは、"がらくた市"で何とかお金を集め、切り抜けることができたようであるが、それ以後、議席数以上の候補者がでないようにしようという動きが強くなったといわれている[282]。カルデコート・パリッシュでも、1949年以後、議席数を上まわる候補者があらわれず、実際には選挙がほとんど行われなくなった。その結果、同じ人物がずうっと議員を続け、その後任は、実質的には、議員の協議で

---

[281] Ibid.
[282] Ibid., p.77.

選出されるようになった[283]。カルデコート・パリッシュに限っていえば、挙手による選挙の時代のほうが、立候補が多く、実際に選挙が行われていたため、民主的であった。

しかし、これとは逆の現象が現れたことも確かである。第二次世界大戦前は、パリッシュの女性議員の数が非常に少なかった。最初の選挙のときはもちろんのこと、女性の選挙権が男性と完全に同じになってからも、女性のパリッシュ議員はごくわずかであった。たとえば1935年時点における女性議員の比率は、わずか3％であった。そして、このように女性の比率が低い原因は、「挙手による選挙」にあるとされていたが、実際に、秘密投票制に変わると、女性議員が急激に増えるようになった。1966年の調査結果をみると、イングランド全体で、パリッシュ議員の13％が女性によって占められるようになっていた。南東部に限っていえば、女性議員の比率は17％もあった。それから25年、1991年のアストン調査の結果をみると、女性議員の数はさらに2倍近くに増え、27％になっていた。ケント県のアディシャム（Adisham）パリッシュのように、1991年の選挙で全議席（7議席）が女性で占められるというところもあった。この選挙で落選した2人の候補者はともに男性であった[284]。

とはいっても、議員の選挙に費用がかかりすぎるというのは問題であり、全国パリッシュ協会は、その費用を何とか少なくするために、パリッシュ議員の選挙を村議会議員の選挙と一緒にするという

---

[283] 現在のカルデコートのパリッシュ議員であるケムバーがカルデコートのパリッシュ議員の変遷を解説しているが、それをみると、1960年代、70年代前半の議員はすべて無投票の選挙で選ばれていた。欠員になったときは、補欠選挙がなく、議会で新議員を選出したのである。そして、こうして選ばれた議員が、以後、無投票で議員に当選するというのがカルデコートの実情であった。　Owen Kember, *100 Years of Confrontation, Volume Ⅶ, Village Plans 1964-1973*, pp.28-29. （本書については、第2章の注26を参照）。

[284] K. P. Poole & Bryan Keith-Lucas, *Parish Government 1894-1994*. pp.156-157.

法案を策定した。そして、副会長に就任してもらっていたフォート（Richard Fort）国会議員を経由して、国会に提出した。１９５５年のことであった。が、この時は、残念ながら廃案になってしまった。しかし、翌年の１９５６年に国会を通過し、以後、パリッシュ議員の選挙は村議会議員の選挙と一緒に行われることになった。１９７２年に地方制度が改正され、村は広域的に合併し、ディストリクトとなった。したがって、現在は、パリッシュ議員の選挙はディストリクトの議員選挙と連動して行われている。ただし、ディストリクト議員の選挙は、毎年３分の１の議員が３年間にわたって選挙され、１年間休み、そして、また３年間にわたって選挙が行われるというところが多い。一方、パリッシュ議員の選挙は、１８９４年法のもとでは毎年行われていたが、その後の法律の改正で、４年に１度の選挙になった。したがって、これらのディストリクトでは、３分の１のディストリクト議員の選挙が行われるときに、パリッシュ議員は全員が一度に選ばれるという形で、選挙が行われている。

4　ムラのリーダーシップ

　１８９４年にパリッシュ議員の選挙がはじめて行われたときには、目新しさに伴う興奮があった。が、この興奮はすぐに消えてしまい、住民が選挙に無関心になってしまったところが多かった。こうした状況は、第一次大戦後も変わらず、多くのムラ人はパリッシュ議会に無関心であった。この頃のパリッシュがムラ人にとってどういう存在であったか、アムブローズ（Peter Ambrose）が次のように説明していた。

　「パリッシュ議会が存在することを知っているムラ人はごくわずかしかいなかった。……議員候補の指名はいつも議席より少なく、議員の選挙は全く行われなかった。パリッシュ議会はムラに何の影響も及ぼさなかった。……その結果、人々はパリッシュ

が何をしているのか全く分からなかった」²⁸⁵。

また、ノッティンガムシャー県のコットグレイヴ（Cotograve）パリッシュについて、20世紀前半のパリッシュ議会の状況を次のように説明している者もあった。

「パリッシュ議会が設立されてから40年間、いつも秘密会議であった。当初の議員は9人であったが、そのうち1人は以後41年間続けて議席を占め、もう1人は40年間、そして2人の議員は31年間議席に座り続けた。1896年の選挙では613票が投じられ、最高の得票者は88票であった。ところが、それから11年後には、投票数が全部でたったの78票になり、10票を越えた候補者はいなかった」²⁸⁶。

また、全国社会サービス会議（National Council of Social Service）の報告書によると、1934年当時、「パリッシュ議会はすでに全盛期を過ぎた」と考えられていたとのことであった。もちろん例外はあったが、幻滅と"しらけ"がパリッシュとりわけ純農業地帯のパリッシュ議会を覆うようになっていたのである²⁸⁷。
ところが、20世紀前半から後半にかけて、農村は変貌を繰り返していた。最初の変貌は、ムラから都市への人口移動であった。1920年代の不況、とりわけ1930年代の不況は、農村から都市への大規模な人口移動をもたらし、村の人口は大幅に減少した²⁸⁸。しかし、第二次世界大戦後になると、農村部は、またまた変貌する

---

[285] Peter Ambrose, *The Quiet Revolution, 1974*, quoted in K. P. Poole & Bryan Keith-Lucas, *Parish Government 1894-1994.*, pp.126-127.
[286] A.D. Crampton, 'Cold for Action' *Parish Council Review* (Winter 1950), p.54.
[287] K. P. Poole & Bryan Keith-Lucas, *Parish Government 1894-1994.* P.127.
[288] W. A. Armstrong, "The Countryside" in F.M.L. Thompson ed, *The Cambridge Social History of Britain 1750-1950* (Cambridge: Cambridge University Press, 1990), pp.141-146.

ようになった。今度の変貌は、農業に従事する人口は相変わらず減り続けたものの、多くの人々が農村部に移り住むようになったという変貌であった。1961年から1971年の10年間に、農村部の人口は17％も増えたのであった。この間の都市部の人口は4％弱しか増えなかった。これらの新住民の多くは近くの町で働くものであったが、もっと遠くの都市で働くものもあり、また、引退してムラに住みついたものもあった[289]。

このような変貌にともない、ムラのリーダーも変わっていった。たとえば、1966年に、スタッフォードシャー県の農村コミュニティ協議会（Rural Community Council）が、3種類のムラ、すなわちベッドタウンの波にほとんどさらされていないムラ、"通勤ムラ"になってしまったムラ、それからベッドタウンの波をかぶりつつあったムラについて、合計で6つのムラを調査したものがあった。その人口も300人～5,000人とばらばらであったが、これらのムラのなかで、伝統的なムラのリーダー、すなわち地主がリーダーシップをもち続けていたムラはひとつだけであった。ほかのムラでは、大地主（squires）がいたとしても、村から遠く離れたところに住んでいた。教会や教区牧師の役割も、20世紀前半の頃と比べると、すっかりなくなっていた[290]。

こうした伝統的なリーダーの衰退に代わって、新しくリーダーとなったのは通勤者やその妻であった。しかも、そのリーダーシップの引き受け方は、期間を限って、公平に、順番にというものであった。スタッフォードシャー県の農村コミュニティ協議会は、これを次のような説明し、批判していた。

「ムラの地域社会で中心的な存在になっているのは中の下クラスの階層であり、これらの人々は独自のリーダーシップを発揮

---

[289] K. P. Poole & Bryan Keith-Lucas, *Parish Government 1894-1994*, p.155.
[290] Ibid., pp.158-159.

するようになっている。しかし、ムラはもっと上の立場からの、もっと経験のある、そして、もっと教育的なリーダーを求めている。……町で生まれた者よりも、田舎で生まれた者のほうが、リーダーとして役に立つ。ムラのリーダーシップにとって最も重要な要素は、長い間、そのムラに住んでいるということである」[291]。

ムラの変貌にともない、このスタフォードシャー県と同じようなパリッシュ議会の変貌が、全体的に、みられるようになった。たとえば、全国社会サービス会議が１９３５年に実施したパリッシュ議員（４００人）の職業調査をみると、この時点でも、３分の１が農場主であった。それが１９６０年代半ばの調査では、農場主は４分の１を占めるだけになり、中間階層とほぼ同じ比率になっていた。パリッシュを創設した法律（１８９４年法）の最大の恩恵を受けるはずであった農場労働者（farm workers）はわずか２％であった。数字的にはほとんど勢力がなくなっていたわけである。パリッシュ議会に進出するようになったのは、あまり田舎ふうでない中間階層、通勤者であった。１９６７年にレドクリフェ・モード委員会も次のように整理していた。

「現在のパリッシュ議会の議員は全体的にみて約５分の１が農場主、同じく５分の１が筋肉労働者、５分の１が教師を含む専門職、そして、残る５分の２が既婚女性である…」[292]。

オックスフォードシャー県のホースパス（Horspath）パリッシュの場合、１８９５年のパリッシュ議員は全員が農場労働者であった。しかし、それが１９９１年になると、自動車会社の従業員３人（ホワイトカラー１人、ブルーカラー２人）、主婦２人、元校長、元地方

---

[291] Ibid., p.159.
[292] Royal Commission on Local Government in England ; (Redcliffe-Maud) 1966-69, *Minutes of Evidence VI* (London: HMSO, 1967).

公務員、内装業者、税査察官、駐車場のオーナー、農場主各1人になっていた。農場労働者は1人もいなかった。

5　選挙の活性化

　1894年の第1回目の選挙は別として、その後、パリッシュ議会の選挙は沈滞傾向にあったが、1949年に挙手による選挙が廃止されて以来、選挙はますます行われなくなった。しかし、ムラの変貌にともない、パリッシュ議会の選挙も変貌してきた。選挙をするパリッシュが増えてきたのである。たとえば、モード委員会の報告によれば、1960年代半ばには32％のパリッシュが選挙するようになっていた。この比率は、村議会の選挙よりも高率であった。もちろん、選挙の実施率は地域によって異なり、また、同じ村のなかのパリッシュでも、実際に選挙をするところもあれば、立候補者が少なく、選挙をする必要がないパリッシュもあった。一般には、規模の大きなパリッシュよりも、規模の小さなパリッシュのほうが、無投票で当選することが多かった。

　その後、選挙をするところがますます増えるようになり、アストン調査によれば、1980年代末には44％のパリッシュで選挙が行われるようになっていた。規模の大きなところに限ってみると、人口10,000人以上のパリッシュでは96％が選挙をし、5,000～10,000人のところでは80％、人口2,500～5,000人のパリッシュでも実際に選挙をしたところが57％もあった。しかし、人口1,000～2,500人のパリッシュになると、選挙を実施したパリッシュは半分以下となり、人口500人以下のパリッシュで選挙を実施したところは33％しかなかった[293]。

---

[293] Aston Business School (Aston University), *Parish and Town Councils in England : A Survey*　(London: HMSO, 1992), pp.22-24.

図5 選挙実施の規模別パリッシュ（1980年代後半）
(％)

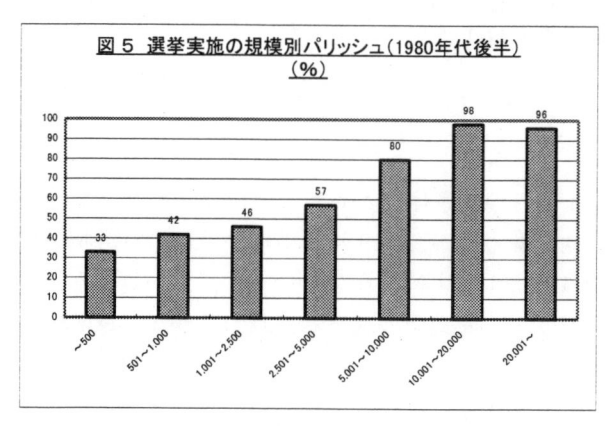

規模	％
～500	33
501～1,000	42
1,001～2,500	46
2,501～5,000	57
5,001～10,000	80
10,001～20,000	98
20,001～	96

(資料) Aston Business School, *Parish and Town Councils in England ; A Survey*, p.23

　残りのパリッシュは無投票当選ということになるが、しかし、これらのパリッシュでは候補者数と議席数が一致して無投票になるというわけではなかった。議席数よりも候補者数のほうが少ないというところが全体で18％もあった。これは規模の大小にあまり関係がなく、人口10,000人以下のパリッシュに共通する現象であった。もっとも、1960年代半ばには、候補者数が議席数に満たないパリッシュが全体の22％もあったということと比較すれば、候補者数が増えていることは確かといってよいが……[294]。

---

[294] Royal Commission on Local Government in England ; (Redcliffe-Maud) 1966-69, Research Appendics *Volume Ⅲ*.

6 コオプション（議員による議員の選出）

　議席数に候補者数が満たない場合、議会はどのように運営されるのであろうか。空席のまま運営されるのであろうか。
　１８９４年法は、選挙で議席数を満たすことができないときには、それまでの議員に、その気持ちがあればの話であるが、議員をそのまま続けさせるとしていた。しかし、その後の数度にわたる法律の改正によって、選挙された議員が定足数を満たしている場合には、これらの議員が協議して空席分の議員を選出するということになった。コオプション（Co-option）と呼ばれている制度である。定足数は議席数の３分の１であり、選挙でこの定足数を満たすことができない場合は、もう一度選挙をし直さなければならない。
　任期の途中で議員が辞職した場合も、議員の補充が必要になるが、当初の法律、１８９４年法は補欠選挙を否定していた。こういうときは、選挙ではなく、コオプションで選ぶとしていたのである。このコオプションによって一般的に指名されてきたのは、１９６０年代の事例でいえば、現職の議員たちがよく知っている人、直前の住民による選挙で落選した人、あるいは辞職した議員と同じ地区の人であった。また、議会のなかで勢力を持っているグループが、自分たちの勢力を強くするために、友達を指名することもあったという。この場合は、もちろん非難されたそうであるが……。辞任した議員の息子を新議員に指名するという慣行をもったパリッシュもあった。その一方では、議席が空席になっていることを広く広報し、既存の議員たちが面接試験をした上で、新議員を決めるというパリッシュもあった[295]。

---

[295] K. P. Poole & Bryan Keith-Lucas, *Parish Government 1894-1994*, p.78.

図6　カルデコート・パリッシュの議員の選出

	1	2	3	4	5	6	7	
1964.5	Woodland	Rolph	Mrs Coulson	Thomas	Bowring			
1965.3	辞職	↓	↓	↓	↓			
1965.5		↓	↓	辞職	↓			
1966.5	Daly	Wilkins	↓	Ladds	↓			選挙・無投票
1967.12	↓	↓	↓	↓	Meunier			コオプション
1968.5	↓	↓	↓	↓	Freed			コオプション
1969.5	↓	↓	Mrs Slater	Hurtis	↓			選挙・無投票
1971.6	↓	↓	↓	Brading	↓			コオプション
1971.9	↓	↓	Cheesley	↓	↓			コオプション
1972.5	Phillips	↓	↓	↓	↓	Elder		選挙・無投票
1972.6	↓	↓	↓	↓	↓	↓	Mrs Moy	コオプション

資料）カルデコート・パリッシュ議会議事録より作成。また参照、Owen Kember, *100 Years of Confrontation, Volume Ⅶ, 1964-1973*, pp.28-29

　ケンブリッジシャー県のカルデコート・パリッシュの場合、１９６５年までは、空席ができるとそのままにしていたが、１９６７年以後はコオプションで補充するようになった。どのような方法で新議員をコオプションしたのか、議事録をみても不明であるが、議員の住所を見る限り、地域のバランスがとれるように配慮していたようである。しかし、１９７１年に１人の議員が辞職したときは、残った現職議員の意見が分かれ、結局、１人１人の議員がそれぞれ自分の考えに沿って合計４人の住民に議員を引き受けてくれるかどうか打診したが、全員に断られてしまった。最終的には、すったものだの末、ようやく現職議員の意見がまとまり、１人の住民をコオプションで選出した。１９７１年の後半にはもう１人の議員が転居のために辞任。このときは、残りの議員４人が満場一致で、１人の住民を議員に選出した。なお、カルデコートの議会は、１９７２年に議員が２人増員された。５人では、誰かが休むと実質的に会議を開くことができなくなるという理由であったが、これが県当局に認められ、１９７２年の選挙では、７人の議員が選ばれることになった。しかし、候補者は６人しかなく、全員が、いつものことであるが、

無投票当選であった。そして、6人の新議員で、1人の住民をコオプションで議員に選出した。このときも、地域のバランスの問題があったようである[296]。

ところで、議員の欠員ができ、その補充をする場合には、必ずコオプションで補充しなければならないというシステムは1976年（ウェールズで1974年）に改められた。補欠選挙をすることができるようになったのであるが、それだけではなく、有権者2人以上から請求がある場合には、「補欠選挙で選出しなければならない」ということになった。しかし、この改正はパリッシュにはあまり好評でなかった。選挙には、投票所を準備したり、投票箱を管理したりする人が必要であり、この人材をどうするかという問題があったからである。パリッシュには、とくに小さなパリッシュには専任の職員がなく、職員がいたとしても、ボランティアに近い職員であり、この職員が選挙事務まで背負い込む余裕はとてもなかった。選挙をするには、別の人材を捜す必要があった。そのうえ、費用がかかるという問題もあった。むしろ、費用のほうがパリッシュにとって大きな問題ですらあった。たとえば、1982年にサマーセット県のチェダー（Cheddar）パリッシュが補欠選挙を実施したが、この時400ポンドの費用がかかった。投票したのは374人。一票につき1ポンド以上の費用であった。

定期的な選挙は、現在は、ディストリクト（市町村）と一緒に行われている。費用は双方の負担である。選挙事務は、ディストリクトの職員に依存している。このため、パリッシュの負担は非常に軽減されているが、それでも、選挙費用がかかりすぎるとなげくパリッシュが多いという。

こうした状況のもとに、全国パリッシュ協会が「有権者2人以上

---

[296] カルデコート・パリッシュの議事録をみると、「Mrs Moy を招聘することに決定」「Mrs Moy が7人目の議員になることに同意」とあるのみであるが、住所をみる限り、地域バランスの配慮をしているように思われる。なお、参照、Owen Kember, *100 Years of Confrontation, Volume Ⅶ*, pp.28-29.

から請求がある場合には、補欠選挙で空席を補充しなければならない」という規定の改正を要請するようになり、結局、「１０人以上の有権者から請求がある場合には」、正式の住民による選挙を行うというように法律が改正された[297]。

　実際に、補欠選挙をしているパリッシュは、非常に少ない。アストン調査によると、１９８９年４月～１９９０年３月に、全体の４３％のパリッシュ議会に欠員が生じたが、それを補充するために選挙が行われたのは、たったの１９％であった。ただし、人口２０,０００人以上という大規模なパリッシュに限定してみると、６７％のパリッシュで補欠選挙が行われていた。一方、人口５００人以下のパリッシュで補欠選挙を実施したのはわずか１０％であった。小規模なパリッシュでは、ほとんどがコオプションで議員が補充されているわけであり、人口５００人以下のパリッシュでは６６％のパリッシュがコオプションで議員を補充していた。大規模なパリッシュでも、人口１０,０００～２０,０００人のところは２８％のパリッシュがコオプションで議員を補充し、５,０００～１０,０００人のパリッシュになると、４８％がコオプションで議員を補充していた。このほかに、補欠選挙の名目をとっているが、実際には１人の候補者に絞って無投票で決めているというパリッシュ、実質的にはコオプションで議員を補充しているパリッシュもあった。小規模なパリッシュの場合には、１０％近くのパリッシュがそうであった。

　要するに、パリッシュ議会のかなりの議員は、選挙ではなく、コオプションで選ばれているといってよい。ケンブリッジシャー県のカルデコート・パリッシュはその典型であり、これまで多くの議員が、まず、空席を補充するためにコオプションで選ばれ、次の選挙では、それらの議員が無投票で当選してきた。選挙ではじめて当選する場合でも、立候補したのは、ほとんどの場合、現職の議員から説得された人であった。大規模なパリッシュの場合は、実際の選挙

---

[297] K. P. Poole & Bryan Keith-Lucas, *Parish Government 1894-1994*, p.78.

で選ばれた議員が多いことは確かであるが、小規模なパリッシュの場合は、カルデコートと同じようなタイプのパリッシュが多いはずである。

表１０　議員空席の補充方法（1989～1990）

	全体	500人以下	501～1,000人	1,001～2,500人	2,501～5,000人	5,001～10,000人	10,001～20,000人	20,000人以上
	％	％	％	％	％	％	％	％
空席発生	43	36	44	45	52	59	51	70
補欠選挙	19	10	15	25	23	38	56	67
候補1人指名	7	9	10	2	12	3	8	3
コオプション	66	74	69	70	54	48	28	16
補充せず	2	3	3	0	0	0	4	0
その他	5	3	3	4	12	10	4	15

資料）Aston Business School, *Parish and Town Councils in England : A Survey*, p.25。　なお、「その他」は、補充形態が複数であることを指す。

このように、とくに小さなパリッシュでは、選挙も無投票であり、補欠選挙も行われないことが多いが、このことから、民主的でないということができるかどうか、あるいは一種の"寡頭政治"が行われているということができるかどうか、大きな疑問である。

これに関連して、面白い選挙が１９９１年４月にデボン県のシッドマス（Sidmouth）タウンで行われた。舞台となったのは、このタウンの中のひとつの選挙区、議席数２つの選挙区であったが、この選挙区ではそれまで５０年以上にわたって全く選挙が行われたことがなかった。２人の女性の議員がずうっと議員を勤めてきたのである。そのうち１人が数年前になくなり、その後任として、その夫がコオプションで選ばれた。そして、その後、その夫が議員を続けてきた。また、もう１人の女性は最近になって引退し、その後任もやはりコオプションで選ばれた。この選挙区でのコオプションは残っている議員が１人であるところから、１人の議員が新議員を選ぶということを意味した。こうした状況を、「緑の党」系のローカル政党が批判し、候補者を送り込んで行われたのが、１９９１年４月の選挙であった。このローカル政党は、「議席を友達や親類に譲り渡して

いる」と判断し、「封建的な世界に住んでいる住民を解放しなければならない」と強調した。しかし、住民の反応は、次のように非常に冷ややかで、結果は明らかであった。

「パリッシュの仕事はディストリクトは建築許可や開発許可をする際に住民の意見を代弁すること、地域のレジャー施設を監視すること、地域のガイドブックをつくること、等々である。利権などが発生するものではない。これまで、議員はこれらの仕事を適切にこなしてきた。彼らが歳をとりすぎたときに、交代するのはともかく、いまは対立する必要は何もないのではないか…」[298]。

事実、議会で住民の意向に添わない意思決定をしたときには、あるいは、利権が絡むようになったときには、選挙に突入することが多い。たとえば、ハマーサイド県の住民1,000人のあるパリッシュの出来事であるが、牧師館に住んでいる子供が所有する馬を、パリッシュ所有の土地に放しても良いという議決をパリッシュ議会がしたことがあった。この土地は、墓地に隣接している土地で、将来は墓地として使用することが予定されている土地であった。ここに馬を散歩させたいという申請があったとき、175人の住民が反対し、その旨を議会に伝えていた。にもかかわらず、議会は10対1で申請を認めてしまった。これに怒った住民たちは、さっそく選挙をすることを要請し、数十年ぶりに選挙が行われた[299]。

また、エィボン県のアーモンヅベリー（Almondsbury）という貧しいパリッシュでは、13の議席数を候補者が上まわったことは一度もなく、すべて無投票またはコオプションで議員が選出されてきた。しかし1989年に貸農地を開発業者に3.2百万ポンドで売り、一躍、富裕なパリッシュになった。とたんに住民の関心が高まり、

---

[298] *The Times*, 19 April 1991.
[299] *The Times*, 5 March 1991.

1991年5月の選挙では21人が立候補し、激戦となった[300]。

また、パリッシュ議会では、後にみるように、住民が議会にいつでも出席でき、自由に議員と議論を交わす機会を与えられているパリッシュが多い。ときには、採決権すら住民に与えているところもある。さらに、住民に利害関係がある事柄を決定するときには、たとえば、ディストリクトの開発許可や建築許可に意見をいうときには、あらかじめ住民総会や住民集会を開き、住民の意見を聞いているところが多い。ディストリクトがパリッシュ議会の意見にしたがってくれないときには、後述するように、幾たびも住民集会を開き、ムラの意見をまとめた上で、ディストリクトに立ち向かっていくということもしばしばある。こうした議会の状況を見れば、議員の形式的な選出方法だけから"寡頭政治"だと結論するのは大きな間違いといわなければなるまい。それどころか、まさに本物の"議会制民主主義"が行われているといえるのではなかろうか。

7 選挙に対する有権者の関心（投票率）

一般に選挙に対する住民の関心は薄く、議員になりたいという候補者あまりいない。このため、選挙が実際にはあまり行われていない。これがパリッシュの実体である。しかし、それでも最近は選挙が行われる傾向が徐々に強まってきた。1991年のアストン調査によれば、前述したように、44％のパリッシュが1980年代末に実際に選挙をしているし、とくに、規模が大きいパリッシュになると、ほとんどすべてのパリッシュが選挙を実施している。しかし、選挙が行われるようになったといっても、そこから住民が選挙に関心をもつようになったと断言するのは、適切ではない。その選挙にどれだけの住民が参加したか、すなわち、どれだけの住民が投票したのかという点についても検討することが必要なはずである。

---

[300] *The Times*, 19 May, 1991.

パリッシュ議員の選挙は１９５６年以来、村議会議員(１９７３年以後はディストリクト議員)と一緒に選挙が行われている。したがって村議会の議員選挙の投票率をみれば、実質的にはともかく少なくとも形式的にはパリッシュ議会の投票率が分かるということになる。

イギリスの村議会の議員選挙の投票率は、日本人の感覚でいえば、非常に低かった。１９５６年から１９７２年にかけて、通常は４０％前後であり、低いときは３５％をきるということもあった。市や町の場合は４０％を上まわっているのが普通であり、ときには４５％に近いということもあった。村の選挙のほうが、町や市の選挙よりも、投票率が低かったのである。また、国会議員の選挙の投票率はもっと高く、常に７０％を上まわっていた。

１９７３年以後は村がディストリクトに変わったため、ディストリクトの議員選挙と一緒に行われるようになった。これにともない投票率も４０％を越えるようになり、ときには５０％近くになると

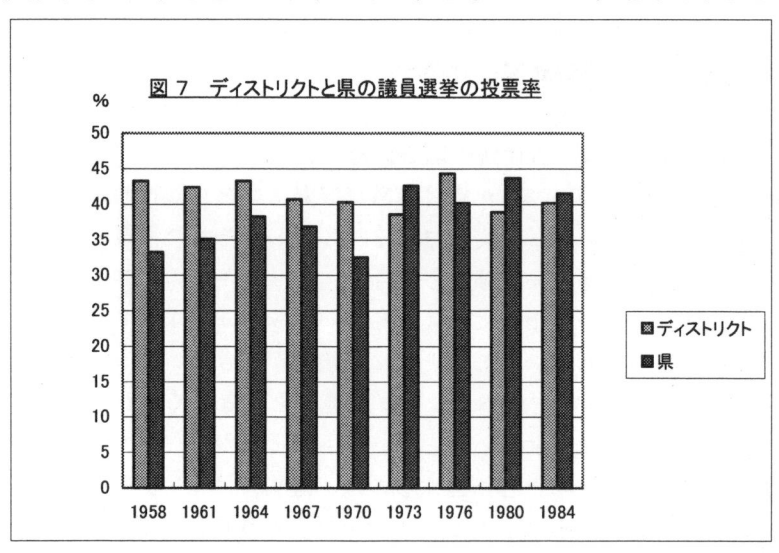

図7 ディストリクトと県の議員選挙の投票率

注）ディストリクトは1970年までは「村（rural district）」をさす。

資料）F.W.S. Craig, edited, *British Electoral Facts 1832-1987*, pp.130-131 より作成

いうこともあった[301]。

しかし、これでも投票率が低いことは否定しようがなく、それだけ住民の関心が低いことも確かであった。1990年代にはいっても、この傾向は変わらず、むしろ、地方選挙の投票率は下降する傾向にすらある。たとえば、1995年の地方選挙では38％しか投票率がなかった[302]。

ハンプシャー県のセント・レナーズ・アンド・アイヴィズ（St Leonards and St Ives）パリッシュの議長が、1958年の選挙で住民の8人に1人しか投票しなかったときに、次のような警告をしていたが、これが今日でも通用するといえる。

「"住民の、住民による、住民のための政府"をつくるチャンスに住民は無関心です。この無関心は国全体を覆っていますが、こういう状況が続きますと、みなさんの生活が中央政府や地方団体の高級官僚によって、ますますコントロールされるということになっていきます。これらの高級官僚は、公平ではあるでしょう。しかし、あなた方の個人個人の問題やパリッシュの問題を十分に理解しているということは絶対にありません。

国民が無関心であれば、それだけ官僚の権限が増大します。その権限の行使によって、もっとも大きな影響を受けるのは皆さんですが、皆さんの意見によって、官僚の権限がチェックされるということもなくなるのです」[303]。

---

[301] F.W.S. Craig, Ed, *British Electoral Facts 1832-1987* (Hampshire: Parliamentary Research Services, 989), pp.130-131.
[302] *The Independent*, May 6, 1995.
[303] K. P. Poole & Bryan Keith-Lucas, *Parish Government 1894-1994*, p.162.

第7章　議会への住民参加

1　パリッシュの規模

　ケンブリッジシャー県には、全部で5つのディストリクトがある。このほかに、もともとのケンブリッジシャー県の管轄区域内には、ピーターバラー（Peterborough）市も含まれていたが、このピーターバラー市は1998年に"単一自治体（Unitary Authority）"となってケンブリッジシャー県から独立したため、ここでは除外し、残りの区域にあるパリッシュについて検討している。言い換えれば、1999年現在のケンブリッジシャー県のパリッシュに関する検討である。

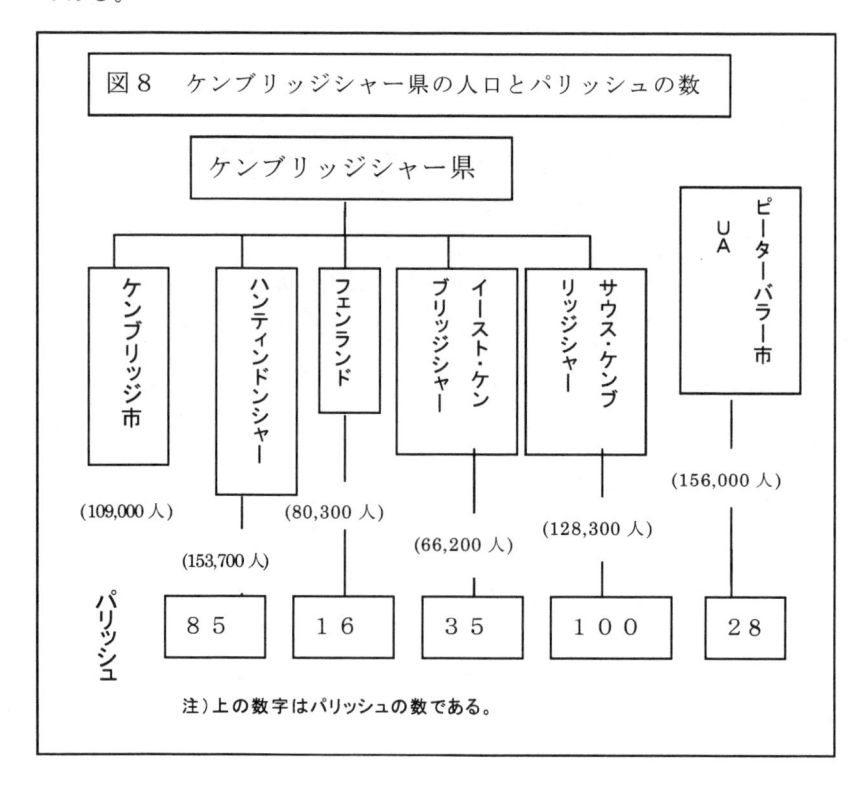

図8　ケンブリッジシャー県の人口とパリッシュの数

ディストリクト	人口	パリッシュ数
ケンブリッジ市	109,000人	85
ハンティンドンシャー	153,700人	16
フェンランド	80,300人	35
イースト・ケンブリッジシャー	66,200人	100
サウス・ケンブリッジシャー	128,300人	28
ピーターバラー市 UA	156,000人	－

注）上の数字はパリッシュの数である。

ケンブリッジシャー県に管轄されている５つのディストリクトのひとつは、ケンブリッジ大学で有名なケンブリッジ市であるが、ここには昔からパリッシュが存在していない。パリッシュがあるのは残りの４つのディストリクトである。この４つのディストリクトには、すべての区域に全部で２３５のパリッシュがある。なお、ピーターバラー市にも２８のパリッシュがあるが、この市には全域にパリッシュがあるというわけではない。中心部にはパリッシュがなく、もっぱら郊外部にある。

これらケンブリッジシャーにあるパリッシュの規模はさまざまである。１９９７年時点でみると、人口２０人のリトル・ギディング（Little Gidding）、３０人のハッドン（Huddon）、同じく３０人のスティープル・ギディング（Steeple Gidding）などのように非常に小さなパリッシュもあれば、セント・ニーツ（St Neots）のように人口２５,７７０人のパリッシュもある。ケンブリッジシャー県の２３５のパリッシュを人口規模別に分類してみると、図９にみるように、９６（４１％）のパリッシュが５００人以下でもっとも多く、次いで５１（２２％）のパリッシュが５００～１,０００人のパリッシュである。一方、１０,０００人を超す規模の大きなパリッシュは７つ（３％）しかない。

図９注）ケンブリッジシャー県の資料より作成。（１９９７年現在）

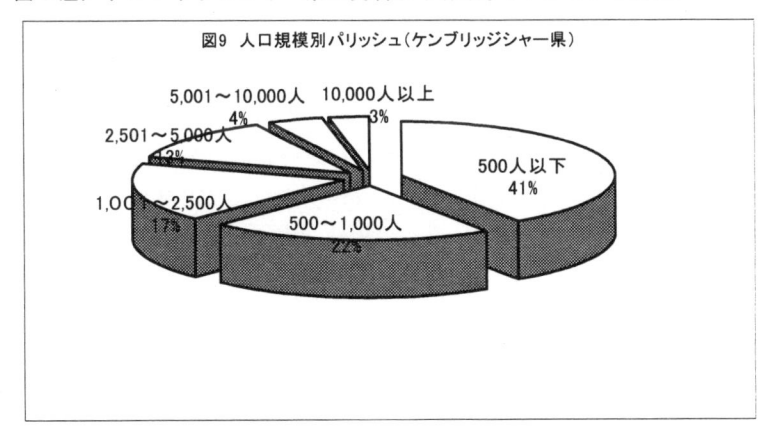

図9 人口規模別パリッシュ（ケンブリッジシャー県）

5,001～10,000人 4%
10,000人以上 3%
2,501～5,000人 2%
1,001～2,500人 17%
500～1,000人 22%
500人以下 41%

つまり、ケンブリッジシャー県では、５００人以下のパリッシュが非常に多く、この小さなパリッシュが典型的なパリッシュであるといえそうである。しかし、５００人以下の小さなパリッシュには２種類のものがある。ひとつは、議会を設置しているパリッシュであり、いまひとつは、議会を設置していないパリッシュ、すなわち住民総会が意志決定機関となっているパリッシュである。この住民総会のパリッシュは、人口がとりわけ少なく、一般には、ほとんど何の活動もしていない。前述したカルデコート・パリッシュの場合は、１９４６年まで議会をもっていなかったが、この住民総会の時代のときも、それなりに活動していた。しかし、このようなパリッシュはむしろ例外で一般には何の活動もしていないといわれている。

　現在は、１９７２年の地方行政法によって、有権者が２００人以上のパリッシュは議会を設置しなければならないということになっている。それ以下のパリッシュは、たとえば有権者１５１～２００人のパリッシュは、住民総会で決議すれば議会を設置することができ、また、有権者が１５０人以下のパリッシュも、住民総会で決議し、ディストリクトが承認すれば、議会を設置できることになっているが、このような小さなパリッシュで議会を設置しているところはほとんどない[304]。となると、それなりの活動をしているパリッシュは、ほとんどの場合、議会の設置を義務づけられているパリッシュ、すなわち有権者２００人以上のパリッシュということができる。

　ケンブリッジシャー県の人口分布から推測すると、有権者２００人というのは、大体、人口２５０人に相当する。したがって、人口２５０人以上のパリッシュに絞って、その分布状況を見ると、図１０にみるように、人口５００人以下のパリッシュは２４％である。それよりも、人口５００～１，０００人のパリッシュのほうが２８％と少し多い。また、１，０００～２，５００人のパリッシュも全体の

---

[304] サウスケンブリッジシャー・ディストリクト（South Cambridgeshire District）およびケンブリッジシャー県（Cambridgeshire County Council）の職員の話。

２３％を占める。

　これを１９９１年のアストン調査と比較すると、アストン調査は、議会を設置しているパリッシュを対象とする調査であったが、それによると、５００人以下のパリッシュがイングランド全体で４０％もあった。それに対して、５００～１,０００人のパリッシュも数は多かったが、２４％しかなかった。また、人口１,０００～２,５００人のパリッシュも１９％であった。このように、イングランド全体では、議会を設置しているパリッシュでも人口５００人以下のパリッシュが非常に多いのであるが、ケンブリッジシャー県の場合は、むしろ５００～１,０００人のパリッシュのほうが多く、全国レベルよりは少し規模が大きいようである。しかし、ケンブリッジシャー県においても、５００人以下のパリッシュで議会を設置しているところが２４％もあり、人口１,０００人以下という限定をすれば、その数は半数以上ある。パリッシュの規模がそれほど大きくないことは確かである。言い換えれば、ケンブリッジシャーの場合も、イングランド全体でみても、典型的なパリッシュは、規模の小さなパリッシュ、せいぜいのところ、人口１,０００人までのパリッシュということができよう。本書で事例としてあげることが多いカルデコート・パリッシュは、サウス・ケンブリッジシャー・ディストリクトのなかにあるパリッシュであるが、その人口６２０人(１９９７年)でありこのような典型的なパリッシュのひとつということができる。

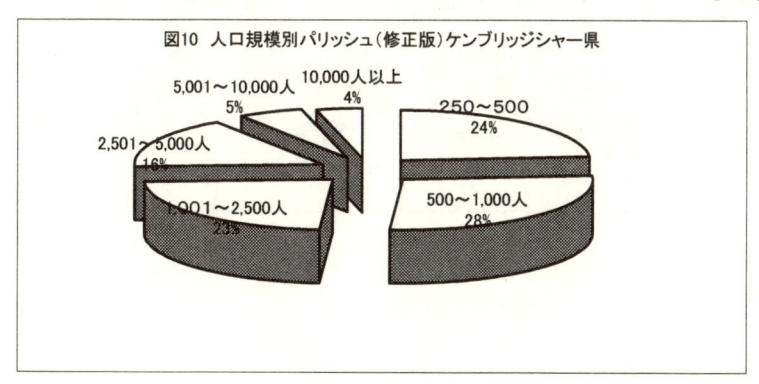

図10　人口規模別パリッシュ（修正版）ケンブリッジシャー県

- 250～500　24%
- 500～1,000人　28%
- 1,001～2,500人　23%
- 2,501～5,000人　16%
- 5,001～10,000人　5%
- 10,000人以上　4%

ところで、これらのパリッシュはどれくらいの面積をもっているのであろうか。ケンブリッジシャー県のパリッシュでみると、ハンティンドンシャー・ディストリクト（Huntingdonshire District Council）に位置するアルワルトン（Alwalton）パリッシュ（人口３１０人）のように面積が４８ヘクタールしかないというところもあれば、一方では、フェンランド・ディストリクト（Fenland District Council）にあるクライストチャーチ（Christchurch）パリッシュのように、住民が６６０人しかいないにもかかわらず、２，８４０ヘクタールの面積をもっているところもある。しかし、これらは例外中の例外であり、ほとんどのパリッシュは５００～１，０００ヘクタールの面積である（図１０参照）。

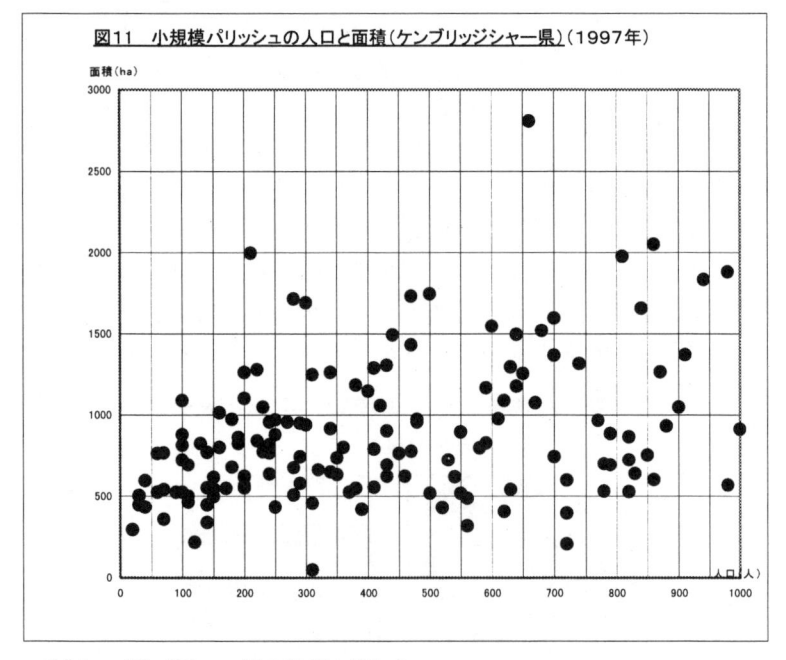

図11　小規模パリッシュの人口と面積（ケンブリッジシャー県）（1997年）

注）ケンブリッジシャー県の資料より作成

一般には、人口がある程度多いところは面積も大きいといってよい。たとえば、ラムゼイ（Ramsey）パリッシュは７，７５０人と人口が多いが、それに対応して、６，４１８ヘクタールとかなり広い面積を有している。　また、人口３，５７０人のエルム（Elm）パリッシュも５，８５３ヘクタールと、その面積を大きい。しかし、人口がもっと大きくなると、逆に面積が小さくなるという不可思議な現象がみられることもある。たとえば、ケンブリッジシャー県で人口がもっとも多いパリッシュは２５，７７０人のセント・ニーツであるが、このパリッシュが保有する面積はわずか１，０３１ヘクタールである。人口１６，０００人のセント・イヴス（St Ives）の場合も９４０ヘクタールの面積しかない。セント・イヴスよりも人口が多いハンティンドン（Huntingdon）も１８，５７０人の住民が住んでいるにもかかわらず。面積はたったの９０４ヘクタールである。

　本書で事例として取りあげることが多いカルデコート・パリッシュは人口わずか６２０人のムラであるが、その面積は４０７ヘクタールもある。しかし、これでも、同規模のパリッシュと比べると、むしろ面積が小さい方である。そのカルデコートの２倍ちょっとの面積に、セント・ニーツなどの大規模なパリッシュにおいては、３０〜４０倍の人口が住んでいるわけであるが、どうして、このような不思議な現象が生じているのであろうか。

　これは、大規模なパリッシュの多くが、１９７２年法が施行されるまで、長い間、パリッシュより格が上の"町（urban district）"であったためである。後述するように、１９７２年の地方行政法によって「市」「町」「村」が廃止され、それに代わって設立されたディストリクトに吸収されてしまったが、その法律が制定されたときの種々の駆け引きのなかで、多くの「町」がパリッシュとして生き残りをはかった結果、言い換えれば、「町」が、そのままの面積と人口をもったまま、ひとつのパリッシュとなった結果、生まれた現象であった。これらのパリッシュは"タウン"と呼ばれ、通常のパリッシュに比べて積極的に活動している。したがって、これらのパリ

ッシュは例外的なパリッシュというべきであるが、しかし、現実には、これらのパリッシュ（タウン）が、パリッシュの活動をリードしていることが多い。

2 パリッシュの議員の数

1894年法は、パリッシュの議員数は人口に応じて県議会が定めるとしていたが、5～15人の枠内で決めなければならないという条件をつけていた。しかし、1957年のパリッシュ議会法によって、上限が15人から21人に引き上げられ、その後、さらに、1975年の地方行政法（Local Government Act）によって、今度は、議員数の上限そのものが廃止された。このため、現在では、30人以上の議員を擁しているパリッシュもあるという[305]。ケンブリッジシャー県の場合は、セント・ニーツのように規模の大きなパリッシュでも18人の議員しかもっていない。

議員の最低数については、1894年法の定めがそのまま続いている。したがって、どのパリッシュも少なくとも5人以上の議員がいることになるが、実際には、恒常的に議席を空席にし、議員4人というところも少なくないようである。ただし、これはイングランドの話であり、ウェールズの場合は、議員数の上限も下限も現在は定められていない[306]。また、ウェールズでは、1974年以後、パリッシュではなく、"コミュニティ"と公式に呼ばれるようになった。このコミュニティの機能はイングランドのパリッシュと同じである。

1960年代半ばの頃は、パリッシュの実際の議員数はさほど多くはなかった。半数近くのパリッシュにおいては、議員5～7人であったが、一般には、人口が多ければ多いほど、議員数も多かった。

---

[305] Aston Business School (Aston University), *Parish and Town Councils in England : A Survey* (London: HMSO, 1992), p.26.
[306] K. P. Poole & Bryan Keith-Lucas, *Parish Government 1894-1994*, National Association of Local Councils, 1994, p.74.

議員の数はイングランドとウェールズで全部で64,000人であった。そして、議員は有権者より年輩者というのが一般にみられた現象であったが、それでも、県議会や村議会の議員に比べれば、相対的に若かった。議員の単純な平均年齢は53歳。2期8年間議員を続ける。これがパリッシュ議員の典型的な姿であった[307]。

それから20年後の1980年代になると、全国パリッシュ協会の推計によると、ひとつのパリッシュ当たりの議員数が5～20人と大幅に増えていた。議員の総数は、イングランドだけで65,000人、パリッシュ議会の数は全部で8,700もあった。

1991年のアストン大学の調査では、議会を有しているパリッシュの数は8,159に減っていたが、議員数はさらに大幅に増え、イングランドだけでも、議員の定数が71,600もあったと見積もられていた。そして、実際にも70,600人の議員が就任していたとされていた[308]。このアストン調査によれば、規模の小さなパリッシュで議員定数が5～8人、大きいところでは議席31のパリッシュもあった。

1998年発行の解説書によれば、8,000のパリッシュが議会を設置し、議員の総数は約75,000人としている[309]。

また、ハンプシャー県のパリッシュ協会が、1992年3月時点で、県内のパリッシュ議会の議員数は平均9人であると報告していた[310]。ケンブリッジシャー県の事例をみると、1997年時点で、シェプレス（Shepreth）パリッシュは7人、カルデコート・パリッシュも7人、グレートアービントン（Great Arbington）も7人であった。これらより規模の小さなヒンダーシャム（Hindersham）は5人であったが、規模の大きなパリッシュの場合は、たとえばエ

---

[307] Ibid., p.157.
[308] Aston Business School (Aston University), *Parish and Town Councils in England; A Survey*, pp.24-27.
[309] David Wilson and Chris Game, Local Government in the United Kingdom 2d ed. (Hampshire: Macmillan, 1998), p.69.
[310] Hampshire Association of Parish Councils, *Annual Report, 1992*, (Hampshire: Association of Parish Councils, 1992), p.10..

リー（Ely）パリッシュは１５人の議員を擁していた。もっと規模の大きなセント・ニーツの場合は１８人の議員であった。しかし、これらの大規模なパリッシュと比べて、はるかに小さいパリッシュでも、たとえばバッシンバーンでも１３人の議席があり、ミルトンも１５人の議員が選出されていた。

ところで、議員数が１５人であるとか、１８人であるとかいうと、パリッシュの議員はさほど多くはないという印象を与えるかもしれない。しかし、このように議員が一見少ないようにみえるのは住民の数が少ないからである。住民との対比でいえば、言い換えれば、議員１人当たりの人口数でみると、パリッシュの議員は非常に多いといわなければならない。たとえば、アストン調査によると、パリッシュの４０％強を人口５００人未満のパリッシュが占めているが、これらのパリッシュでは、平均して、４８人に１人の割合で議員が選ばれている。人口５００～１，０００人のパリッシュでも８９人に１人の割合で議員が選ばれているのである[311]。これほど多くの議員を抱えることができるのは、ひとつには、議員が名誉職で俸給をもらっていないためといってよいであろう。

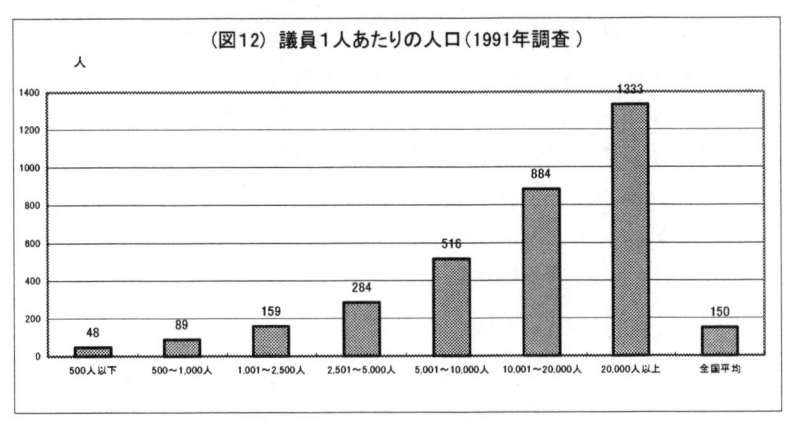

（図12）議員１人あたりの人口（1991年調査）

500人以下	500～1,000人	1,001～2,500人	2,501～5,000人	5,001～10,000人	10,001～20,000人	20,000人以上	全国平均
48	89	159	284	516	884	1333	150

資料）Aston Business School, *Parish and Town Councils in England; A Survey*, p.27

---

[311] Ibid.

しかし、議員が俸給をもらっていないのはパリッシュの議員だけではない。イギリスでは、県や市町村（ディストリクト）の議員も俸給をもらっていない。実費はもらっているとしても、また、最近はごくわずかな手当をもらっているところもあるが、実質的には名誉職である。それにもかかわらず、これらの地方団体の議員数はそれほど多くはない。日本の地方議員との対比でいっても、たとえば日本の地方議員1人あたりの人口は1996年で2,051人であったが、イギリスでは2,605人であった。同年のフランスの場合は議員1人あたりの人口は116人であり、ドイツでも250人、スエーデンで667人であった[312]。このようにイギリスの県やディストリクトの議員は、俸給をもらっていないにも拘わらず、その数は非常に少ない。しかし、これは、少なくとも、地方圏においては、パリッシュ議員がいるからであるということができそうである。県やディストリクトの議員が少なくても、住民の代表機能はパリッシュ議員が十分に果たしているため、支障がないと考えられるからである。日本の場合は、こうした基盤がない上に、地方議員数が非常に少ないのは大いに問題というべきであるが、それにもかかわらず、議員の数をもっと減らすべきであるという声が強いのはどうしたことであろうか。

3　県やディストリクトの議員との兼務

ウエスト・サセックス県にイースト・グリンステッド（East Grinstead）というパリッシュがある。このパリッシュは人口が25,691人もあり、当然、「タウン」と呼ばれている。議員は20人である。このように人口が多いのは、もともと、ここは"町"であったためである。議長は"メイヤー（市長）"という称号を与えら

---

[312] 並河信乃・竹下譲、後藤仁，『論点・地方分権』(1999年、イマジン出版)、87頁。

れており、副議長は"副市長（Deputy Mayor）"と呼ばれている。それはともかく、このパリッシュの２０人の議員のうち、９人はディストリクトの議員でもある。また、２人は、パリッシュの議員であると同時に、県の議員でもある。合計１１人のパリッシュ議員がディストリクトや県の議員を兼務しているわけであるが、パリッシュの"メイヤー"には、この１１人以外の議員、パリッシュだけの議員が就任していた[313]。この理由は定かでないが、１９９０年にハンプシャー県のサザンプトン市の調査をしたとき、当時のサザンプトン市のメイヤーが、「それまで、国会議員と県議会議員とサザンプトン市の議員とパリッシュの議員、合計４種の議員を兼務していたが、サザンプトン市のメイヤーに選ばれたため、他の議員のポストはすべて辞任した」と話していた[314]。そのことから推測すれば、このイースト・グリンステッド・パリッシュの場合も、"メイヤー"の仕事が忙しく、他の自治体の議員を兼務している者には無理なため、パリッシュだけの議員が"メイヤー"に選ばれているといえそうである。

　ケンブリッジシャー県のミルトン・パリッシュの場合、議員は１５人いるが、しかし、ディストリクトの議員を兼務しているのは１人だけである（１９９８年現在）。たった１人というのは、上述のイースト・グリンステッドに比べて、あまりにも少なすぎるようにみえる。しかし、これは、ミルトン・パリッシュの人口が４,３８０人と少なく、そもそもディストリクトの議員の割り当てが少ないからであり、別に不思議なことではない。ミルトンは１９９０年代に入ってから人口が急増したパリッシュであり、１９８６年には住民は２,０００人しかいなかったということを考えれば、これは当然のことといってよいであろう。

---

[313] East Grinstead Town Council, *The Council, Its Services and Responsibilities, 1999* (http://www.egnet.co.uk/egtc.html).
[314] １９８９年末にヒアリング調査にいったときの前市長（メイヤー）Mrs I T White の話。

同じくケンブリッジシャー県のカルデコート・パリッシュの場合は、ディストリクトの議員と兼務しているパリッシュ議員は1人もいない。これも、人口が620人と非常に少ないからであり、カルデコートは、隣のパリッシュと一緒になってディストリクトに議員を送り込んでいる。

　それでは、全国的な傾向はどうであろうか。1966年時点では、14％のパリッシュ議員が村議会議員を兼務していた。村議会議員の約半数がパリッシュの議員でもあったわけである。また、2％のパリッシュ議員が県議会議員を兼ねていた[315]。しかし、それから20数年後の1991年のアストン調査の結果をみると、パリッシュ議員でディストリクトや県の議員を兼務しているものはわずか6％になっていた。

　このように大幅に兼務議員が減少したのは、1974年にそれまでの町や村を統合してディストリクトにするという改組があり、その結果、ディストリクトの議員数が大幅に減ったからである。1960年代の頃は、村議会議員だけで13,000人、そのほかに12,000人を越える町議会議員や市議会議員が選出されていた。それが1974年の改革によって、約11,000人のディストリクト議員だけになってしまい[316]、そのために、議員を兼務する者が大幅に減ったのであった。

　とはいっても、規模の大きなパリッシュに限っていえば、アストン調査の結果でも、パリッシュの議員でディストリクトの議員を兼ねているものが結構いた。たとえば、人口10,000人以上のパリッシュに限定すれば、26％の議員がディストリクトの議員でもあった。また、少なくとも1人のディストリクトの議員がいるという

---

[315] John Beck, *Parish Councils and Their Representative Associations* (unpublished Ph D Thethis, University of Kent at Canterbury, 1971), quoted in Aston Business School (Aston University), *Parish and Town Councils in England : A Survey,* p.29.

[316] F. W. S. Craig, edited, *British Electoral Facts 1832-1987,* Parliamentary *Research Services,* 1989,pp.135-136 より計算。

パリッシュの議会は多かった。人口１０，０００人以上のパリッシュの場合は、すべてのパリッシュ議会にディストリクト議員がおり、人口２，５００人以上のパリッシュでも、７５％のパリッシュ議会に１人以上のディストリクト議員がいた。人口５００人以下の小さなパリッシュの場合でも、パリッシュ議員がディストリクトを兼ねているものが全くいないというわけではなかった。わずか２％ではあったが、パリッシュの議員がディストリクト議員も兼ねていたし、また、パリッシュ議員のなかにディストリクト議員がいるというパリッシュ議会は１１％もあった[317]。

　このような議員の兼務は、パリッシュの意見をディストリクトや県の議会で直接表明することができるというメリットがあった。言い換えれば、ディストリクトや県の意志決定になにがしかの影響を及ぼすことができるというメリットがあった。とくに、その議員がディストリクトや県の議会で委員会の委員長になるなど、幹部クラスの議員になっている場合には、当該のパリッシュの影響力ははかり知れないといわれていた。ただし、これは当該パリッシュが特別の利権を与えられるというにことではなく、そのパリッシュの住民の意向がディストリクトや県の政策や行政に反映されやすくなるということを意味するだけである。また、こうした兼務議員がディストリクトや県の幹部級の議員になっている場合には、必然的に、近隣のパリッシュ議会からも頼りにされ、その地域全体の世論の代弁者になっていくとのことであった。もっとも、パリッシュとディストリクトが不和になった場合に、これらの兼務者がどちらに忠誠を尽くすかという問題が時には起こるそうであるが……。

---

[317] Aston Business School (Aston University), *Parish and Town Councils in England : A Survey*, p.29.

4 議会の開催と委員会の活用

　パリッシュ議会の開催は、パリッシュによってばらばらである。1972年法は、年に4回はパリッシュ議会を開催するべきであると定めているが、それを満たしていないところもあるといわれている[318]。ケンブリッジシャー県の状況をみても、年4回という要請は満たしているものの、それほど頻繁には議会を開いていないところがいくつかある。たとえば、グレートアービントン (Great Arbington) パリッシュは2ヶ月に1度しか議会を開いていない。ヒンダーシャム (Hindersham) パリッシュもそうである。また、シェプレス (Shepreth) パリッシュは6週間に一度の割合で議会を開いているだけである。人口が25,000人を超すセント・ニーツ・パリッシュも5週間に1度しか議会を開いていない。ただし、これは例外的で、ほとんどのパリッシュは月に1度は議会を開いている。また、議会を6週間に一度とか、2ヶ月に1度しか開催していないところでも、委員会はかなり頻繁に開催しているというパリッシュが多い。

　たとえば、セント・ニーツの場合、議会の開催は5週に1度であるが、ほかに財政委員会と総務委員会と環境委員会が定期的に開かれており、また、問題が起きたときには随時、臨時委員会が開かれている。

　中規模のパリッシュであるミルトン・パリッシュも、計画委員会と財政委員会、交通輸送委員会、貸農地・墓地委員会、青年委員会などの委員会が開催されている。1998年から1999年にかけてのミルトン・パリッシュの議会と委員会の開催をみると、次のようであった。

---

[318] John Beck, *Parish Councils and Their Representative Associations* によると、1960年代の状況であるが、10分の1のパリッシュは年4回議会を開くという要請を満たしていなかった。参照、K. P. Poole & Bryan Keith-Lucas, *Parish Government 1894-1994*, p.173.

開催年月	本会議・委員会
1998年5月	議会本会議
	財政委員会
6月	議会本会議
	特別委員会
	計画委員会
	議会本会議
7月	青年委員会
	財政委員会
9月	議会本会議
	計画委員会
10月	議会本会議
	計画委員会
	財政委員会
11月	議会本会議
	計画委員会
12月	議会本会議
	計画委員会
1999年1月	議会本会議
	計画委員会
2月	議会本会議
	計画委員会
3月	議会本会議
	計画委員会
	行事委員会
	青年委員会
4月	議会本会議
	財政委員会
	計画委員会
	（住民総会）
1999年5月	議会本会議
	計画委員会
	交通輸送委員会
6月	議会本会議
	計画委員会
	貸農地委員会
	墓地委員会

これをみれば、実質的には、議会が頻繁に行われているということが理解できるであろう。こうした会議がはじまる時間は、ミルトン・パリッシュでは、ほとんどの場合、午後7時である。会議はあらかじめ議員に郵送された議題にしたがって進められる。これらの議題を準備するのはパリッシュの職員である。

本会議は、議長の司会のもとに、書記官が種々のことを説明するという形で進められた。まず、書記官がバス待合所の建設に関するバス会社との交渉の経緯を説明。次いで、法律違反の医療廃棄物があったこと、それに書記官がどのように対応したかを説明。さらに、道路名を書いた標識をどこに立てたか、ゴミ箱をどこに設置したかの報告をし、それから貸農地用のポンプをどうするか、保存地域の保護をどうするか、等々を説明。それにもとづいて、議員がポンプの設置について、そして、保存地域の保護について議論したというのが、この日の前半の会議であった。

その後、計画委員会が報告をし、それにもとづいて、議員の議論（審議）が行われたが、このときも、書記官が計画委員会の委員長の補佐をして説明にあたっていた。そして、この計画委員会

の決定や行動を追認するかどうかを審議した後、委員会開催後に、新しくディストリクトから提示のあった事項、すなわち開発許可や建築許可の申請があった事例についてミルトン・パリッシュはどう考えるかというディストリクトからの相談に、ミルトン・パリッシュとしてどのように返答するかの審議をした。この種の審議は、紛糾し時間がかかることが多いが、この日はあまり問題がなく、数十分の議論で、開発や建築に同意するという結論になった。

続いて、パリッシュを取り巻く諸々の状況についてフリー・トーキングで議論したが、このときも説明役は書記官であった。書記官が全く関係しなかったのは、書記官の給料をどうするかを決めた時間帯だけであった。そして、書記官には週１７時間分の給料を１時間７ポンド４８ペンスの割合で払うということが決められた。年俸６，６１２ポンド、１９９９年１２月現在の為替レイトで換算すると、約１１２万４千円ということになる。この後、県議会議員を兼ねている議員とディストリクトの議員を兼ねている議員から、それぞれ県とディストリクトの動向について説明があった後、夜９時３５分に閉会した。議会が開催されたのは、コミュニティ・ホールであった……[319]。

議会や委員会が開催されるのは、このミルトン・パリッシュのように、コミュニティ・ホールや小学校、それも小さなムラの小学校であるということが多い。カルデコート・パリッシュの場合も、一時期、酒場（パブ）で開いたこともあったが、最近は、ほとんどの場合、小学校である。パブでのムラ人の会合の開催はイギリスの古い伝統であったが、パリッシュ議会が設立されてしばらくたってから、パブでの会議の開催は法律で禁止されるようになった。しかし、パブで開きたいという要望が根強く続き、結局、１９７２年法によって再びパブ（ただし免許を受けたパブ）でパリッシュ議会や住民

---

[319] Milton Parish Council, *Minutes of the Meeting of Milton Parish Council*, February 1, 1999.

総会を開いてもよいということになった[320]。また、昔のように、教会で議会を開いているところもある。

　もっとも、規模の大きなパリッシュ、とくに以前は"町"であったようなパリッシュは自前のオフィスあるいはタウンホールをもっているところが多い。セント・ニーツも立派なホールをもっており、議会はもちろんそこで開かれている。

　上述のように、ケンブリッジシャー県のパリッシュ議会は、本会議だけではなく、委員会を開いているところが多い。しかし、カルデコート・パリッシュは委員会をもっていない。議会の本会議ですべて決めているわけであり、このため、開発や住宅建設で何か問題が起こると、あるいは、環境問題などが起こると、すぐに臨時議会が開催される。全国的に、人口1,000人以下の小さなパリッシュの場合は、このカルデコートと同じようなところが多い。たとえばアストン調査によれば、501～1,000人のパリッシュで委員会をもっているところは、35％しかなかった。これに対して、1,000～2,500人のパリッシュになると、60％が委員会を設置しており、それ以上のパリッシュになると、ほとんどすべてのパリッシュが委員会を活用していた。これは、規模が大きいパリッシュは、いろいろな問題が発生するため、委員会システムを採用し、分業体制を採らざるを得ないということを意味するのであろうか。

5　書記官の働き

　書記官はパリッシュの死活を制するほどの働きをしているといってよいが、そのほとんどはパートタイムである。常勤の職員として働いているのはわずかである。最近のパリッシュでは、書記官の多くは女性であり、定年退職をした男性もかなりいるという。ただし、規模の大きなパリッシュでは、常勤の書記官を抱えているところが

---

[320] K. P. Poole & Bryan Keith-Lucas, *Parish Government 1894-1994*, p.68.

多い。これらの書記官の多くは男性である[321]。

　書記官の仕事がどれだけ大変なものか。アンダーソン（J. H. A. Anderson）という人物が人口５，５００人のパリッシュで１か月間のパートタイムの書記官として勤めたときの様子を説明している。１９６６年の全国パリッシュ協会の機関誌"レヴュー"に掲載されたもので相当古い事例といえるが、現在とそれほど変わっていないようである。事実、１９９４年時点でも、これをその時点にも通用する適切な事例として、全国パリッシュ協会が引用している。ちょっと長くなるが、それを引用してみたい。

　「委員会は４回開かれた。該当委員会、運動場委員会、財政・総務委員会、危機管理委員会であった。月に１度開かれるパリッシュ議会の本会議では２８の案件があった。審議が終了した後、書記官（アンダーソン）に６０通の手紙を書くという仕事が回ってきた。これはいつもの月よりも多いということであったが、だぶっているものもいくつかあった。また、議事録をつくらなければならなかった。審議案件（アジェンダ）を各議員に送付するという仕事もあった。緑地帯と球技場の草刈りをしてくれたパートタイマーに支払いをし、帳簿のチェックをし、電力会社に街灯の電球が切れていることを知らせ、便せん・封筒類を注文し、パリッシュガイドを送付し、手紙類も整理しなければならなかった。

　私が勤務したのは２８日間であるが、この間に、３５時間３３分をパリッシュの仕事に費やした。しかし、この時間だけで完全にパリッシュの仕事が処理できたわけではなかった。ほかの時間帯にも、パリッシュのことを考えなければならなかった。議会の会議に費やしたのはわずか６時間１５分であった。しかし、都市計画に関連する交渉には７時間も使った。議員や住民、関係機関

---

[321] Aston Business School (Aston University), *Parish and Town Councils in England : A Survey*, p.66.

などいろいろなところに、合計５５回の伝達事項を送付したが、このうち３０回は議会開催の通知と審議案件（アジェンダ）の通知であった。残りの２５回は、財政事項、街灯、運動場の開設計画、小道および道路の補修、保険、小道の閉鎖、ホテルの施設改善の要請、草刈り機の補修の通知などであった。また、３１通の手紙を受け取り、電話を９回かけ、１０回受け取った。私の住まいと仕事場はパリッシュの中心部にあった。このため、パリッシュの議員や関係者は、合計４０回も、いろいろなことを問い合わせにきた。それらの用件のなかには１５分もかかるものもあった。最高の日には６人も訪ねてきた。しかも、問い合わせる事柄は全く別であった。

　私の業務内容は様々であり、その中には緊急を要するものも少なくなかった。たとえば、強風で駐車場の木が倒れたときには、その木を片づけてくれるパートタイマーを至急捜す必要があった。また、道路脇の鉄製の塀が傾き、通行人や車が危険であるという通知があったときには、夕方ではあったが、すぐに見に行かなければならなかった。保険のエージェント人には店舗の正確な住所を教えなければならず、地名を示している標識がなくなっているという住民の苦情があれば、それを処理するのも私の仕事であった。

　公衆便所の窓が壊れていれば、直さなければならず、トラックの積み荷がよくこぼれる道路の急カーブについても何とかしなければならなかった。ある日曜日の午後、その日は寒くて雨が降っていたが、道路監視官と警察官に同行して、道路にまたがっている鉄橋を見に行った。この鉄橋が危ないとパリッシュ議会で問題になったのである。３人は寒さに震えながら、１時間以上も見て回り、話し合った」[322]。

---

[322] K. P. Poole & Bryan Keith-Lucas, *Parish Government 1894-1994*, pp.168-169.

１９９１年のアストン調査も、書記官を"何でも屋"であるとしているが、とりわけ、議会の事務局として審議案件を送付したり、議事録をとったり、議会を代表して他の機関と交渉したりする事が多いとしていた。ほかにも、書記官はたくさんの仕事をこなしており、しかも、パリッシュの規模が大きくなればなるほど、その仕事が多い。

　書記官の仕事は、このように、多種多様である。とくに規模の大きなパリッシュ議会の書記官の仕事は多種多様であるが、書記官には、このほかに、もっと重要な任務があるといわれている。パリッシュ議会の継続性を保つという任務がそれである。パリッシュ議会の構成メンバーは、選挙で入れ替わり、また、コオプションで入れ替わる。これらの議員のなかには、自分ではすばらしいアイデアだと思っている発想をもち、それを何とか実現しようと躍起になる議員もいる。しかも、それが、パリッシュの権限を越えるものであったり、以前に試みて失敗したものであったりする。それを説明し、これまでの失敗の上に立って、前進をはかっていくというのも、書記官の重要な仕事である。たとえば横断歩道橋をつくる権限はパリッシュ議会にはなく、パリッシュ議会にできるのは交通当局を説得することだけという説明もしなければならない。

表11　書記官の仕事（パリッシュの規模別）

	全パリッシュ	人口500人以下	501～1,000人	1,001～2,500人	2,501～5,000人	5,001～10,000人	10,001～20,000人	20,000人以上
議会事務局	%	%	%	%	%	%	%	%
議事録作成	99	99	99	100	100	96	94	94
議案作成	99	98	99	99	100	100	96	94
他機関と交渉	100	99	9	100	100	100	96	96
議員への助言								
権限について	82	71	81	84	92	100	98	96
地域の問題	78	71	74	77	86	90	96	96
財政業務								
会計事務	94	96	94	96	98	96	92	89
施設管理								
レジャー施設	23	9	14	25	55	69	52	53
貸農地	26	8	19	28	55	71	62	62
墓地	17	8	13	16	37	51	42	36
情報提供								
住民への情報	88	78	88	87	96	100	100	94
その他								
集会への出席	29	20	29	33	45	53	40	19
調査	14	7	19	18	22	10	28	11
新聞発行	7	6	5	7	9	16	0	4
サービス発案	19	12	19	22	31	45	44	47

資料）Aston Business School, *Parish and Town Councils in England ; Survey*, p.65

　こうした書記官でありながら、パートタイムの職員として勤務している人があまりにも多いというのが現状である。しかも、給料も一般に非常に低い。１９７０年に全国パリッシュ協会が書記官の給与を調査したことがあるが、それによると、調査した６８４のパリッシュのうち、年１,０００ポンド以上の給料をもらっていたのは、２つのパリッシュだけであった。そのパリッシュはいずれも人口３,０００人以上であった。これに比べれば、前述のミルトン・パリッシュの給料は法外に高いともいえる。多くの書記官は無料で、あるいは、わずかな謝金で、しかも、切手代や交通費に使ったお金を必ず弁済されるという保証はなく、仕事をしている[323]。

　しかし、１９７２年の地方行政法によって地方制度が改変され、それまで"村"であったところはもちろんのこと、「町」や「市」で

---

[323] Ibid., p.171.

あったところも統合されて1974年にディストリクトの一部になった。このとき、多くの「町」や「市」がパリッシュとして存命をはかったために、非常に規模の大きいパリッシュが出現した。ケンブリッジシャー県のセント・ニーツも、ウエスト・サセックス県のイースト・グリンステッドも、このときにパリッシュになった「町」であったが、このような規模の大きなパリッシュでは、その業務も複雑で、書記官をパートタイムにするというわけにはいかなかった。常勤の、しかも、専門的な知識をもった書記官を配置する必要があり、その結果、常勤書記官の数は飛躍的に増大した。たとえば、1972年にすでに45のパリッシュに常勤の書記官がおり、これらの中核になる人々が集まってパリッシュ書記官組合（Society of Local Council Clerk）も結成していた。1974年に、1972年法が実施され、地方制度が実際に改変されると、この組合の会員は急増し、2,300人の組合になったという。そして、この組合と全国パリッシュ協会が話し合い、1979年に、書記官の給料を毎年見直すということになった。この見直しを繰り返した結果、1992年には、人口25,000人以上のパリッシュの場合、常勤書記官の給料は、22,821〜25,539ポンドの基本給、それに加えて、管轄する職員の数に応じて最高4,044ポンドまで加算されるということになった[324]。当時の国家公務員の給料と比較すると、これは一般管理職の一番下、すなわち（日本の省庁の係長クラスに相当すると思われる）第7等級の官僚より少し低いという給料であった[325]。

とはいっても、こういう給料を実際にもらっているのは、「タウン」と呼ばれているようなパリッシュの書記官だけである。人口1,000人以下というような普通のパリッシュの書記官は、いまだに、

---

[324] Ibid., p.172.
[325] 1993年度の国家公務員の給料は、トップ（事務次官）クラスで90,000ポンド、第5等級（課長クラス）で36,000ポンドであった（いずれも最低額）。参照、Cabinet Office, *The Civil Service Year Book, 1994* (London: HMSO, 1994), xii-xviii.

ほとんどがパートタイムの職員であり、給料もほとんどもらっていない。アストン調査をみても、９０％のパリッシュが常勤の書記官に給料を払っていたが、その常勤の書記官をもっているパリッシュは７％にすぎなかった。そして、パートタイムの書記官に払っている給料は、平均額でたったの１，５００ポンドであった。しかも、半分近くのパリッシュは給料を払っておらず、給料を払っているところでも、年額で５００ポンド（約９万円）以下の給料というところが非常に多かった[326]。

あるパリッシュでは、１９９４年にパートタイムの書記官の給料を倍額に増額したが、倍額といっても、わずか４ポンド（約７００円）になっただけであった。しかも、それは年俸であった[327]。

パリッシュのなかには、書記官以外に、何人かの職員を採用しているところもある。とくに、大きなパリッシュには、そういうところが多い。たとえば、セント・ニーツ・パリッシュには書記官を含めて３人の職員がいる。書記官以外の職員は、会計担当とレジャー担当の職員である。また、エリー・パリッシュには書記官以外にもう一人の職員がいる。そして、両パリッシュともに、墓地管理者や公園の整備員、公共施設の管理人など、何人かのパートタイムの職員を、このほかに抱えている。しかし、小さな（普通の）パリッシュでは、そのような余裕がなく、議員が自分たちで、そうした仕事をするというパリッシュもかなりある。施設の周りの草刈りを、議員がローテーションを組んで行ったり、診療所を作るために、議員が募金を行ったりしているわけである。新聞を出したり、情報誌を出したりする仕事も、議員がボランティアでしていることが多い。カルデコートの議員などは、この典型的な事例である。

最近は、他の団体に補助金を出してホールの管理をしたり、街灯サービスを請け負わしたり、草刈りをしてもらったりしているパリ

---

[326] Aston Business School (Aston University), *Parish and Town Councils in England : A Survey*, p.67.
[327] The Times, 8 December 1994.

ッシュが少なくないといわれているが、パリッシュの本質はボランティア活動にあるというべきであろう。

6 議会と住民の参加

　パリッシュ議会の本会議や委員会を見学にいくと、傍聴者が何人かいることが多い。とくに、開発許可や建築許可の申請に対して、パリッシュはどのように対応するか、開発に賛成するか反対するかなどを決めるときには、傍聴者が多いようである。最終的にその許可をするディストリクトの担当者やディストリクトの議員が説明にきているときには、傍聴者はさらに多くなるといわれている。また、パリッシュ税を新たに徴収するとか、増額しようというような決議をするときも、住民の関心を引きつけ、傍聴者が多くなるようである。
　議会に傍聴者がいるということは、われわれ日本人にとって、それほど不思議なことではない。しかし、パリッシュの傍聴者のなかには、すべてではないが、議会の本会議や委員会で発言するものがかなりいる。これには、ほとんどの日本人が驚くのではなかろうか。しかも、これらの発言は違反ではなく、議長によって制止されることはない。それどころか、傍聴者の発言が正式に認められているところが多く、また、傍聴者の発言タイムを定めているパリッシュも多い。
　たとえば、ケンブリッジシャー県のミルトン・パリッシュの本会議は、毎月、最初の月曜日の夜7時から本会議が開かれることに決まっているが、この会議はオープンになっている。オープンというのは、有権者は誰でも自由に参加することができ、議長に発言を求めることができるということである。議長が住民の発言を許可しなかったことは、今まで一度もないという。もちろん、委員会もオープンである。委員会の開催日、そして、審議事項の内容についてはあらかじめ告知板に掲示される。

大規模なパリッシュであるセント・ニーツ・パリッシュも住民の参加を認めている。議長の許可が必要であるが、住民は発言をし、質問もすることができる。エリー・パリッシュも同じであり、このパリッシュでは、議会が住民の発言を認めないこともあり得るが、原則的には、発言できることになっている。
　ウエスト・サセックス県のイースト・グリンステッド・パリッシュの場合は、本会議では３０分間、委員会では１５分間の住民の発言時間を設けている。この時間帯であれば、住民は自由に発言し、質問をすることができるわけである。しかも、住民が議会に参加しやすいように、会議の開始時間を遅らせ、最近では７時４５分から会議が始まることになっているという。また、住民の参加者には、議員と同じ資料を配付し、質問や発言がしやすいようにしている。
　また、これは、県やディストリクトでも同じであるが、パリッシュには議会があるだけである。パリッシュのなかには"メイヤー"がいるところもあるが、このメイヤーは日本の市長や村長のような存在ではない。パリッシュでは、議会が唯一の統治機関であり、本会議もしくは委員会ですべての意志決定が行われている。そして、イースト・グリンステッド・パリッシュでは、このような本会議や委員会が１年間に６０回も開催され、そこに、住民は自由に参加することができるのである。イースト・グリンステッドでは、議会や委員会に出席した住民は、議員と同じように、審議に参加することも認められている。しかも、その審議はお座なりのものではない。たとえば計画委員会では、開発や建物の建築・改築に関して、パリッシュとして、それを是認するか、それとも拒絶するべきかを、十分な時間をかけて議論し、その後に結論を出し、それをディストリクトに報告している。そして、ディストリクトはパリッシュ議会や計画委員会の結論を十分に重んじているようである。となれば、住民はパリッシュ議会で議論すれば、その意向がディストリクトにまで影響を及ぼせるわけであり、そうであれば、パリッシュの議会や委員会に参加するようになっていくのは必然といってよいであろう。

事実、イースト・グリンステッドでは、パリッシュ議会への参加者が次第に増えるようになってきたといわれている。しかし、それに伴って、一つの問題が発生するようになった。年に1度開かれる住民総会に出席する住民が少なくなったという問題である。これは、良き傾向か、あるいは悪しき傾向か、判断しにくいところであるが、イースト・グリンステッドのメイヤー（議長）は次のように議員に忠告している。

「住民総会の実際の重要性が小さくなってきたことは確かである。しかし、われわれ議員は、住民総会の意義を十分に理解し、意識していなくてはならない」[328]。

小規模なパリッシュの場合も、かなりのところが、議会を住民にオープンにしている。たとえば、人口200人のヒンダーシャム（Hindersham）パリッシュは、議員5人の議会であるが、住民は議会に自由に参加し、発言・質問できることになっている。そして、議会の開催時間も遅く、夜の7時半はじまりである。一方、カルデコート・パリッシュの場合は、原則的には、議会を住民にオープンしていない。住民は、日本の地方議会と同じように、傍聴はできるが、発言権はない。その代わり、カルデコート・パリッシュの場合は、住民総会や住民集会が、問題が発生するごとに開かれている。そして、ときには例外的に、議会に住民の参加を認めることもある。というよりも、議会と住民参加を同じ場所で同時に開くこともある。そこでは、議会と住民参加が入り交じって行われるため、住民が発言できることはいうまでもない。このようなときは、採決は取られず後に、改めて議会が開かれているようであるが、議会が住民集会の趨勢を無視できないのはもちろんである。このカルデコートのよ

---

[328] 1998年5月11日の本会議におけるメイヤー（Paul Johnson）の演説（EastGrinsteadTownCouncil, Town Mayor's Report）。

うな住民参加の方法も、少なくとも日本の自治体には参考になる事例ということができるであろう。

1991年のアストン調査では、50％のパリッシュ議会が、住民に発言権を認めているとしていた[329]。しかし、1987年に実施された別の調査では、3分の2のパリッシュ議会が住民に発言権を認めていたという結果がでている[330]。いずれにしても、多くのパリッシュ議会が会議を住民にオープンしていることは確かである。

なお、全国パリッシュ協会は、議会を住民にオープンしているのはパリッシュ議会だけであると説明しているが、ミッド・サセックス・ディストリクト（**Mid Sussex District**）のように、ディストリクトのなかにも議会をオープンしているところがある[331]。しかし、パリッシュ議会の場合は、非常に多くの議会がオープンしている。このことからいえば、議会のオープンは、全国パリッシュ協会がいうように、パリッシュ議会の特徴とすることもできる。

---

[329] Aston Business School (Aston University), *Parish and Town Councils in England : A Survey*, p.32.
[330] K. P. Poole & Bryan Keith-Lucas, *Parish Government 1894-1994*, p.176.
[331] ミッド・サセックス・ディストリクトはすべての委員会でディストリクト、住民は自由に質問できるように、15分間の時間が割り当てられている。ただし、質問だけであり、議員と意見を戦わせるということはできない。なお、委員会がはじまる時間は午後7時である。

第8章 大ロンドンの創設とパリッシュ

1 ロンドンの膨張

　1888年のロンドン県議会（LCC）の創設および1899年の首都区の創設により、ロンドンの行政体制は、一応、確立された。これに伴い、この区域内のパリッシュは消滅してしまった。このことは前述したが、これでロンドンは落ち着いたわけではなかった。それどころか、ロンドン県の発足当初から、大きな問題が内蔵されていた。ロンドン県の創設以後も、ロンドンの市街地が膨張し続け、ロンドン県とロンドンの市街地がすぐに整合しなくなっていたというのが、その問題であった。市街地が膨張するに伴い、ロンドン県の周辺部の人口が1891～1901年の10年間に約65万人、次の10年間にも約70万人という状況で増えていた。その後も、周辺部の人口は増え続け、1930年代にはいると、周辺部の人口のほうがロンドン県の人口を上まわるというようになってしまった。

　こうした状況のもとで、1910年代の頃から、ロンドン県の区域の拡大が論議されはじめていた。その先鞭をつけたのはロンドン進歩党（自由党）であった。保守党の政治組織であったロンドン市政協会はロンドン県の区域拡大に反対していたが、しかし、保守党が多数を占めるロンドン県議会は、事務処理の必要性などから、ロンドン県と周辺部の統合を主張していた。ロンドン県は、1919年になると、中央政府に対して、ロンドンの統合を正式に要請したほどであった[332]。

　また、1913年に創設され、1919年の選挙ではロンドン県議会の15議席を獲得するところまで成長していたロンドン労働党

---

[332] Ken Young and Patricia L. Garside, *Metropolitan London; Politics and Urban Change 1937-1981* (London: Edward Arnold, 1982), pp.117-132.

も、ロンドン県の区域拡大に積極的であった[333]。

これらの各政党の要請を受けた中央政府は何らかの対応をせざるを得なくなり、結局、アルスウォーター（V. Ulswater）を委員長とする王立委員会を１９２１年に設置した。この委員会でロンドンの膨張に対応したロンドン県の区域拡大を検討してもらおうとしたわけである。これは、当時の中央政府の考え方からいえば、実質的にロンドンの市街地となっている地域を統合してロンドンというひとつの区域とし、それを管轄する新しい地方自治体を創設するということを意味していた。

これは、パリッシュの立場からいえば、ロンドン全域を管轄する新しい地方自治体が創設されれば、ロンドン周辺部にあるパリッシュがなくなってしまうということを意味するものであったが、これらのパリッシュは別に何の反応も示さなかった。

しかし、ロンドン県に隣接する県は、すべての県が猛烈に反発した。これら隣接部の諸県は、少なくともその行政区域の一部をロンドンの新しい地方自治体に吸収されてしまうことになるからであった。また、新しいロンドンの自治体に、それこそすべての区域が吸収されてしまうことになる特別市も強く反発した。しかも、アルスウォーター委員会のなかには、これらの隣接県や特別市の反発に同調するものが少なくなかった。

一方、アルスウォーター委員会の進歩党（自由党）系の委員や労働党系の委員は、新しい広域行政対の創設に固執していた。このためアルスウォーター委員会の審議は難航し、なかなか審議をまとめることができなかった。結局、アルスウォーター委員会は２年間にわたって審議を重ねたものの、意見をまとめることができず最終的には、多数意見に少数意見を併記するという形で１９２３年に答申

---

[333] Frank Smallwood, *Greater London ; The Politics of Metropolitan Reform* (London: The Bobbs-Merill Company. Inc., 1965), pp.131-132.

した。多数意見は「いかなる区域変更も必要でない」[334]という

表12　ロンドンの人口の推移（1891－1971）　　（単位；千人）

	シティ	ロンドン県	周辺部	大ロンドン
1891	38	4,228	1,410	5,638
1901	27	4,536	2,050	6,586
1911	20	4,522	2,734	7,256
1921	14	4,485	3,003	7,488
1931	11	4,397	3,819	8,216
1939	9	4,013	4,715	8,728
1951	5	3,348	5,000	8,348
1961	5	3,200	4,983	8,183
1971	4	2,772	4,680	7,452

資料) Ken Young and Patricial L. Garside, *Metropolitan London; Politics and Urban Change 1837-1981*, (London: Edward Arnold,1982), p.342

もの、現状維持で良いというものであった。

　こうして、ロンドンの地方制度は、1920年代・30年代を通じて、何の変更もされずに、問題を抱えたまま、推移した。しかし、1940年代にはいると、いわゆる"特別市問題"が表面化するようになってきた。特別市（County Borough Council）となるのに十分な資格を備えた都市が増大し、特別市にしてほしいという運動、いわゆる特別市昇格運動を展開するところが増えてきたのである。

　特別市というのは、「県」と対等の地位をもつと同時に、「市町村」の地位ももつという一層制の自治体であった。特別市になるということは「県」から独立するということを意味した。したがって、こういう特別市になりたいという都市の増大は、県にとっては悩みの

---

[334] Ken Young and Patricia L. Garside, *Metropolitan London*, p.138.
　なお、この委員会の少数意見は、主張を直接公選で選ぶという大ロンドン庁（Greater London Authority）を設置するべきであるというものであった。これは、進歩党（自由党）の支持者である委員、および、労働党の国会議員であった委員によって提唱されたものであった。このときは、全くの少数意見であったが、1999年に労働党のブレア政権のもとで、これと同趣旨の構想が提唱され、2000年から大ロンドン庁（Greater London Authority）として発足するのは興味深い。

種であったが、そういう都市がロンドン県に隣接する諸県のなかで非常な勢いで増えてきたのであった。

特別市問題がとりわけ深刻であったのはミドルセックス県とエセックス県であり、この２つの県は特別市昇格に強硬に反対していた。たとえばミドルセックス県の場合、１９４０年時点で、県内の２６市町村のうち、１０市が特別市になるのに十分な人口を有していた。そして、これらの都市が特別市に昇格すれば、県そのものが崩壊しかねない状態であった[335]。エセックス県の場合もほぼ同じであった。

こうして、特別市問題にいかに対処するか、ひいてはロンドンの行政体制を如何にするかということが大きな問題となったが、しかし、第二次世界大戦がはじまったため、この問題はしばらく留保された。戦後の最初の総選挙が１９５４年に行われ、労働党が圧倒的勝利で政権を獲得した。しかし、この労働党政府は、特別市問題に関しては、何も対応策を示さなかった。もっとも、労働党がロンドンの一体性の必要性を主張していたことは確かであった。たとえば１９４４年の労働党の声明文「地方自治の前途」のなかでも、「ロンドン圏内には地方自治体が乱立しすぎている」とし、広域行政体の創設を打ち出していた[336]。このことからいえば、労働党政府は、ミドルセックス県やエセックス県などのロンドン周辺部の都市を特別市にすることには、おそらく、反対であった。そのために、特別市問題に対する対応策を示さなかったともいえた。

とはいっても、労働党はロンドンの一体性を、言い換えれば実質的なロンドン全域を包括する「広域行政体」の創設をなぜ正面から打ち出さなかったのであろうか。おそらく、１９３４年以来、ロンドン県の政権を労働党が握ってきたというのが、その理由であったといってよいであろう。広域行政体の創設は、労働党政権下のロン

---

[335] *Frank Smallwood, Greater* London ; *The Politics of Metropolitan Reform*, p.71.
[336] The Labour Party, *The Future of Local Government* (London: The Labour Party, 1944), p.11.

ドン県を廃止に導くものであり、労働党としては慎重にならざるを得なかったわけである[337]。

かくして、特別市の問題は、何らの解決を見ないまま、1951年の総選挙で、労働党が敗北した。そして、保守党が政権を奪還した。当時の保守党は、少なくとも考え方としては、広域行政体の創設に反対であった。たとえば、1949年には、次のように保守党の姿勢を表明していた。

「地方自治体は地方的なものであるべきである。また、地方自治体は"政府（government）"として位置づけられなければならない。これが保守党の支配的な考え方である。地方自治体は、第一に、住民の手の届く規模のものでなければならず、第二に、適切な独自の行政権限をもつものでなければならない。……したがって、われわれ保守党の見解は、社会主義のそれとは完全に異なるものである」[338]。

保守党のこのような分権主義からいえば、特別市の問題もミドルセックス県の問題として、あるいは、エセックス県の独自の問題として処理するという意向をもっていた、とも考えられる。しかし、特別市の問題は県の存在そのものに影響を及ぼす問題であった。すなわち、特別市の昇格を認めれば、県の崩壊につながりかねないという問題であり、安易に分権主義を貫くことは危険であった。このため、保守党政府も、当初は、特別市昇格を否定するだけで、積極的な対応策を打ち出すことはできなかった。ところが、1950年

---

[337] これに加えて、労働党のなかの意志が統一されていなかったということも影響していたといわれている。「地方自治の前途」そのものも、労働党内での大論争の末に、採用されたものであった。「広域行政体」に対する反対勢力が労働党内では強く、労働党政府としても、思い切った行動を取ることができなかったのである。参照、Frank Smallwood, *Greater London ; The Politics of Metropolitan Reform*, pp.133-134.

[338] Conservative Party, *Local Government Elections Handbook* (London: Conservative and Unionist Central office, Spring 1949),p.2

代の後半期になると、特別市昇格を要請する都市の声がますます大きくなり、消極的な対応策ではごまかしきることができなくなってきた。保守党政権としても、何らかの姿勢を示す必要があった。

2 ハーバート委員会の設置

かくして、保守党政府は、王立委員会を設置し、その委員会にロンドン全体の行政機構を検討してもらうということにした。１９５７年７月、時の担当大臣であったヘンリー・ブルック（Henry Brooke）は、次のように政府の決断を表明していた。

> 「ミドルセックス県の行政機構はどうあるべきか。これは、大ロンドン全体との関連を抜きにして決定することはできない。大ロンドンは一体的なものとして検討することが必要である。……女王陛下は大ロンドン地域における地方行政機構とその機能を調査するための王立委員会を設置するべきであるという首相の要請を快く認めてくれた。ここに、それを報告する…」[339]。

要するに、大ロンドン全体の行政機構を検討することによって、特別市問題を解決しようとしたのであった。言い換えれば、この時点で、特別市に昇格したいという都市の希望は完全につぶされてしまい、それに代わって、大ロンドン全体を統括する行政体を設けるべきか否かが問題として検討されることになった。

王立委員会は、１９５７年１２月、正式に任命された。構成メンバーは委員長ハーバート（Edwin Herbert）以下、総勢７名であっ

---

[339] *Hansard, House of Commons*, DLXXIV, 29 July 1957, 910-926

たが、地方行政の経験者はいなかった[340]。これがハーバート委員会のひとつの特色ともいえた。

ハーバート委員会に対しては、保守党の政治的偏見の"隠れ蓑"的な役割を果たしたという批判がある。ハーバート委員会の委員は保守党によって任命された人たちであり、しかも、地方自治の経験を持たない人々である。したがって、その意見は最初から保守党の意見を代弁するものと決まっていたという批判が、それである。ハーバート委員会には地方自治の経験者がいなかったことは確かであるが、しかし、その反面、保守党の意見に唯々諾々としたがわない人々も多かった。それどころか、保守党の影響下にあるのではないかとみられた委員はわずか1人いただけであった。しかも、この1人も、保守党が設立した法律大学の教官であったという経歴から、そのように類推されただけであり、保守党の支持者であるということがはっきりしているわけではなかった。それに対して、7人の委員のうち、少なくとも2人ははっきりとした労働党の支持者であった。残りの4人も、保守党的な見解をもつものではなかった。むしろ、保守党を批判する傾向の強い人々であった。ハーバート委員会について詳細な研究をしたアメリカの政治学者、フランク・スモールウッド（Frank Smallwood）はいう。

「委員の誰をとっても、保守党の利益代表として任命された"政治の代弁者"とみるのは難しい」[341]。

---

[340] ハーバート委員会のメンバーは以下の通りであった。
　Sir Edwin Herbert 弁護士。銀行や企業の副社長を歴任。電力産業調査委員会の委員も歴任。上院議員。
　Sir Charles B. Morris リーヅ大学総長。
　Mr Paul S. Cadbury キャドベリー会社副社長。元中央住宅諮問委員会委員。
　Mr William H. Lawson 公認会計士。前会計士協会長。南部電力委員会委員。
　Miss Alice C. Johnston 国家援護委員会委員。前ボナール法律大学教官。
　Prof. W. G. Mackenzie ヴィクトリア大学教授。
　Sir John C. Wrigley 元保健省事務次官。

[341] Frank Smallwood, *Greater London; The Politics of Metropolitan Reform*, p.16.

また、ハーバート委員会の答申は、後述するように、ロンドン大学の大ロンドン・グループの意見にもとづいて、あるいは大きく影響されて、作成されたものであった。しかも、委員会全員の合意によって作成されたものであった。これらのことをみても、ハーバート委員会は不偏不党の委員会であったというべきである。
　ハーバート委員会の検討事項は「大ロンドン地域における地方自治体の現行の制度ならびに働きを検討すること、すなわち、効果的かつ適切な地方の統治を確保するという観点から…地方行政機構の改革が必要かどうか、必要があるとすれば、どのように改革すべきかを勧告すること」[342]であった。この任務を果たすために、ハーバート委員会は、地方自治体、中央省庁、政党、各種団体、学者など多くの機関（もしくはグループ）から多くのヒアリングをした。ヒアリングに最大の時間を費やしたといっても言い過ぎではなかった。なかでも重視したのは、地方自治体からのヒアリングであった。ハーバート委員会は、全部で１１４回の会合をもったが、そのうち７０回をヒアリングにあて、しかも、その多くを地方自治体からの意見聴取にあてたということにも、これが端的に現れていた。しかも、それに加えて、ハーバート委員会は幾度も地方自治体を訪問し、いわば非公式のヒアリングを繰り返したのであった。これらの意見聴取に対する地方自治体の申し立てをみてみると……
　県は、大ロンドンの地域内に６つの県があったが、すべて、現行制度を変える必要はないというものであった。とりわけ、労働党の政権下にあったロンドン県は改革の必要性を強く否定していた。このような現状維持の姿勢は、県と同じく第１層の自治体であった特別市、たとえばクロイドンやイーストハムなどにおいても共通するものであった[343]。

---

[342] Herbert Commission, *Report of the Royal Commission on Local Government in Greater London 1957-1960*, Cmnd.1164 (London: HMSO, 1960), p.1.
[343] Herbert Commission, *Statement of Evidence by the London County Council* (London: HMSO, July 1958), p.17.

第2層の地方自治体の意見も、大部分は、本質的には現状維持であった。その意味では県と異なるところがなかったが、実際には、県の意見と対立するところが多かった。県の意見は文字通り現状維持であったが、それに対して、市町村の意見は、現行の制度のもとで"改革"をしていこうというものであったのである。ミドルセックス県やエセックス県内の多数の市が"特別市"の地位（あるいは、それに準ずる地位）を要請したのは、その端的な例であった。
　第2層の地方自治体のなかには、制度そのものの改革をする必要があると主張したところもあった。ウエストミンスターやフルハムなど、ロンドンの首都区がそうであった。しかし、これはきわめて例外的な意見であった[344]。
　全国パリッシュ協会は、ロンドン県や特別市には存在しなかったが、残りの地域に存在していたパリッシュの存続をはかるために、制度改革に反対した。もちろん、それらの地域にあるパリッシュも制度改革に反対であった。しかし、この地域においては、パリッシュの存在がむしろ例外的であったため、ハーバート委員会はパリッシュの意見をほとんど聞かなかった。
　地方自治体の意見はこのように、大きくいえば、現状維持を主張するものであったが、中央の各省の意見もほぼ同様の反応をした。多くの省は「現行の制度にさしたる欠陥はない」という意見であった。一方、各政党の意見は政党によって違っていた。労働党は現状維持を強く主張し、自由党は手続きの改良のみを主張した。そして、保守党は抜本的な改革を主張していた。しかし、これはあくまでも政党を全体的にみた場合の話であり、政党内においては、各党とも様々な意見に分かれていた。とくに保守党の場合、意見の相違が甚だしかった。たとえば、ロンドン県の保守党議員は「何らかの形の大ロンドン庁（Greater London Authority）を設けるべきである」

---

[344] Herbert Commission, *Report of the Royal Commission on Local Government in Greater London 1957-1960*, p.45.

と提唱する一方、サリー県やケント県の保守党は現状維持の姿勢をとるという有様であった。

また、労働党も内部の意見は分かれていた。しかし、大勢は現状維持という意見であった。とりわけ、ロンドン県が管轄している教育機構については「そのまま維持するべきである」[345]と現状維持を強く主張していた。これは1958年の労働党大会で採択された意見であったといわれている。しかし、労働党の従来の意見、いわば伝統的な意見は、1922年のアルスウォーター委員会に対する提言に現れているように、ロンドンの再編を要請するもの、しかも、広域行政体を創設しようというものであった。このことからいえば、労働党には考え方の変更があったといわなければならない。

労働党は、なぜ、考えを変更したのであろうか。言い換えれば、なぜ、現状維持を主張するようになったのであろうか。この理由としては、労働党のロンドン県ならびに隣接諸県における勢力を挙げることができるであろう。ロンドン県においては、長い間、労働党は政権を独占してきたが、隣接諸県においては、その勢力が弱く、とくにサリー県、ケント県の場合は絶対的少数に甘んじてきた。このために、言い換えれば、ロンドン県での労働党の絶対的優勢を維持するために、現状維持を主張するようになったわけである。

「ロンドンの労働党は、せっかく獲得したロンドン県の廃止に導くような改革案や、労働党のロンドン県における勢力を弱めるような改革案については、いかなるものであっても、にべもなく反対した」[346]。

要するに、ロンドン労働党は、政治的な思惑のもとに、現状維持を主張したといえるが、これは、保守党の場合もおそらくは同じで

---

[345] Ibid., Written Evidence, p.254.
[346] Frank Smallwood, *Greater London ; The Politics of Metropolitan Reform*, p.102.

あり、また、自由党も同じであった。自由党は、従来、大ロンドンを統括する広域行政体の創設を主張していたが、この頃は、ロンドンでの勢力がすっかり衰退してしまっていたこともあって、何ら積極的な意見を提言せず、ただ、選挙制度の改善策を主張したのみであった。自由党としては、ロンドン再編よりも、まず、自由党の候補者が当選できるような選挙制度の導入のほうが重要であったのである[347]。

3 ハーバート委員会の答申

ハーバート委員会は、地方自治体や政党などから示された膨大な意見のなかで、しかも、それぞれの利害関係が絡んだ意見のなかで、暗中模索を続けた。そうした状態に光明を投げかけたのはロンドン大学の大ロンドン・グループであった。このグループが豊富な資料を使って、また、内容のある調査結果にもとづいて、客観的で、しかも公平な意見を提示したのである。大ロンドン・グループの意見は、広域行政体を造るべきというものであったが、ロンドン大学は労働党との関係が密接であり、そうした大学のグループから労働党の姿勢を否定する意見が出たということは、ハーバート委員会にとって非常な朗報であった。

こうして、ハーバート委員会は、大ロンドン・グループの意見をほぼ全面的に採り入れ、1960年10月、委員全員の合意のもとに、行政体制の抜本的改革が必要であると勧告し、次のような内容を骨子とする改革案を提示した。

① 大ロンドン地域全体を管轄する大ロンドン都（Council for Greater London）を設置する。これに伴い、ロンドン県とミドルセックス県を廃止し、サリー、ケント、エセックス、ウエス

---

[347] Ibid., p.190.

トハムの諸県の大部分、およびハートフォードシャー県の一部を大ロンドン都に編入する。クロイドン、イーストハム、ウエストハムの3つの特別市については、第1層の地方自治体としての地位を剥奪し、第2層の地方自治体として再編する。
② ロンドン区（Greater London Borough）を設置する。ロンドン区は、それぞれ人口10～25万人とし、既存の特別市、首都区、市町村の合併により、総計52とする。
③ シティは変更することなく、そのままロンドン区のひとつとして取り扱う[348]。

　ハーバート委員会のこのような抜本的改革案に対して、ロンドンの労働党は強く反発した。この結果、労働党の支配下にあったロンドン県も強く反発した。また、同じく労働党が政権を握っていたミドルセックス県も、エセックス県もハーバート案に反対であった。しかし、第2層の地方自治体、すなわち市町村は、労働党の政権下にあるところでも、必ずしも労働党の意向にしたがわなかった。当時、39の市町村が労働党の支配下にあったが、そのうちハーバート委員会の勧告に反対したのは26市町村であった。残りの13市町村は委員会の勧告を積極的に（あるいは基本的に）受け入れるという姿勢を示していたのである[349]。
　その上、ロンドンの労働党が強く反対していたにもかかわらず、中央レベルの労働党本部は、当初は、反対の意向を積極的に示そうとはしなかった。労働党の反対がはっきりしはじめたのは、中央の労働党の副委員長ジョージ・ブラウン（George Brown）が、1962年1月に、政府のロンドン再編案を「常軌を逸した計画」と攻撃してからであった[350]。
　一方、ロンドンの保守党はハーバート委員会の勧告を歓迎した。

---

[348] Ibid., p.196.
[349] Ibid., p.223.
[350] Ibid., pp.260-261.

これは、1938年以来、保守党が示してきた考え方、すなわち、ロンドン県の区域を拡大し、広域行政体を創設するという考え方からいえば、当然の現象であった。とはいうものの、ハーバート委員会の報告は、保守党にとって、全面的に満足し得るものではなかった。たとえば、大ロンドン都の議会の議員を間接選挙にし、新ロンドン区の権限をもっと強化したいというのが保守党の望みであったが、ハーバート委員会の構想は直接選挙にするというものであった。また、大ロンドン都の力を保守党の思惑以上に大きいものにしていた。しかし、ロンドンの保守党は、このハーバート委員会の報告に反発せず、逆に、大きく評価し歓迎した。委員会の報告を「公的に批判するのは賢明でない」[351]と判断したからであった。

　もっとも、保守党の意見は統一されているわけではなかった。保守党の政権下にあったサリー県とケント県は当初から改革に反対であったが、ハーバート委員会が報告を出してからも、その態度を変えなかった。とくに、サリー県は、代替案を提示するなど、委員会の報告に強く反対した[352]。また、保守党の支配下にあった市町村も、約4分の1のものが委員会の報告を支持しなかった。正確に言えば、保守党支配下の30市町村のうち、委員会の報告に反対または態度保留したものが9市町村もあった[353]。もっとも、ハーバート委員会がヒアリングしたときにはほとんどすべての市町村が現状維持論であった。このことを考えれば、これは大きな変化であった。

　なお、ロンドン大学の大ロンドン・グループの意見はパリッシュを強く意識するものであった。というよりも、非常に重視するものであった。そして、ロンドンのなかに、パリッシュを設置するべきであるという意見を表明していた。しかし、これはハーバート委員会の次のような判断のもとに、一蹴されてしまった。

---

[351] Ken Young and Patricia L. Garside, *Metropolitan London*, p.313.
[352] Gerald Rhodes & S. K. Ruck, *The Government of Greater London*, (London: George Allen & Unwin, 1970), pp.41-42.
[353] Frank Smallwood, *Greater London ; The Politics of Metropolitan Reform*, p.223.

「もし、ロンドンに歴史がなく、行政制度もなく、全く新しくスタートさせるというのであれば、この種の統治形態を採用することであろう。……パリッシュにメリットがあることは明らかである。しかし、現実問題としては、その採用によってもたらされる弊害のほうが大きすぎる」[354]。

4 ロンドンの改革

ハーバート委員会が答申を提出したときには、中央政府の政権は保守党にあった。しかも、それは、国会での絶対多数を基盤とする政権であった。それにもかかわらず、政府はかなり長い間、委員会の答申に対して、明確な態度を示さなかった。当初は、地方自治体や各種団体の反対論を検討しているというそぶりを暗に示すのみであった。意志表示をしたときには、答申を受理してから1年以上たっていた。

政府は、1969年11月、ハーバート委員会の答申を受け入れ、その趣旨に添った改革をすると宣言した。しかし、政府の原案は、委員会の報告に必ずしも全面的にはしたがっていなかった。委員会の報告と比べると、政府原案には2つの大きな違いがあった。ひとつは、ハーバート委員会が新設のロンドン区を比較的規模の小さなものにしていたのに対して、政府原案はその規模を大きくし、それにあわせて新設区の数も少なくしたという違いであった。第2は、教育行政の担当機関に関する違いであった。ハーバート委員会は教育事務を新設の大ロンドン都とロンドン区の双方に担わせるとしていたが、政府原案は、これをロンドン区の専属とし、例外的に中心地域には独立の教育行政機関を設けるとしていた。

---

[354] K. P. Poole & Bryan Keith-Lucas, *Parish Government 1894-1994*, (London: The National Association of Local Councils), 1994, p.223.

このような違いは、ロンドン改革に対する種々の反対を沈めるために、政府が工夫したものであった。しかし、実際には、反対を沈めることができず、それどころか、反対をより大きくするという働きすらした。たとえば、ハーバート委員会の報告に賛成していた市町村が、ロンドン区の規模を大きくするという政府案をみて、反対にまわるようになるという状況であった[355]。

　市町村の反対は政府の悩みの種であった。とりわけ、サリー県の市町村の反対は深刻であった。サリー県は保守党の絶対的な地盤であり、そこでの反対は保守党の内部分裂を意味したからである。こうした状況の下で、保守党政府は、反対が強い市町村を改革区域からはずすという対策を採用した。そして、この動きのなかで、命をつないだパリッシュもあった。たとえば、ノックホルト（Knockholt）パリッシュがそれであった。ノックホルトは、もともとはブロムリー（Bromley）という村の一部であったが、このブロムリー村が1934年にオービントンという町になった。ノックホルト・パリッシュはオービントン町のひとつの選挙区になってしまい、パリッシュではなくなった。ノックホルトはパリッシュとしての地位の回復を求め続けてきたが、長い間、それは認められなかった。ところが、大ロンドン都を創設するという政府案のなかで、今度は、オービントンが大ロンドンのブロムリー区に吸収されることになった。しかし、ノックホルトはそれに強硬に反対し、それをケント県およびセブノーク村（Sevenoaks）が支持したために、そして、セブノーク村も大ロンドン都に吸収されることに反対したために、ノックホルト地区とセブノーク村は改革区域からはずされてしまった。その結果、ノックホルトはパリッシュとして生き返り、セブノーク村の一部になったのであった[356]。

　このように、保守党政府はかなりの譲歩を重ねたが、1962年

---

[355] Frank Smallwood, *Greater London ; The Politics of Metropolitan Reform*, p.29.
[356] K. P. Poole & Bryan Keith-Lucas, *Parish Government 1894-1994*, p.194.

11月、その最終案が決定され、国会にかけられた。いよいよ、国会での保守党と労働党の戦いがはじまることになったわけであるが、保守党には絶対多数という強力な武器があった。しかし、労働党は1条ごとに修正案を出すという戦略で積極的に戦った。戦いは熾烈であった。労働党は約1500の修正案を出し、保守党のバックベンチャーがこの修正案に賛成するということも多かった。その結果、約1,000か所の修正を受け、法案の審議に8か月もかかった。政府は、最初のほうではあったが、しばしばギロチン（審議時間の打ち切り）にかけなければならなかった。このギロチンが労働党に大きなダメージを与えたことはいうまでもない。しかし、同時に、法案の支持者にも不審の念を与えるものであった。ロンドン県の保守党のリーダーもギロチンの適用に遺憾の意を表明していたし、また、タイムズ紙は次のように政府のギロチンを非難していた。

　「ギロチンの手続きは能率的処理に役立つものであり、政府はその発動に躊躇するべきではないという者もいる。……これは、ある程度、正しい主張であり、能率とスピードを同一視する場合には、全面的に正しいともいえる。しかし、これには、国会の立法内容に対するコントロールが縮小するという代償が伴っているのである。……今でも、立法府はピアニストというよりは、政府各省が作曲した曲を機械的に演奏するピアノラ（自動ピアノ）になり下がる兆候をもっている。法案審議の打ち切りが慣習的になれば、立法府は仕事をする場がなくなるということになるのではないか」[357]。

　法案は、このように、労働党のねばり強い反発を受けて難航した。しかし、1963年7月、国会審議が終了し、ロンドン行政法（London Government Act）として成立した。そして、1965年

---

[357] *The Times*, 29 January 1963.

4月、大ロンドン都（Greater London Council）が正式に発足し、これに伴って、ミドルセックス県やクロイドン特別市などが廃止された。また、サリー県やハートフォードシャー県をはじめとする隣接諸県もかなりの区域が大ロンドン都に吸収され、その中に位置していた村（rural districts）が消滅した。それに伴って、それらの村のなかにあった、いくつかのパリッシュも消滅してしまった[358]。
　なお、この大ロンドン都（ＧＬＣ）は発足直後から論議を呼んでいたが、結局は、1986年に廃止されてしまった。ただし、その機能はシティと32のロンドン区に区分されたり、事務組合に所属するようになったり、あるいは国の権限になったりしただけであり、もとの村やパリッシュが復活するということはなかった。
　しかし、1990年代にはいると、労働党が、またまた、広域組織が必要であると主張しはじめ、1997年に政権を奪取した労働党政権が、同年の7月29日に、ロンドン圏を包括する自治体の創設案を公表した。そして、1998年3月25日には、ホワイト・ペーパーで「大ロンドン庁（Greater London Authority）」の創設を提案し、5月7日、それに同意するか否かの住民投票を行った。結果は、圧倒的に賛成であり、2000年から大ロンドン庁（ＧＬＡ）がスタートすることになった。

---

[358] K. P. Poole & Bryan Keith-Lucas, *Parish Government 1894-1994*, p.194.

第9章 地方制度の改革(1972年法)とパリッシュ

1 特別市の拡大

　1950年代に都市の人口が増えるようになったが、これらの人口規模が拡大した都市は、次第に、"自立"を要請するようになっていた。特別市に昇格し、県からの独立を要望するようになったのである。しかし、この都市の動きに対して、県は強く反発し、特別市昇格への妨害を続けてきた。この結果、都市と県の対立が激しくなり、また、当時の地方制度では現実の人口分布に対応できないという場面が全国各地で発生するようになっていた。

　こうして、地方制度の何らかの解決が必要になっていたが、それに最初に取り組んだのは、1957年に発足したマクミラン保守党政権であった。マクミラン政権は、1958年に、ハンコック(Sir Henry Hancock)を委員長とする地方行政委員会(Local Government Commission for England)を設置し、この委員会に、その解決策の策定を託した。ハンコック委員会は、「県」「市」「町」「村」そして「特別市」からヒアリングを重ねただけでなく、パリッシュからも、あるいは女性団体などからもヒアリングを重ね、数年にわたって、種々の勧告を出していったが、最も重要で注目を集めたのは、「特別市の区域の拡大をはかるべきである」という勧告であった。それまで、特別市の管轄区域は都市の中心部に限られ、郊外部は県と市町村の2層の地方自治体によって、場所によっては、さらにパリッシュが加わって運営されていたが、それをひとつにして、ひとつの特別市にするべきであると勧告をしたのである[359]。

　この当時、実質的にはひとつの都市でありながら、制度的には中心部と郊外部に分けられ、その結果、ひとつの都市がいくつかの地

---

[359] Peter G. Richards, *The New Local Government System* (London: George Allen & Unwin,1971), pp.138-143.

方自治体によって治められているということがよくあった。たとえば、オックスフォード市と一般に理解されていた都市の場合、中心部はオックスフォード市（特別市）によって治められていたが、その周辺の区域は、あるところはオックスフォードシャー県の管轄であり、また、あるところはバークシャー県の管轄区域であった。これらの県の管轄下にある区域は、県だけではなく、それと同時に、いくつかの村によって、さらには、1ダース以上のパリッシュによって治められていた。ハンコック委員会の勧告は、これらの区域をすべてオックスフォード市（特別市）の区域にするべきであるという勧告であったのである[360]。

　この勧告は複雑に入り組んだ地方自治体の区域を整理するという点では意味があった。しかし、特別市に吸収されると、県の統治権が剥奪されるだけではなく、町や村そのものが消滅し、それに応じてパリッシュもなくなってしまうという結果を導くものであった。事実、この勧告は部分的に実施されたが、その実施によって、いくつかのパリッシュは消滅した。これらのパリッシュのなかには、特別市に吸収されたほうが、県や村に所属していたときよりも、道路や都市計画、警察、公園などのサービスの質が高くなるという判断のもとに、特別市に吸収されることを歓迎するところもあった。しかし、この吸収に反対するパリッシュが多く、そのため、全国パリッシュ協会は特別市の全国組織と協議を重ね、「パリッシュが抵抗する場合には、パリッシュを存続させる」という合意をしたほどであった。ただし、この法律はつくられなかった[361]。

　しかし、この委員会の勧告は、1964年の総選挙で政権を奪取した労働党政権によって強く批判された（表9参照）。労働党の勢力の強い特別市と保守党が強い周辺部をひとつの地方自治体（ひいては、同じ選挙区）にしてしまうという構想は、労働党の勢力を薄め

---

[360] K. P. Poole & Keith-Lucas, *Parish Government 1894-1994* (London: The National Association of Local Councils, 1994), p.196.
[361] Ibid., pp196-197.

てしまうことになりかねず、その結果、労働党が議席を失うことになりかねないと考えられたわけである。

また、ハンコック委員会は、既存の制度のもとでの手直しを任務としていた。これでは事態に対応した抜本的な解決策を打ち出すことができないというのが、労働党政権の判断でもあった。当時の地方自治担当の大臣であったクロスマン（Richard Crossman）がこの点を次のように説明していた。

「地方自治体のすべての構造は時代遅れになってしまっている。現在、地方自治体には非常に重要な機能が期待されるようになってきたが、いまの特別市や県は、規模の点でも、機能の点でも、そうした要請に応える能力をもっていない。地方自治体を効率的なものにできず、住民の信頼を勝ち取ることができない最大の理由は、現在の時代遅れの仕組みにある」[362]。

こうして、ハンコック委員会は、労働党政権によって、１９６６年に解散させられ、それに代わって、地方制度の抜本的な見直しを任務とする委員会が任命されることになった。

2　レドクリフェ・モード委員会（１９６６－６９）の勧告

１９６６年２月、地方制度の抜本的な解決を目指す委員会、レドクリフェ・モード郷（Lord Redcliffe-Maud）を委員長とした王立委員会が設置された。委員には、ロンドン改革のハーバート委員会とは異なり、地方行政の経験が豊富な人たちが選ばれた。自治省の事務次官であったエヴリン夫人（Lady Evelyn Sharp）、元コベントリー市の収入役であったマーシャル（A.H. Marshall）、ニューカッスル市のリーダーであったスミス（T. Dan Smith）等々であった。

---

[362] Peter G. Richards, *The New Local Government System*, pp.142-143.

また、シニア (Derek Senior) のように、地方行政を専門とする新聞の論説者も委員に就任した。

しかし、この委員会も、中央省庁や地方自治体をはじめとする多くの団体・組織から様々な意見を聞くという点では、ハーバート委員会と同じであった。レドクリフェ・モード委員会が聴取した証言は、全部で2,156もあったという。これらの証言をもとにして、レドクリフェ・モード委員会は、まず、次の4つの欠陥が重要であるという判断を下した。

1) 地方自治体の区域が生活や労働の形態に適合していない。このギャップは、このままの制度でいけば、今後、ますます大きくなるはずである。
2) 79の特別市と45の県がそれぞれ独立した管轄区域をもっているために、都市部と農村部が区分され、適切な開発計画や輸送計画を策定することを不可能にしてきた。その結果、特別市と県の間には、敵対する空気が強い。
3) 県のなかの権限が県当局と数多くの市町村に分割されているために、また、県のなかで特別市が島のように独立した存在になっているために、本来はひとつの行政機関によって運営されるべきサービスが、多くの団体によってバラバラに運営されている。
4) 地方自治体の多くは規模の点でも財政の面でもあまりにも小さく、その結果、資格のある人材が甚だしく不足し、技術的な施設も非常に乏しい実状にある[363]。

これらの欠陥を是正するためには"単一自治体 (unitary authority)"を設置し、県と市町村および特別市を廃止する必要が

---

[363] Royal Commission on Local Government; (Redcliffe-Maud) 1966-69, *Report, Volume I*, Cmnd 4040, (London: HMSO, 1969), para.6.

ある。これが、レドクリフェ・モード委員会の結論であった。一層制の地方自治体である"単一自治体"に県と市町村の機能をすべて担わせるべきであると結論したわけである。この単一自治体の創設に際して、委員会は、いくつかの原則を考えていた。たとえば、単一自治体の区域は、有権者と代表者が共通の目的意識をもてる程度の規模でなければならないとしていた。しかし、その一方では、住民が生活圏域全体の事情を把握し物事を総合的に判断するように、単一自治体は都市と農村部の双方を包まなければならないというのも、レドクリフェ・モード委員会の考えであった。また、適切なサービスを提供するには財源や人材が必要であるが、そのためには一定の規模が必要であるということも考えていた。こうして、最小限の人口が必要であるということになり、その人口規模を、多くの意見を聞き、議論を重ねた後、25万人と結論した。しかし、他方では、人口が多すぎると、業務組織が複雑になり、また、代表者が有権者と接触しにくくなるというところから、人口は多くても100万人を越えるべきではないと言う結論になった。人口25万～100万人の単一自治体をつくれば、そのなかに都市も農村も含んでいるため、開発計画や都市計画を機能的・総合的に策定することができ、公衆衛生や都市計画行政を、また、社会サービスや住宅サービスを総合的に行うことができると考えたのである。この原則のもとに、レドクリフェ・モード委員会は、1969年7月に、58の単一自治体をつくるように勧告した[364]。

しかし、レドクリフェ・モード委員会には、単一自治体の構想を打ち出すために解決しなければならないハードルがいくつかあった。ひとつは、バーミンガムなどの大都市圏の問題、すなわち、これらの大都市圏で単一自治体をつくろうとすれば、人口がどうしても100万人を越えてしまうという問題であった。この問題を解決するために、レドクリフェ・モード委員会は検討を重ねたが、最終的に

---

[364] Peter G. Richards, *The New Local Government System*, pp.143-149.

は、大ロンドンの制度をモデルにし、その修正版をつくるということになった。バーミンガム、リバープール、マンチェスターの3大都市圏に、それぞれ大都市圏庁（Metropolitan Authorities）をつくり、その下に28の特別区（Metropolitan Districts）を設置するという2層制を採用することにしたのである[365]。

第2の問題は、パリッシュをどうするかという問題であった。この問題について、レドクリフェ・モード委員会の下に設置された調査チームの委員であったウッド（Bruce Wood）が次のように説明していた。

「純粋な単一自治体の提言はパリッシュの廃止を意味する可能性があった。しかし、パリッシュの維持を求める要請が多かった。それどころか、できることならパリッシュを強化してほしいという要請が多かった。全国パリッシュ協会は、書面の証言でも、また口頭の証言でも、パリッシュの存続を強く主張していた。」[366]。

事実、各地のおよそ600のパリッシュがその維持を訴える書面を提出したし[367]、各県のパリッシュ協会も、必死になって、ムラ・レベルの政府が如何に重要であるかを、レドクリフェ・モード委員会の調査委員会に説明した。さらに、全国パリッシュ協会も、農村部の地方の統治にパリッシュがどれだけ貢献してきたかを、次のように、強調していた。

「パリッシュ議会は、コミュニティの重要事項について議論する場面を提供しています。地方の利益を脅かす可能性があるもの

---

[365] Bruce Wood, *The Process of Local Government Reform 1966-74*, (London: George Allen & Unwin, 1976), p.64.
[366] Ibid.
[367] Ibid.

を効果的に監視する役割も果たしています。また、地域社会が望むものを住民が自分たちで備え、その経費を自分たちで支弁するという手段も提供しています。たとえば、ムラの緑地帯、レクリエーション・グランド、プール、コミュニティー・センター、バス待合所、その他様々な改良事業や生活を快適にする施設を住民が自ら提供するようにしています」[368]。

このような要請に遭遇した調査委員会は、次第に、パリッシュの重要性を認識するようになり、パリッシュの存続を強調する次のような報告書をレドクリフェ・モード委員会に提出した。

「多くのパリッシュが、道路のベンチの設置や貸農地の提供、あるいはムラのホールの建設やレクリエーション・グランドの設置といった地方サービスの面で、非常に有意義な働きをしている。それだけではなく、パリッシュは、地方住民の意見を上層の行政当局に効果的に伝達するという働きもしている」[369]。

レドクリフェ・モード委員会には農村部出身の委員が何人かいたが、これらの委員はおおむねパリッシュに好意的であった。とりわけウエスト・サセックス県の議員であったマーセル（Peter Marsell）はパリッシュの強い支持者であり、委員会内で積極的なロビー活動を行っていたという[370]。そうしたこともあって、委員会は、基礎レベル（grass roots level）におけるコミュニティ組織の必要性を次第に認識するようになった。そして、最終的には、パリッシュの存続を是認するようになった。もっとも、パリッシュの名称を使わず、ローカル・カウンシル（local council）という名前にしていたが、これはパリッシュそのものであった。委員会自身の説明にしたがう

---

[368] K. P. Poole & Keith-Lucas, *Parish Government 1894-1994*, p.199.
[369] Bruce Wood, *The Process of Local Government Reform 1966-74*, p.65.
[370] Ibid.

と……。

「ローカル・カウンシルを新地方制度の一部にしなければならないという我々の結論は満場一致で採択された。我々はローカル・カウンシルを地方行政サービスの法的責任機関とは考えていない。しかし、民主的な地方自治の運営にきわめて重大な貢献をする存在であるとみている。ローカル・カウンシルの基本的な機能は、コミュニティの幸福に影響を及ぼしそうな事項に注意を集中させ、それを責任ある機関に伝達することにあると考えるべきである。また、それに加えてローカル・カウンシルは自由裁量で行使できる多くの権限をもつようにするべきだと考えている」[371]。

レドクリフェ・モード委員会は、単一自治体に加えて、"州（Provincial Council）"の設置についても勧告していた。この州は、レドクリフェ・モード委員会の考えによれば、自治体政策の大枠をつくることを任務とする団体であった。その内容がかなり曖昧であったため、批判が強かったが、レドクリフェ・モード委員会はその批判を無視し、8つの州を設置するという勧告をしたのであった。8つの州のしたに、58の単一自治体を設置し、また、3大都市圏については、3つの大都市圏庁と20の特別区という2層の自治体を設置するというものであった。そして、単一自治体の下にはローカル・カウンシルを配置することとされ、特別区の下には、ローカル・カウンシルを配置しても良いということにされた[372]。

---

[371] K. P. Poole & Keith-Lucas, *Parish Government 1894-1994*, p.200.
[372] Peter G. Richards, *The New Local Government System*, p.148-149.
なお、このレドクリフェ・モード委員会の勧告には1人の委員が同調せず、別の勧告をしていた。その勧告は、州をつくるという点は同じであり、また、末端にローカル・カウンシルを配置するという点では同じであったが、その間に、35の広域市（City Region）と、その下の148のディストリクトをつくるというように、2層制を提案するという点で異なっていた。

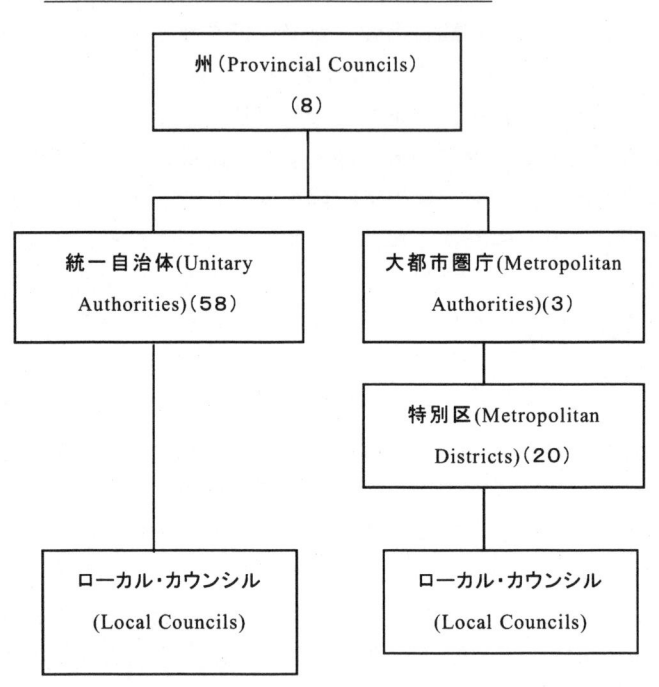

図13 レドクリフェ・モード委員会の勧告

```
                    ┌─────────────────────┐
                    │ 州 (Provincial Councils) │
                    │        (8)          │
                    └──────────┬──────────┘
                    ┌──────────┴──────────┐
        ┌───────────┴────────┐   ┌────────┴───────────┐
        │ 統一自治体(Unitary  │   │ 大都市圏庁(Metropolitan│
        │ Authorities)(58)   │   │ Authorities)(3)     │
        └──────────┬─────────┘   └────────┬───────────┘
                   │                      │
                   │            ┌─────────┴──────────┐
                   │            │ 特別区(Metropolitan │
                   │            │ Districts)(20)     │
                   │            └─────────┬──────────┘
        ┌──────────┴─────────┐   ┌────────┴───────────┐
        │ ローカル・カウンシル │   │ ローカル・カウンシル │
        │ (Local Councils)   │   │ (Local Councils)   │
        └────────────────────┘   └────────────────────┘
```

資料) Peter G. Richard, *The New Local Government System* (London: George Allen & Unwin, 1971), p.149

3 地方自治体の反応

このレドクリフェ・モード委員会の勧告には、全国から2,000以上のコメントが集まったという。ほとんどは地方自治体からのコメントであったが、それらのコメントはおおむね委員会の勧告を批判するもの、あるいは、それに反発するものであった。なかでも「村」の反発が強かった。レドクリフェ・モード委員会の勧告は、「村」に

死刑の宣告をするものであったからである。このため、たとえば村の全国組織は、1969年の総会で、反対キャンペーンを行うことを決議し、実際にそれを展開した。この反対キャンペーンで村々が主張したのは、「村は地方のデモクラシーを実現していく機構である。一方、レドクリフェ・モード委員会の"単一自治体"は地方のデモクラシーを脅かすものである」[373]という主張であった。"単一自治体"は、住民から遠く離れた官僚政府になるに違いないと非難したのである。

「町」や普通の「市」も、レドクリフェ・モード委員会の構想にしたがえば、「村」と同じように、姿を消すことになるのは明らかであった。このため、委員会の構想に反発はしていたが、積極的に反対キャンペーンを展開するというようなことはなかった。むしろ、レドクリフェ・モード委員会の勧告を無視するという態度であった。もっとも、"ローカル・カウンシル"の構想に関してだけは、町の全国組織も、市の全国組織も、強い嫌悪感を表明し、否定していた。「県」も反対であり、「県」は「村」や「町」や「市」と語らって、県と市町村という2層制を前提にした地方制度の改善を主張していた[374]。

こうした動きのなかで、「特別市」は例外的にある程度の支持をしていたが、それほど強い支持ではなかった[375]。これに対して、パリッシュの全国組織である全国パリッシュ協会は、「イングランド農村部における真の代表機関であるという自分たちの意見が証明された」という判断のもとに、レドクリフェ・モード委員会の勧告を歓迎した。「地方制度改革後も、パリッシュの存続が、ローカル・カウ

---

[373] Bruce Wood, *The Process of Local Government Reform 1966-74*, p.78. また、参照 K. P. Poole & Keith-Lucas, *Parish Government 1894-1994*, p.201.
[374] 大野木克彦、『イギリスの地方行政とその改革』(昭和50年、東京都議会議会局)、344-348頁。
[375] Bruce Wood, *The Process of Local Government Reform 1966-74*, pp.76-77.

ンシルという名前での存続であったが、約束された」と考えたわけである[376]。

　前述したように、パリッシュ議会には、パリッシュの議員であると同時に村議会の議員であるものが多かったが、これらの兼任議員は、「村」に忠誠を尽くすものが圧倒的に多かった。言い換えれば、レドクリフェ・モード委員会の"ローカル・カウンシル"の構想に反対するものが多かった。このため、パリッシュ議会は議員の意見を統一することができず、その結果、個々のパリッシュ議会が"ローカル・カウンシル"の構想を積極的に支持するということはほとんどなかった[377]。いずれにしろ、このときの騒動は、兼任の議員がどちらに忠誠を尽くすかを明らかにした興味ある事件であった。

4　労働党と保守党の姿勢

　1969年6月、レドクリフェ・モード委員会の報告書が公表されると、すぐに、労働党のウイルソン首相は、この報告書を原則的に認めるという声明を行った。しかし、同時に、委員会が提案した構想を、細かいところまで、そのまま受け入れるものではないという点も明らかにしていた。以後、これをどのように受け入れるかの検討に入ったが、総選挙が近いということもあって、世論の動向を探るのに時間がかかり[378]、なかなか結論を出すことができなかった。半年後の1970年2月になってから、ようやく結論を出すことができた。この結論で、労働党政府は、"ローカル・カウンシル"構想をほぼ全面的に認めた。とくに、"ローカル・カウンシル"の住民の"代表団体"としての立場を、次のように、強調していた。

　　「ローカル・カウンシルの区域に影響を及ぼす可能性のある計

---

[376] K. P. Poole & Keith-Lucas, *Parish Government 1894-1994*, p.201.
[377] Ibid.
[378] Bruce Wood, *The Process of Local Government Reform 1966-74*, pp.71-75.

画に関しては、ローカル・カウンシルの意見を聞くことを主要な地方自治体に義務づけなければならない」[379]。

一方、"ローカル・カウンシル"の"行政機関"としての機能については、「行政サービスの分担をすべきだという委員会の提案には同意できない」[380]というように、それを否定していた。

しかし、いずれにしても、この労働党政権の決断は手遅れの決断であった。この数か月後の総選挙で労働党は完敗し、政権を保守党に奪われてしまったのである。こうして、ヒース（Edward Heath）首相が率いる保守党政権が地方制度を改革することになった。ヒース政権の改革への取り組みは機敏であり、半年後の１９７１年２月には、はやくも改革の輪郭を示す白書（地方制度改革の政府提案）を公表した[381]。この政府案は、それまでの保守党の姿勢から予測されていたが、レドクリフェ・モード委員会の勧告をほぼ全面的に否定するものであった。それに代わって、県とその下の自治体という２層制の地方制度を採用するというものであった。その点では、レドクリフェ・モード委員会の勧告や労働党案に反対していた「県」や「市」「町」「村」の意向に添うものといえた。しかし、保守党の改革案は、２層制は採用するものの、県と市町村という２層制をそのまま認めるものではなかった。それどころか、それまでの市町村を廃止し、それに代えて、都市と農村を包含する大規模な地方自治体（ディストリクト）を創設するという改革案であった。このため、多くの市町村はこの保守党案に反対した。とりわけ「村」の反発が強かった。大規模なディストリクトをつくるという構想から類推できるのは、「市」もしくは「町」がディストリクトの中心になり、「村」はそれに従属する"周辺部"になってしまうと考えられたからであ

---

[379] Ministry of Local Government and Regional Planning, *Reform of Local Government in England,* Cmnd 4276 (London: HMSO, 1970), para.50.
[380] Ibid., para.49.
[381] Department of the Environment, *Local Government in England ; Government Proposals for Reorganisation* ; *Proposed New Areas, (London:* HMSO, 1971) .

る[382]。

　保守党の改革案は、また、特別市の存続を認めなかった。特別市であろうが、大都市圏の都市であろうが、例外なく、すべてを2層制にし、県の下に位置づけるというものであった。大都市圏と地方圏の県（county）の権能は若干違っていたが……。このため、特別市も保守党政府の改革案に反発した。たとえば、ある特別市のリーダーは次のように、保守党の改革案に反対することを呼びかけていた。

　「われわれは最後の最後まで戦わなければならない。保守党の大臣が、ペンの一撃で、大都市を2等級の自治体に降格させようとしている。こんなことが、あってはならない」[383]。

　しかし、パリッシュについては、保守党政府の改革案も、全体的には好意的にみえた。改革案はいう。

　「パリッシュ・レベルでの地方自治体は必要である。その必要性はなくなることはない。……既存の農村部のパリッシュについては、その性格に変更を加えずに残すべきである。パリッシュは、義務というよりは、むしろ権限をもつ地方自治体として、また、行政組織の一部であると同時に、社会組織の一部として残すべきである」[384]。

　とはいうものの、パリッシュをそのまま認めようというものでは

---

[382] K. P. Poole & Keith-Lucas, *Parish Government 1894-1994*, p.203.
[383] Leader of Stroke-on-Trent City Council の反発。参照、K Bruce Wood, *The Process of Local Government Reform* 1966-74, p.110.
[384] Department of the Environment, *Local Government in England ; Government Proposals for Reorganisation* ; *Proposed New Areas*, para. 38,39.

なかった。「パリッシュを合併してその数を少なくする」[385]と明言しているように、改革案は、小さなパリッシュの合併を前提としていた。また、パリッシュの住民の"代表機関"としての機能については、明らかではなかった。たとえば、新しく設置されるディストリクトの業務にパリッシュがどの程度関与できるのか、という点については、改革案は何ら具体的に示していなかった[386]。

　こうした状況にあったにもかかわらず、さらには、労働党の白書が全面的に否定されたにもかかわらず、労働党は積極的な反対運動は展開しなかった。労働党の議員のなかにはそもそもレドクリフェ・モード委員会の勧告に反発していたものが少なくなく、労働党が白書をつくった段階でも労働党の意見が2分していたからである。

　一方、保守党の内部には、微細な反対があった。たとえば、保守党政府の白書が国会で審議されたときには、14人の保守党議員が反対に回っていた。しかし、その反対は、もっと県の数を多くするべきであるとか、ディストリクトにもっと権限を与えるべきであるという類の反対であり、本質的な反対ではなかった。

　こうして、特別市の反対や村の反対があったものの、全体的にはそれほど強い反対はなく、白書がほぼそのまま、法案となって国会にかけられた。

5　1972年法の成立

　国会の審議では、保守党政府の提出した法案に対して、労働党がかなり強硬に反対した。しかし、この反対は地方自治体の支持をあまり得ることができなかった。労働党自身が政権をとっていた数年前に、地方自治体が反対していたにもかかわらず、レドクリフェ・モード委員会の勧告を受け入れ、それを法律にしようとしたことが、

---

[385] Ibid., para.39.
[386] K. P. Poole & Keith-Lucas, *Parish Government 1894-1994*, p.203.

自治体の姿勢に大きく影響していた。それだけではなく、労働党が示した改革案に比べれば、保守党案は地方自治体にとって受け入れやすいものであった。とくに県にとっては、そうであった。このため、県は当初から政府案を支持していた。しかし、そのほかの地方自治体は反対であり、国会でもかなり強硬に反対した。もちろん、地方自治体の代表者が国会に出席して反対したというわけではなく、地方自治体の意向を受けた国会議員が反対したのであるが…。

ところが、「市」と「町」の何が何でも改革案に反対するという当初の姿勢は、審議が進むにしたがい、次第に変化するようになり、後半には、特別の"都市パリッシュ"として生き残りをはかるという方向を目指すようになった。そして、その後の長い審議の末、政府がこれを受け入れたために、最終的には、政府案を支持するようになった。

また、「村」の反発も、審議の途中で戦略を変えるようになった。「村」の影響力の実質的な生き残りを目指して、条文の具体的な修正を迫るという方向に変わっていったのである。たとえば、政府案は新しく創設する自治体（ディストリクト）の選挙区を3人区としていた。しかし、これでは議員が「町」や「市」の住民にとられてしまい、「村」の代表が当選できなくなってしまうというのが、「村」側の推測であった。このため、小選挙区（1人区）を導入するように条文の修正を迫るということをしたのであったが、こうした「村」の要請を政府がほとんど受け入れたために、「村」も最終的には政府案を支持するようになった[387]。

最後まで反対を貫き通したのは特別市だけであった。特別市のなかには、国会の外で、（イギリスの危機が迫ると、ドレーク郷の太鼓がこれを知らせるという言い伝えがある）ドレークの太鼓を打ちならしながらパレードをしたところもあったという。しかし、こうし

---

[387] Bruce Wood, *The Process of Local Government Reform 1966-74*, p.144.

た特別市の反対運動は、多勢に無勢でほとんど効果がなかった[388]。

パリッシュは、政府案がパリッシュの存在を認めるものであったため、これらの反対には加わらず、原則的には政府案を支持していた。しかし、パリッシュの地位や権限が明確ではなかったために、法案の修正には全力を注いだ。全国パリッシュ協会の副会長でもあるモリソン国会議員を通して修正案を国会に提出したのである。

「全部で1,852の修正動議が提案されたが、そのうち300は全国パリッシュ協会の修正案であった。そして、その中の170の修正案が受け入れられた」[389]。

この修正のなかには、その後のパリッシュの活動を大きく拡大させるものもあった。たとえば、それまでパリッシュは一般には課税評価額1ポンドにつき4ペンス以下しか課税できない(住民総会の同意があれば8ペンスまで可能)ようになっていた。しかし、この1972年法案の審議過程で、この制限が撤廃され、課税はパリッシュ議会で自由に決めることができることとなった。これは、多くのパリッシュが望んでいたものを、モリソン議員の尽力で実現したのであった。また、"5分の1ペンスの自由"の制度を維持しただけではなく、それを"2ペンスの自由"にまで拡大した。そして、これによって、パリッシュはほかの地方自治体のレベルにかなり近づけるようになった。このほかに、開発許可の申請がある場合、関係あるパリッシュにその旨を通知するようにディストリクトを義務づけるという修正案を政府が提案したのも、全国パリッシュ協会の働きかけがあったからであった[390]。

こうして、1972年の地方行政法(Local Government Act)が制定され、(実施は1974年)、それまでの特別市、市町村が廃止

---

[388] 大野木克彦、『イギリスの地方行政とその改革』71頁。
[389] K. P. Poole & Keith-Lucas, *Parish Government 1894-1994*, p.204.
[390] Ibid.

されることになった。県もいくつか統合され、また、6つの大都市圏にもはじめて県（メトロポリタン県）が設置された。市町村の代わりに、それらを大きく統合したディストリクト（Non-Metropolitan District Council）が設置された。これらのディストリクトのなかには、特別市が含まれたところもあった。大都市圏では、特別市が大都市区（Metropolitan District Council）になり、そこに包含された市町村も「大都市区」になった。イングランドとウェールズのすべての区域が2層の地方自治体によって治められることになったのである。その下に、パリッシュが配置されているところも多かったが…。

図14　イングランドとウェールズの地方自治体（1974-1986）

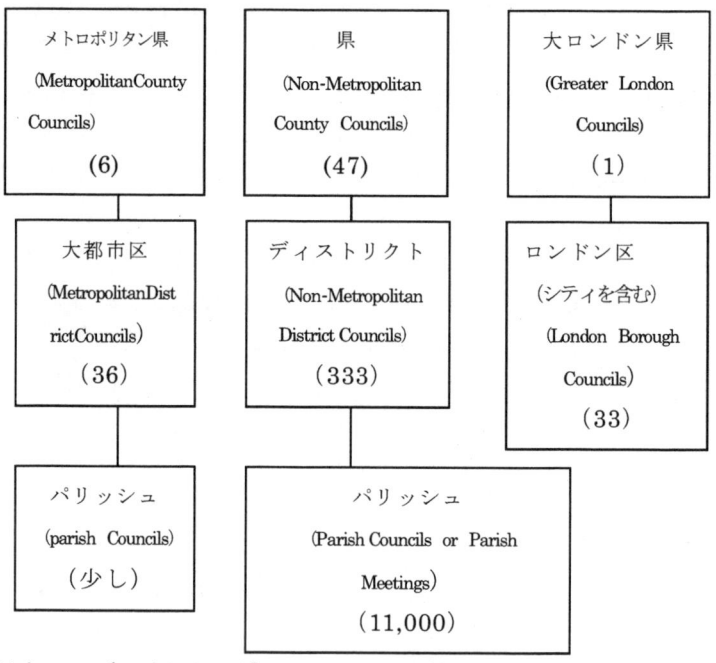

```
┌─────────────────┐  ┌─────────────────┐  ┌─────────────────┐
│  メトロポリタン県  │  │       県        │  │  大ロンドン県    │
│(Metropolitan    │  │(Non-Metropolitan│  │(Greater London  │
│County Councils) │  │County Councils) │  │Councils)        │
│      (6)        │  │     (47)        │  │      (1)        │
└────────┬────────┘  └────────┬────────┘  └────────┬────────┘
         │                    │                    │
┌────────┴────────┐  ┌────────┴────────┐  ┌────────┴────────┐
│    大都市区      │  │  ディストリクト   │  │   ロンドン区     │
│(MetropolitanDist│  │(Non-Metropolitan│  │ (シティを含む)    │
│rictCouncils)    │  │District Councils)│  │(London Borough  │
│     (36)        │  │    (333)        │  │Councils)        │
│                 │  │                 │  │     (33)        │
└────────┬────────┘  └────────┬────────┘  └─────────────────┘
         │                    │
┌────────┴────────┐  ┌────────┴────────┐
│   パリッシュ     │  │   パリッシュ      │
│(parish Councils)│  │(Parish Councils │
│     (少し)      │  │ or Parish       │
│                 │  │ Meetings)       │
│                 │  │   (11,000)      │
└─────────────────┘  └─────────────────┘
```

注）ウェールズのパリッシュは「コミュニティ」と呼ばれている。

資料）David Wilson and Chris Game, *local Government in the United Kingdom,* 2d ed. (Hampshire: Macmillan, 1994), p.52

6 "タウン"の出現

1972年法を制定する過程で、保守党政府が譲歩したため、それまでの「市」や「町」は、特別の"都市パリッシュ"として存続できることになった。もちろん権限は大幅に削減されたが……。そして、ディストリクトの区域をどのように線引きするかを決めるために、イングランドとウェールズに設置された自治体境界調整委員会（Local Government Boundary Commission）が、これらのパリッシュの設置についても、勧告することになった。

イングランドの自治体境界調整委員会は、法律ができる直前から、地方行政の担当省である環境省、あるいは、「市」や「町」の全国組織と協議し、都市パリッシュを創設するためのガイドラインの作成にとりかかっていた[391]。そして、法律の制定とほとんど同じ時期に、「コミュニティとして一体性をもっていること」、「人口が2万人以下であること」、「それを包含するディストリクトの5分の1以下の人口でなければならないこと」等々の、パリッシュ設置の条件が定められた。これ以上の人口を擁する地域をパリッシュとする場合には、ディストリクトの行政を破壊しかねないと考えたのである。しかし、この条件は一応の目安であり、限界な制約というわけではなかった[392]。

自治体境界調整委員会は、消えていく「市」や「町」に対して、パリッシュの地位を望むところは1973年3月までに申請するようにと要請した。そして、ガイドラインを大幅に破らない限り、申請した「市」や「町」はパリッシュの候補としてリストアップされた。この名簿は環境大臣に提出されたが、大臣はほぼそのまま受け

---

[391] Department of the Environment, *Local Government Boundary Commission Report, No3* (London: HMSO, 1973), para.3.
[392] Bruce Wood, *The Process of Local Government Reform 1966-74*, p.165.

入れ、結局、総計で300のパリッシュが新設された[393]。その多くは、「市」や「町」がそのままの規模で、そのままの名前でパリッシュになったというものであった。

都市パリッシュになるための申請をしたものの、調整委員会によって、拒絶されたところもあった。ブートル（Bootle）やウェイクフィールド（Wakefield）のように、それまで特別市であったところも、申請を拒絶されたとのことである。女王陛下の滞在地として有名なウインザー（Windsor）もそれまでは「市（non-county borough）」であったが、パリッシュになれなかった。それまでの「町」で申請を拒絶されたところは非常に多かったといわれている。

しかし、ともかく、このときの申請によって、全部で300の新しい、実力のある大規模なパリッシュが誕生した。これらのパリッシュは、「市」や「町」を継承したパリッシュであるというところから、『継承パリッシュ（successor parish）』と説明されているが、なかには、都市自治体としての歴史が長く、その由来を中世にまで遡ることができるようなところも少なくなかった[394]。このようなパリッシュは、ほとんどの場合、メイヤー（市長）の称号を国王から与えられており、シンボルの杖や、紋章をもっていた。このような"特権"を与えられていたところは、昔からバラ（borough）と呼ばれていたが、これらのバラはその"特権"を保持し続けることに執着していた。このため、1972年法は、もとのバラであったかどうかに関係なく、パリッシュは、自分自身の議会で決議すれば、"タウン"を名乗ることができ、議会の議長に"タウン・メイヤー"の称号をつけることができると定めた。この称号をどれだけのパリ

---

[393] Ibid. この候補者リストは2度にわたってつくられたが、最初は全部で269団体がリストアップされたというように、申し込みが非常に多かった。それをみたためであろう。ほかの「市」や「町」のなかから再度の要請があり、1か月後に約30団体が追加された。

[394] 1832年の選挙法改正以前の話であるが、国会（下院）に代表者すなわち議員を送り込むことができる特権を持っていたところも少なくなかったという。参照、K. P. Poole & Keith-Lucas, *Parish Government 1894-1994*. p.227.

ッシュが使っているか公式の記録はない。しかし、約300のパリッシュが、"タウン"の地位を選択したといわれている。そのなかには、もともとの純粋のパリッシュも含まれていたが、多くは、もとの「町」「市」あるいは「バラ」であった[395]。

この"タウン"の制度により、しばしば、同じ地域に、タウンのメイヤーとディストリクトのメイヤーという、2人のメイヤーがいるという事態をつくってしまった。ディストリクトは、国王に申請をすれば、"バラ（borough）"の称号をもらうことができると1972年法が定めたため、バラの地位を獲得したディストリクトが160ほどあるが、これらのディストリクトの議長も"メイヤー"と呼ばれているからである[396]。

さらに、以前に"シティ（市）"を名乗る特権を国王から与えられていたところが都市パリッシュになったという場合もあった。本書でときどき事例に挙げているケンブリッジシャー県のエリー（Ely）がそうであり、また、ローマ時代の街並みが残っていることで有名なチチェスター（Chichester）などがそうである。これらのパリッシュは、"タウン"では満足することができなかった。そのため、旧い法律の条文を引っ張り出し、国王に"シティ（市）"の名称を使いたいと申請し、それを認める特許文書（Letters Patent）が交付された。その結果、これらのパリッシュは、他の面では完全にパリッシュであるが、エリー・パリッシュは"エリー市"という"シティ（市）"の名称を用いることができるようになった[397]。

この結果、エリー市の場合は、その上位の自治体は「サウス・ケンブリッジシャー・ディストリクト」と名前が違うため、それほど混乱しないけれども、チチェスターの場合は、パリッシュが"チチェスター市"であり、その上位の自治体は"チチェスター・ディストリクト"であるというように、少なくとも日本人にとっては、訳

---

[395] Bruce Wood, *The Process of Local Government Reform 1966-74*, p.166.
[396] Ibid.
[397] K. P. Poole & Keith-Lucas, *Parish Government 1894-1994*, p.228.

の分からない状況になってしまった。もちろんメイヤーも2人いる。

7 大都市圏のパリッシュ

　1972年法は、大都市圏にも、地方圏と若干は違っていたが、県とディストリクトの2層制を採用し、全部で6つのメトロポリタン県（metropolitan counties）を設置した。ロンドン以外の大都市は、すべて、これらのメトロポリタン県のなかに包含され、そのほかに、郊外地域さらには周辺の農村部も包含された。こうした農村部には、いくつかのパリッシュが設置されていたが、これらのパリッシュはそのまま大都市圏内のパリッシュとなった。1972年当時、大都市圏には全部で260のパリッシュがあったという。ただし、メトロポリタン県の下に配置されたディストリクトの中心部は特別市であったところが多く、これらの特別市であった区域にはもちろんパリッシュはなかった。同じディストリクトのなかで、中心部にはパリッシュがなく、周辺部にはパリッシュがあるという状況が発生したわけであるが、こうした元の特別市の区域でも、次第に、ディストリクト全域にパリッシュを設置してほしいという声が強く出てくるようになった。ムラの生活にパリッシュが有益ならば、どうして"まち"の人には否定されるのかという点が議論されるようになったのである[398]。

　こうした声は、大都市圏だけではなく、ロンドンでもでてくるようになり、1973年には、ロンドンにパリッシュを設置するという法案が提案された。これはすぐに廃案となったが、1984年には、今度はロンドンを含むすべての大都市圏にパリッシュを設置するという法案が、議員提案で国会（上院）に提案された。そして、このときは上院を通過した。下院では却下されてしまったが……[399]。

---

[398] Ibid., p.229.
[399] Ibid.

都市パリッシュの設置を検討した自治体境界調整委員会は、都市パリッシュ設置のガイドライン、すなわち、人口２０，０００人以上の地区、あるいは、ディストリクトの総人口の５分の１以上を占める地区ではパリッシュの設置を認めないというガイドラインに拘束されて、人口の多い大都市圏ではなかなかパリッシュの設置を勧告できなかった。それでも、パリッシュを設置したほうがよいと判断したこともあった。たとえば、バーミンガム市（法形式的にはディストリクトであるが、通常は、公式にもバーミンガム市と呼ばれている）についてみると……

　バーミンガム市では、１９８０年から、中心部にパリッシュを設置すべきか否かの検討を含むパリッシュの見直しをはじめた。しかし、この当時、同市の政権を握っていた保守党政権は、１９８３年に、パリッシュ議会を設置しないと結論した。これを受けた自治体境界調整委員会は、地元の意見にしたがうのが普通であったが、このときは、バーミンガム市の意見にしたがわなかった。１９８５年に１３のパリッシュ議会を設置するべきであるという独自の案を策定した。ところが、そうこうしているうちに、保守党が政権からはずれ、新しい政権が、同じ１９８５年に、今度は８４のパリッシュ議会を設置するという案を提示した。これは市内全域にパリッシュをつくるという構想であった。そして、今度は、自治体境界調整委員会が、市民の強い支持がないということを理由に、この提案を拒絶した。最終的に判断するのは環境大臣であったが、環境大臣の権限は自治体境界調整委員会の提案を承認するか、それとも拒絶するかだけであった。自治体境界調整委員会を飛ばしてバーミンガム市の提案を認めるという権限はなく環境大臣にはなく、結局、バーミンガム市ではパリッシュはつくられなかった[400]。

　しかし、その後、バーミンガム市は市議会議員の選挙区を３９に分け、それを実質的にパリッシュとして、とくに住民の"代表機関"

---

[400] Ibid., p.233.

として、活用するようになった。それが今日まで続いている。その内容は、各選挙区は定員3人の選挙区であるが、この3人の市議会議員で「小議会（Ward Sub-Committee）」をつくり、それをパリッシュ議会の代わりに活用しているというものである。この「小議会」は、バーミンガム市の説明によれば、「住民と市役所の各部局とを結びつける架け橋としての役割を果たす」ものと位置づけられている。市議会もこの「小議会」に大幅に権限を委譲し、実質的には、「小議会」が選挙区の意志決定機関になっているといえるほどである。各選挙区の住民は、この「小議会」を自由に傍聴することができるだけではなく、発言することもできる。そして、この「小議会」に市役所の各部局の代表者が出席し、3人の議員と住民に、その選挙区に関係ある政策を説明し、政策立案にあたっては、その意見を聞いているという[401]。まさに、大都市版のパリッシュということができるような装置である。

8　1980年代・90年代の改革

1972年法は1974年から実施されたが、この70年代、とくに、その前半は、イギリスの公共支出が急激に膨張した時代であった。たとえば1970年度の公共支出はGDP（国内総生産）の40.7％であったが、75年度には48.5％にまで達していた。また、インフレーションも激しくなり税金も毎年のように上がっていった。当時政権を握っていたのは労働党政府であり、労働党政府はこれらの事態の解決に懸命に取り組んだが、国民からも見離され、1979年の総選挙で保守党に政権を奪取されてしまった(**表9参照**)。

サッチャー保守党政権が登場したわけであるが、このサッチャー政権が真っ先に取り組んだのは公共支出の削減であった。この方向

---

[401] Birmingham City Council, *What Are Ward Sub-Committee and How Will They Change?* (Leaflet), 24 July 1998.

付けについて、たとえば１９７９年１０月の保守党大会でサッチャー首相が次のように説明していた。

「保守党が総選挙で最も重要な課題として掲げたのは、４つの経済問題でした。インフレーション、公共支出、所得税、工業関係がそれです。これらは４つの別々の問題ではありません。それどころか、密接に結びついた問題なのです。公共支出を抑制しない限り、所得税を下げることができません。公共支出をまかなっているのは、税金であるからです。政府は自分自身のお金というものはもっていません。もちろん、お金があれば、病院を近代化し、老齢者、病人、身障者にもっと手をさしのべるなど、我々が良かれと思うことにお金を使うことができます。しかし、政府はすでに国民所得の半分近くを、毎年、消費するようになっています。労働党の気前の良い支出ですべての問題が解決されるというのであれば、なにも苦労することはありません。また、インフレーションも、公共支出の抑制がない限り、直すことのできない重要な問題です。政府がたくさんの支出をし、その不足分を補うために、お金を増し刷りしたりすれば、物価それに利率の値上がり、すなわちインフレーションが発生します。そして、貧しい人々、年金生活者、それに家を買おうとしている若い人々を苦しめることになります」[402]。

公共支出のかなりの部分は地方自治体によるものであったため、公共支出削減の効果をあげようとすれば、地方自治体の支出の削減も必要であった。地方自治体の支出の削減は、すでに１９７０年代はじめから、大蔵省によって強く主張されていた。そして、大蔵省の働きかけもあって、１９７０年代の半ば頃から、労働党政権下に

---

[402] Margaret Thatcher, *Speeches to the Conservative Party Conference 1975-1988*, (London: Conservative Political Centre, 1989), pp.51-52.

おいても、支出の抑制が実際に試みられ、その結果、１９７４年度にはＧＤＰの１５.９％を占めていた地方自治体の支出が１９７９年度には１２.８％まで縮小していた。しかし、この労働党の姿勢は、大蔵省にとっては、まだまだ不十分であった。一方、サッチャー政権が示した姿勢は、この労働党に比べて、はるかに積極的であった。このため、大蔵省はサッチャー政権の政策を強く支持し、ここに、保守党政権の政治家と大蔵官僚の"邪悪な同盟（unholy alliance)"が出現した、といわれるほどになった。言い換えれば、政治家と官僚が一体になって、より強力に、より強圧的に、地方自治体の支出の削減を要求するようになったわけである[403]。

かくして、サッチャー政府は、政権をとった２か月後には、早くも、地方自治体の支出を前年度より５.５％削減するという方針を打ち出していた。そして、これを確実にするために、個々の地方自治体ごとに標準支出を算定し、それより支出が多い地方自治体には補助金を削減するという"制裁"を打ち出していた[404]。しかし、この政策はほとんど効果をあげることができなかった。支出の削減がサービス水準の低下に結びつくという判断のもとに、あえて標準支出を超過する地方自治体が続出したためである。これらの地方自治体が補助金の削減という制裁を受けたのはもちろんであった。とりわけ大ロンドン都（ＧＬＣ）が受けた制裁は大きく、１９８０年度から８１年度にかけて５０.８％も補助金を減らされ、１９８３年度には補助金ゼロにされてしまった。しかし、地方自治体はこのような補助金削減に対して、地方税の値上げという手段で対抗し、支出の増大 － 地方自治体の表現では"サービスの拡充" － を続けた。

日本の場合、地方税の額は法律で決められているため、増税をしようとすれば、中央政府に了承してもらう必要があるが、イギリス

---

[403] Mike Goldsmith, "The Conservatives and Local Government, 1979 and after" in David S. Bell, ed., *The Conservative Government 1979-84*, (London: George Allen & Unwin, 1985), p.144.

[404] Tony Travers, *The Politics of Local Government Finance* (London: George Allen & Unwin, 1986), pp.81-92.

では、地方税の額は地方自治体自身がきめているため、このような事態が発生したのである。いわば、地方自治が充実している結果であった。

それはともかく、こうしたことから、サッチャー政権は、公共支出削減の効果をあげるために、地方自治体の抑制を試みるようになったが、これに真っ向から対立したのは、労働党左派のリビングストンが率いる大ロンドン都であった。また、6つのメトロポリタン県も1981年にすべてが労働党の政権になり、中央政府に強硬に抵抗するようになった。この結果、サッチャー政権は、1983年の総選挙で大ロンドン都と6つのメトロポリタン県の廃止を公約でうたいあげるようになり、この選挙でサッチャー政権が大勝したために、1986年、大ロンドン都とメトロポリタン県は廃止されてしまった[405]。大ロンドンは、形態を変え、今度は大ロンドン庁（Greater London Authority）として、2000年に再登場する事になっているが……。しかし、この変革は、パリッシュにとっては何の影響もなかった。

この後、地方税制度の改革や運営組織の改革が大々的に行われるようになったが、地方自治体の形態については、ほとんどの人は、もう変える必要がないと判断していた。ところが、1990年代に入り、サッチャー政権がメージャー政権に代わると、同じ保守党の政権ではあったが、再び、改革の波が押し寄せてくるようになった。1992年の総選挙の際に、今度は"単一自治体（unitary authorities ; UA）"をつくると公約したのである。地方圏の県とディストリクトを統合して、一層制の地方自治体をつくるという構想であり、実質的には、レドクリフェ・モード委員会の勧告にあった単一自治体、あるいは、元の特別市（county borough）と同じよう

---

[405] 大ロンドン都と6つのメトロポリタン県には、その地域の大きな将来構想、すなわち戦略計画を策定すること以外にはほとんど機能がなく、したがって"余分な存在"であったために廃止されたというのが公式の見解である。David Wilson and Chris Game, *Local Government in the United Kingdom* (Hampshire: Macmillan, 1994), pp.55-57.

なものをつくるという構想であった。責任を明確にし、効率をよくするために、当初は１００の単一自治体（UA）をつくるということであったが、地方自治体の反発に会い、結局、イングランドでは１９９５年から９８年にかけて４６の単一自治体（UA）が出現しただけであった。ほとんどの地域では県とディストリクトの２層制が継続された。ただし、ウェールズでは２２の単一自治体が創設され、すべての県が消えてしまった[406]。

この単一自治体の創設は、パリッシュにもかなりの影響を及ぼしそうである。たとえば、ハンバーサイド県は県内のすべてのディストリクトが４つのグループに分かれ、それぞれが単一自治体（UA）となった。それに伴い、ハンバーサイド県もディストリクトも全部消滅した。そのなかには、ハンバーサイド県の県庁所在地として機能してきたビバリー（Beverley）市も含まれていたが、このビバリー市の歴史は長く、１５７３年から延々と数百人のメイヤーが市のシンボルとして儀礼的な働きを引き継いできた。「メイヤーは毎年３００の儀式に出席しなければならず、また、１２月３１日の夜には、新年のベルが鳴る前に、詩を朗読しなければならない。こういう伝統的な行事がいっぱいある」というのが、ビバリー市のメイヤーであった。単一自治体になってからは、旧ビバリー市から５人が単一自治体の議員になった。そして、そのなかの１人がメイヤーの任務を担っているが、しかし、「これでいいのか」という住民が多い[407]。その結果、現在は、旧ビバリー市がパリッシュになれないかどうか、検討されているとのことである。

このほか、単一自治体になると同時に、住民の意思の反映という側面から、パリッシュの導入を考えるようになったところも多い。事実、単一自治体（UA）にどの区域を指定するべきかの検討をした

---

[406] この改革については、参照、横田光雄「英国労働党政権の新地方自治政策」日本地方自治学会編『機関委任事務と地方自治』（地方自治叢１０）（１９９７年、啓文堂）、172-179頁。

[407] *The Times*, 19 February 1996.

地方自治委員会（Local Government Commission）自身が、次のように注意を喚起している。

「これからはコミュニティの時代である。パリッシュをもっていない地域は、住民に最も近いところで意志決定ができるようにパリッシュの導入を検討するべきである」[408]。

単一自治体の区域では、これからパリッシュ導入の本格的な検討がはじまりそうである。

---

[408] *The Times*, 18 January 1995.

図15 イングランドの地方自治体（1998年）

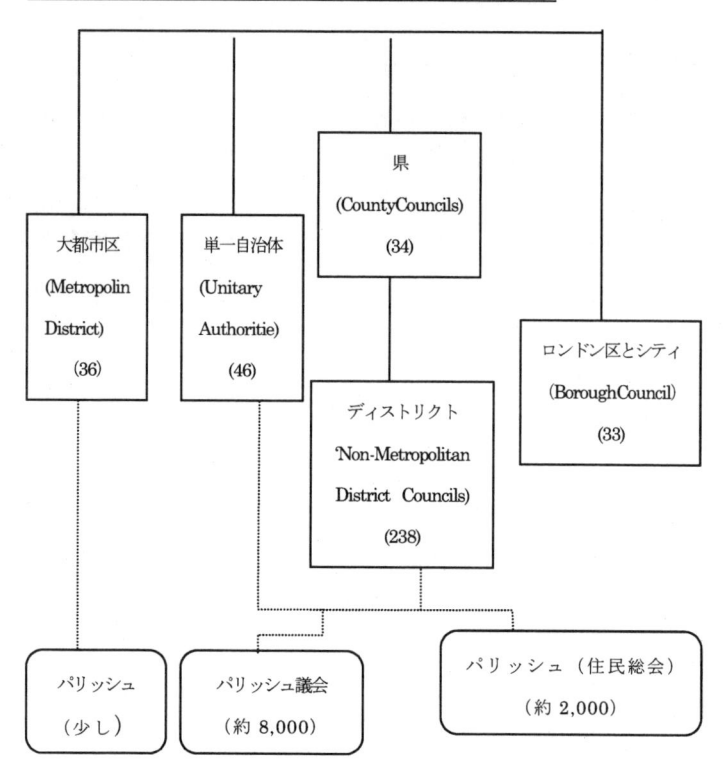

```
                      ┌──────────┬──────────┬──────────┐
                      │          │          │          │
                      │          │          │   県      │
                      │          │          │(CountyCouncils)│
                      │          │          │   (34)    │
                      │          │          │           │
                 ┌────┴────┐ ┌──┴───┐        │
                 │ 大都市区 │ │単一自治体│     │
                 │(Metropolin)│ │(Unitary│     │
                 │ District) │ │Authoritie)│   │
                 │  (36)    │ │ (46)  │        │                    ┌──────────┐
                 └──────────┘ └──────┘         │                    │ロンドン区とシティ│
                                        ┌─────┴──────┐              │(BoroughCouncil)│
                                        │ディストリクト│             │    (33)      │
                                        │'Non-Metropolitan│         └──────────┘
                                        │District Councils)│
                                        │    (238)    │
                                        └─────────────┘
```

| パリッシュ | パリッシュ議会 | パリッシュ（住民総会） |
| (少し) | (約 8,000) | (約 2,000) |

資料）David Wilson and Chris Game, *Local Government in the United Kingdom*, 2d ed., p.63

第10章　住民自治とパリッシュ

1　住民の代表機能

　1972年法は、ディストリクトが建築許可や開発許可をする場合、その申請があった段階で、パリッシュ議会に協議しなければならないと定めた。それ以前においても、パリッシュは、県や市町村に対して種々の要請をしたり、あるいは、逆に県や市町村から相談を受けたりしていたが、これらは法律上の権限というわけではなかった。単に、事実上の行為として、そうしていただけであった。それが、1972年の地方行政法によって、初めて法律上の行為として認められたのであるが、これ以後、ほとんどすべてのパリッシュがこの権限を最も重要な権限としてあげるようになった。

　たとえばハンプシャー県のフォーリー（Fawley）パリッシュは、その議員向けのハンドブックのなかで、パリッシュ（およびパリッシュ議員）の最も重要な仕事として、この権限を取りあげているし[409]、ケンブリッジシャー県のエリー・パリッシュも、「パリッシュ議会は2週間に1度の割合で建築許可や開発許可の申請を検討し、その結果とコメントをディストリクトに送付している」[410]という点を住民に強調している。同じくケンブリッジシャー県のミルトン・パリッシュも、次のように、パリッシュの権限を住民に説明している。

　　「パリッシュにはほとんど権限がありません。しかし、それ相応の影響力はもっています。このなかで最も重要なのは、建築許可や開発許可に関連するものです。この許可をする権限は、ディ

---

[409] Fawley Parish Council, The Official Parish Guide 1993 (Hampshire: Fawley Parish Council, 1994), p.5.
[410] City of Ely Council, Home Page , http://www.camcnty.gov.uk/parish/ely.htm,1999.

ストリクトにあります。この地域では、サウス・ケンブリッジシャー・ディストリクトがその許可をする役所です。しかし、その許可の申請がミルトン・パリッシュに関係する場合には、すべての申請の詳細な内容をミルトン・パリッシュに通知してくれます。パリッシュ議会ではこの申請の適否を検討し、そのコメントをディストリクトに送り返します。ディストリクトでは、このコメントを考慮した後、ディストリクト議会でその採否を決定するということになります」[411]。

また、ほかの行政機関としてのサービスは何もしていないところでも、この申請に対するコメントだけはしているというところが多い。1991年に実施されたアストン調査をみても、95％のパリッシュがディストリクトから申請があったという通知を受けて、そして、70％近くのパリッシュがそれにコメントをしていると応えていた[412]。

しかし、このコメントが実際にどれだけの効果をあげることができるかという点については、保証がない。それどころか、無視されることがしばしばあるようである。たとえば1984年のことであるが、オックスフォードシャー県のウィットチャーチ・オン・テムズ（Whitchurch-on-Thames）パリッシュが、ディストリクトからある開発の申請に関してコメントを求められたときに、環境に及ぼす影響が大きすぎるという理由で強硬に反対したことがあった。ところが、ディストリクト当局は、開発地域から5マイル以内に誰も住んでいないという理由で、パリッシュの反対を無視し、開発を許可してしまったのである[413]。

---

[411] Milton Parish Council, *What Does the Parish do?*, (Cambridge: Milton Parish Council, 1999).
[412] Aston Business School (Aston University), *Parish and Town Councils in England : A Survey* (London, HMSO, 1992), p.48.
[413] K.P. Poole & Bryan Keith-Lucas, *Parish Government 1894-1994*, (London: The National Association of Local Council, 1994), p.84.

ディストリクトは、日本の市町村にあたる自治体であるが、その規模は大きく、ほとんどのディストリクトは１０万人を超す人口をもっている。多数の職員がそこで働いているが、その職員の多くはプランナーや弁護士などの専門家である。これがイギリスの自治体の特色ともいえるが、ディストリクトの意志決定は、これらの専門家の意見にもとづいて決められることが多い。

　もちろん、ディストリクトの最終的な意志決定者はディストリクトの議員である。議会の委員会や本会議で意志を決定しているのであるが、しかし、この意志決定の過程は、必要がある場合には、有権者に対して明らかにしなければならず、また、その決定の妥当性を有権者に納得してもらうことが必要である。これは一般にアカウンタビリティーとして説明されている。このアカウンタビリティーがあるため、ディストリクトの議員は、恣意的に決定することができないのはいうまでもないが、感情で決定することもできにくい。できるだけ理性にもとづいた判断をしなければならないというのが、ディストリクトの議員が置かれている立場である。この結果、配下にいる専門家（職員）の意見を聞き、その判断を採用するという傾向が強くなるのは当然といえる。

　これに対して、パリッシュには、たまたまムラに住んでいる専門家が議員になったということがごく稀にあったとしても、通常は、プランナーもいなければ、弁護士もいない。いわば、パリッシュの意見は素人（アマチュア）の意見である。そうした素人の意見にしたがえば、理性ではなく、感情にもとづいた意志決定になってしまう可能性が十分にある。しかも、ムラの住民の多くはパリッシュ議会に関心を示していない。パリッシュ議会の意見は、ムラ人の声というよりは、数人のパリッシュ議員の声だということもよくいわれる。そのようなパリッシュの意見を、なぜ、自然保護団体などの他の住民組織と区別する必要があるのか。別に取り立てて重視する必要はないのではないか……という考えが、ディストリクト、とりわ

けディストリクトの専門職員の間に強いという[414]。

ディストリクトのこの体質は、昔から、パリッシュによって認識されていたようである。これを民主主義の危機という観念でとらえ、その危機を防ぐことができるのはパリッシュの住民だけであると警告するパリッシュ議長もいた。前に引用したハンプシャー県のあるパリッシュの議長の
１９５８年の警告がそうである。ここで、もう一度引用すると……。

　「"住民の、住民による、住民のための政府"をつくるチャンスに住民は無関心です。この無関心は国全体を覆っていますが、こういう状態が続きますと、みなさんの生活が中央政府や地方団体の高級官僚によって、ますますコントロールされるということになってしまいます。これらの高級官僚は公平ではあるでしょう。しかし、あなた方の個人個人の問題やパリッシュの問題を十分に理解しているということは絶対にありません。
　国民が無関心であれば、それだけ官僚の権限が増大します。その権限の行使によって、もっとも大きな影響を受けるのは皆さんですが、皆さんの意見によって、官僚の権限がチェックされるということもなくなるのです」[415]。

また、ディストリクトの専門家（職員）は、長期計画や都市計画などに機械的にしたがいがちである。法令を絶対的なものとして取り扱う傾向も強い。また、一度決定されたことは、可能な限り、実施しようとする傾向もある。これに対して、パリッシュ議会の議員は、一般に、法令も知らなければ、長期計画や都市計画にもあまり通じていない。一度決定されたことでも、状況が変われば、あまりそれに拘泥しないのが普通である。柔軟に考え方を変え、また、法

---

[414] John Gyford, *Citizens, Consumers and Councils* (London: Macmillan, 1991), p.89.
[415] K.P. Poole & Bryan Keith-Lucas, *Parish Government 1894-1994*, p.162.

律や計画ではなく、コモンセンスにもとづいて、物事を判断する。このため、ディストリクトの専門家とパリッシュ議会の見解はしばしば対立し、パリッシュの意見はディストリクトによって無視されるという結果をもたらすことが多いのである[416]。

このような事態に、現実のパリッシュはどのように対応しているのであろうか。以下、ケンブリッジシャー県のカルデコート・パリッシュを事例にして、最近のパリッシュの対応を追ってみることにしたい。

2 カルデコート・パリッシュの戦略

１９９７年４月のある日、サウス・ケンブリッジシャー・ディストリクトの計画官から、カルデコート・パリッシュ議会の議長に対して、５４０軒の住宅を建設したいという申請がある見込みであるという通知があった。これが、この事件の発端であった。申請者はウィルコン・ホーム（株）という中堅の会社であったが、この会社は、１９９４年にも、１４６軒の住宅を建設したいという申請をしたことがあり、このときは、カルデコート・パリッシュの強い反対のもとに、ディストリクトが申請を受理しなかった。しかし、ウィルコン・ホーム（株）はこの対応にしたがわず、不当な処置ということで中央政府に控訴していた。その裁判の過程で、またまた、住宅を建設するという申請をしてきたのであるが、これはウィルコン・ホーム（株）だけの意志ではなく、ディストリクトの計画官（職員）の意志でもあった。計画官は、サウス・ケンブリッジシャーというディストリクト全体の立場から、しかも、地方計画や都市計画にもとづいて、カルデコート・パリッシュでの住宅建設が必要であると考えていたのであった。１９９７年４月のパリッシュに対する事前の通知も、パリッシュを説得しようという思惑から出たものと

---

[416] John Gyford, *Citizens, Consumers and Councils*, p.90.

いえた[417]。

　実際に、申請があったのは、それから半年後のことであった。住宅建設の戸数も３４０軒に縮小していた。この申請があったという通知を受けたときには、すでに、カルデコートのパリッシュ議会は「許可をするべきではない」ということに意見が確定していた。しかし、計画官が「許可するべきである」と考えている以上、このパリッシュの意見は無視される可能性が非常に高かった。このため、カルデコート・パリッシュ議会は、臨時議会を開き、そこに住民にも参加してもらうということにした。議員だけではなく、ムラ人全体で意見をつくろうとしたのである。

　そこで、臨時議会に参加するように住民に呼びかけ、１９９７年１０月３０日、小学校の教室で臨時議会を開催した。出席した住民は１００人であった（人口は６２０人）[418]。

　この臨時議会での住民の意見は……「建設戸数が多すぎる」、「新住民の子供を収容する小学校のスペースがない」、「交通が渋滞する」というものであった。また、つぎのように、住宅建設によって、ムラの住民が混乱するという懸念を示すものもいた。

　　「ウィルコン・ホーム（株）は公園などを造るとしているが、
　　これは新住民のためのものであり、新旧住民の分離をもたらす」。

　住民によって示された意見のほとんどは、パリッシュ議員の意見と同じであった。このため、最終的には、出席者のほぼ全員の合意のもとに、パリッシュ議会は開発に反対するという結論を下した。

---

[417] Owen kember (Chairman; Caldecote Parish Council), "Development News" in Caldecote Parish Council, *The Caldecote Journal* (Autumn 1998).
[418] Owen Kember, "Development News" in *The Caldecote Journal* (December 1997).

(資料；臨時議会出席の呼びかけ)

カルデコート・パリッシュ議会

開発を認めますか？
拒絶しますか？

カルデコート小学校にて
１９９７年１０月３０日（木曜日）　午後７時３０分

　特別の臨時議会を開きます。ウィルコン・ホーム（株）から３４０軒の住宅をカルデコートに建てたいという申請がありました。それをみんなで検討するためです。
　住民の皆さんは全員参加してください。みんなでこの申請を検討し、それを受け入れるべきかどうか、決めましょう。

住民は全員出席してください

　この後、ウィルコン・ホーム（株）から、さらに１１０軒の住宅建設の申請があったが、これについても、１９９７年１２月４日に臨時議会を開き、住民にも参加してもらって、申請を拒絶するべきという結論になった。このときは、住民の参加は芳しくなかったようであるが……。

　このカルデコート・パリッシュの意見がサウス・ケンブリッジシャー・ディストリクトに伝えられた後、ディストリクト議会の計画委員会が、計画当局として、ウィルコン・ホーム（株）の開発を許可するかどうか決定することになった。
　計画委員会としては、カルデコート・パリッシュがムラ人１００人の意見をもとにして反対してきたこともあって、それを無視することができなかった。このため、カルデコート・パリッシュの議長に委員会への特別参加を求め、計画委員会がはじまる前に、非公式に委員会の委員（議員）全員にカルデコート・パリッシュの意向を説明してほしいと要請した。もちろん、カルデコートの議長はこれに応じた。

このカルデコートの議長の説明が終わってから、公式の計画委員会がはじまった。まず、ディストリクトの計画官が状況の説明をした。次いで、地元選出議員（ディストリクト議員）の意見ということになり、カルデコートを選挙区としている議員が意見を述べた。その後、ウィルコン・ホーム（株）の開発が如何に有益かの説明を民間の専門家から聞いた後、採決に入った。結果は、カルデコート・パリッシュの住民の意見にしたがった採決、すなわち、開発を許可しないという採決であった[419]。

しかし、ウィルコン・ホーム（株）の抵抗は続いた。サウス・ケンブリッジシャー・ディストリクトの決定は不当であると、中央政府（環境省）に控訴したのである。１９９８年４月２１日と２２日に、視察官による査問会がサウス・ケンブリッジシャー・ディストリクトの役所で行われた。これに先立ち、ディストリクト議会は、なぜ申請を拒絶したかを説明する文書を作成し、証拠品をそろえて、２月２５日に環境省に提出していた。また、ディストリクトの計画官は住宅建設の予定地の所有者や占有者に対して、査問会が開かれること、そこで意見を陳述することができることを通知していた。ディストリクトの対応は、狭い意味での利害関係者に対する対応であり、パリッシュ全体に対するものではなかった。

パリッシュ議会の議長には、地元選出のディストリクト議員から査問会が開かれる旨の連絡が入っただけであった。公式にはディストリクトによって無視されたわけであるが、パリッシュ議会はすぐにこれに対応した。住民に査問会で意見の陳述をするように働きかけるということを決めたのである。そして、３月に入ると、パリッシュ議会はムラ人に対して、環境省と査問官に手紙で自分の意見を表明するように働きかけ、また、４月の査問会にはできるだけ出席するようにという文書を配布した。この査問会ではウィルコン・ホーム（株）の申し立てやディストリクトの説明、さらに何人かのム

---

[419] Owen Kember, "Development News" in *The Caldecote Journal* (Spring 1998).

ラ人の意見の陳述があった。カルデコートを代表するディストリクトの議員が会場で大声をはりあげて開発に反対したが、そのとき、ディストリクトの計画官は後ろのほうで苦虫をかみつぶしたような顔をしていたという。査問官の結論は、開発を許可すべきでないというものであった。人口６２０人のムラに４００軒の住宅は過剰であり、とくにムラの小学校が運営できなくなるというのが、その理由とされたが、多数のムラ人の反対（賛成者は誰もいない）という情勢が影響したことも確かといえた。この査問官の報告は環境大臣のもとに提出され、環境大臣もそれに同意し、カルデコート・ムラに突如として起こった開発騒動は幕を閉じた[420]。

3　議会制民主主義と直接民主主義

上に述べたカルデコートの事例は、ディストリクトの計画官が悪いことをしようとしたのを、パリッシュが防いだということを示すものではもちろんない。それどころか、長い目で見た場合には、あるいはディストリクト全体の観点からみる場合には、ひょっとすれば、計画官の判断のほうが適切かもしれないという事例である。環境省は、小学校などの収容能力から、ムラ人の判断のほうが適切であるという最終決断を下したが、小学校などは増築すればよいことであり、客観的にみる場合には、それほど大きな理由といえるものではない。それにも拘わらず、開発を許可しなかったのは住民のほぼ一致した反対があったからといえるであろう。

住民の意向を重視しすぎる場合には、弊害が生じるということも十分にあり得る。ディストリクト全体のためには、あるいは、県全体のためには必要であるとしても、自分たちのムラにとってはマイナスだと判断するときには、パリッシュは反対の意思表明をするに違いないからである。ディストリクトはこうしたパリッシュの反対

---

[420] Owen Kember, "Development News" in *The Caldecote Journal* (Autumn 1998).

意見をどこまで尊重するべきなのか、難しい問題である。

しかし、カルデコートにしても、ほかのパリッシュの動きをみても、自分たちのパリッシュの利益にならなければ常に反対するということはない。反対するかどうかは、常に、議論をして決めている。

たとえば、ディストリクトに対して、同意するか、反対するかの意見は、通常、パリッシュ議会の本会議もしくは委員会でつくられているが、その意見は、本会議もしくは委員会の審議を経た後に、その審議の結論としてつくられている。しかも、この審議は、日本のようなお座なりの審議ではない。質問と回答の繰り返しという審議でもない。議員がお互いに意見を戦わせ、その過程で功罪を明らかにしていくという議論である。意見が食い違う場合には、相手を納得させるために、いろいろな方面から説明し、説得する議論である。こうした議論の結果として、最悪の場合には、多数決できめるという審議である。採決が前提になっている審議ではなく、議論が前提になっている審議である。したがって、上述のカルデコート・パリッシュでの開発問題のような問題が発生したときには、審議に非常に長い時間がかかるのが普通である。一日で終わらないことも多い。カルデコート・パリッシュの場合も、議員はしばしば集まり、議論を繰り返していた。

このような議会での議論に加えて、パリッシュは住民総会も開いている。小さなパリッシュで議会をもたないところでは、住民総会が議会の役割を果たしているが、議会を設置しているところでも、住民総会が開かれているのである。とくに、どうしてもディストリクトに意見を聞いてもらいたいというような場合には、臨時の住民総会をひらいて、住民に意思決定をしてもらうということが多い。ただし、住民に意志決定をしてもらうといっても、単純に住民投票をしてもらって決めてもらうというようなものではない。あらかじめ資料を配り、パリッシュ議会での審議経緯を説明し、住民にも議論をしてもらった上で、言い換えれば、メリット・デメリット、必要性の度合い、パリッシュに対する影響などを理解してもらった上

で、住民に最終決断をしてもらうのである。

　カルデコートの場合は、臨時議会への住民の参加という形態をとったけれども、実質的には、これは住民総会の開催であった。いわば、議論を尽くした後に、その議論にもとづいて決定するという議会制民主主義と、住民に直接決めてもらうという直接民主主義を併せた形で運用されているのが、パリッシュであるといってよいであろう。もちろん、パリッシュの運用形態はパリッシュによってバラバラであり、議会だけで決定しているところもあるであろうが……。

　また、パリッシュには、議会をオープンにしているところが多い。これは第7章で述べたところであるが、オープンにするというのは、傍聴できるということではない。住民が議会に参加し、発言したり質問したりすることができるということである。これは、まさに、議論をするという議会制民主主義と住民参加という直接民主主義を混在させたものというべきである。

　このようなパリッシュの意志決定の仕方をみれば、パリッシュにとってマイナスというだけで、ディストリクト全体の生活に必要なものを拒むということはあり得ないといえるのではなかろうか。少なくとも、繰り返し議論をした上で、責任意識をもって、判断していることは確かといわなければならない、その上で、反対をするという場合には、その反対は根拠がある反対、正当なコモンセンスにもとづいた反対というべきである。

　全国パリッシュ協会の見解にしたがえば、県やディストリクトの専門職員のほうが、職員の専門的な判断が地域の住民の生活にどういう影響を及ぼすか、ほとんど配慮をしていないという。ましてや、自分たちの施策が、他の公共機関の施策と合わさって、パリッシュにどういう影響を与えるか、という点に注意を払うものはほとんどいない。たとえば、学校の閉鎖によってムラの生活が大きく変わるということがよくあるが、教育委員会はそういうことにはいっさい

配慮しないのが普通である[421]。こういうことからいえば、パリッシュでの意志決定は、専門家の意見を補完し、正しい方向に向ける働きもしているといえそうである。

　「パリッシュは地域社会（コミュニティ）と認められているものと一般には合致している。このことは疑問の余地がないが、これがパリッシュの他の地域組織と違うところでもある。パリッシュの議会や役所そして議員には非常に近づきやすいという特色もある。また、ほかの広域の地方団体が担当している業務は、教育も、計画も、福祉も、すべてスペシャリストの技術が重要な要素となっており、素人にはさっぱりわからないものになっている。しかし、パリッシュの場合はそうではない。パリッシュ議会で議論されていることは、素人である住民にも十分に理解できる。また、パリッシュの住民総会は。まさに、デモクラシーの基本形態である」[422]。

　これは全国パリッシュ協会の説明、正確に言えば、全国パリッシュ協会の『百年史』を執筆したキース・ルーカス教授の説明であるが、この説明にパリッシュの特色が端的に示されているといえるであろう。これに付け加えることがあるとすれば、「いろいろな人々が集まってつくっている小宇宙である。そこでは、様々な構成分子が直接顔を合わせることができるという大きな利点がある」[423]ということぐらいであろうか。

　パリッシュはこのような存在であり、しかも、議会制民主主義と直接民主主義を見事に併せもった組織である。こうしたパリッシュが存在し、しかも、住民の"代表団体"として、すなわち、単なるプレッシャーグループではなく、健全なコモンセンスをもとにした

---

[421] K.P. Poole & Bryan Keith-Lucas, *Parish Government 1894-1994*, p.262.
[422] Ibid., p.236.
[423] Ibid.

"代表団体"として機能しているために、イギリスの地方自治がしっかりしているといえるであろう。

イギリスは昔から「地方自治の母国」といわれることが多かった。しかし、この20数年の中央政府の政策をみる限り、イギリスはむしろ中央集権の国ではないかと思えるほどであった。もっとも、これらの政策は中央政府の思惑通りに実施されたわけではなく、なかには、地方団体の反発によってひっくり返されたものもあった。その点では「地方自治の母国」ともいえたが、それにしても、こうした中央政府の政策のなかで、なぜ地方自治が強いのか不思議であった。が、パリッシュの存在を考慮に入れれば、何の躊躇もなく、イギリスは「地方自治の母国」といえそうである。しかも、「住民自治」の国であり、同時に「議会制民主主義」の国でもある。

パリッシュの住民の"代表団体"としての機能は、1997年の地方行財政法（Local Government and Rating Act）によってますます強化された。ディストリクトは、建築や開発の許可だけではなく、パリッシュに関連があるものについては、ほとんどのものをあらかじめ協議しなければならなくなったのである。また、県も、パリッシュに関連がある施策を決める場合には、あらかじめパリッシュに協議しなければならなくなった。パリッシュが健全なコモンセンスを育成していることは、こういうところにも現れているといえよう。

日本では、最近、地方分権が騒がれているが、真の地方分権を実現するためには、住民の健全な意見を組み込む装置が必要である。その最、このイギリスのパリッシュは非常に重要な検討材料になるのでなかろうか。

索引

2

2ペンスの自由, 8, 86, 88, 112, 144, 233

5

5分の1ペンスの自由, 88, 112, 233

あ

アーモンヅベリー, 170
アカウンタビリティー, 249
アジェンダ, 191
アストン大学, 11, 16, 131, 132, 181
アストン調査, 131, 133, 134, 135, 136, 140, 141, 144, 145, 158, 163, 168, 171, 176, 181, 182, 185, 190, 192, 195, 199, 248
アディシャム, 158
アドホック, 29, 38, 39, 41
アムブローズ, 159
アルスウォーター, 202, 210
アルスウォーター委員会, 210
アルドボーン, 144
アルワルトン, 178
アロー, 61
アンダーソン, 191

い

イースト・グリンステッド, 154, 183, 184, 195, 198
イースト・ハーリング, 58
イクルトン, 137
イングランド, 10, 12, 16, 18, 19, 20, 48, 49, 85, 96, 97, 98, 121, 131, 132, 158, 177, 180, 181, 227, 234, 235, 244, 245

う

ウィッディコム委員会, 131
ウィットチャーチ・オン・テムズ, 248
ウィルキンズ議長, 126
ウィルソン, 10

ヴ

ヴィレッジ, 3, 11

う

ウインザー, 236
ウェイクフィールド, 236
ウェールズ, 18, 20, 48, 49, 85, 96, 97, 98, 121, 131, 167, 180, 234, 235, 244
ウェッブ夫妻, 50
ウッド, 223

え

英国国教会, 45
衛生区, 38
エスコム女史, 147
エリー, 181, 196, 197, 237, 247
エリー市, 237
エルム, 179

お

大地主, 37, 46, 57, 58, 60, 62, 68, 69, 155, 161
オービントン町, 215
オープン・スペース法 1906年, 76
オープン・ベストリー, 22
オックスフォード市, 219
オックスフォードシャー県, 71, 157, 162, 219, 248
オンスロー委員会, 93, 94, 95, 96, 156

か

カークバートン, 138
改革計画, 41, 42
開発許可, 15, 80, 139, 140, 170, 171, 188, 197, 233, 247
下院議員, 150
カウンシル・タックス, 56, 89, 92
カウンシル議会, 126
カウンシル制, 54
カウンティ, 13, 37, 39, 50
閣外大臣, 85
閣僚大臣, 85
貸農地, 44, 45, 46, 55, 67, 70, 73, 75, 76, 121, 123, 124, 129, 134, 136, 145, 170, 187, 188, 194, 224
家族法改正 1969年, 150
寡頭政治, 25, 30, 66, 71, 113, 169, 171
がらくた市, 114, 157
カルデコート, 6, 8, 9, 18, 51, 63, 64, 65, 66, 68, 71, 78, 80, 81, 83, 113, 114, 115, 116, 117, 118, 119, 120, 121, 122, 124, 125, 126, 127, 128, 134, 138, 143, 144, 145, 146, 154, 157,

158, 165, 166, 167, 168, 176,
177, 179, 181, 184, 189, 190,
196, 199, 251, 252, 253, 254,
255, 256, 257
カルデコート・ジャーナル, 144
カルデコート会館, 115, 116, 118,
124
カルデコート小学校, 125
環境交通大臣, 85
環境省, 11, 14, 18, 131, 141, 142,
235, 254, 255
環境大臣, 84, 131, 235, 239, 255
環境法
1995年, 77
監査委員会, 90
慣習法上の権限, 80
感情の政治, 54
間接民主主義, 52

き

キース・ルーカス教授, 35, 258
議員立法, 104
議会, 4, 9, 15, 16, 17, 19, 20, 21,
22, 25, 32, 33, 37, 40, 41, 44,
46, 47, 51, 52, 54, 55, 56, 57,
58, 59, 62, 63, 70, 72, 73, 81,
82, 83, 86, 92, 94, 95, 98, 113,
119, 122, 124, 125, 127, 132,
144, 145, 147, 155, 158, 165,

166, 170, 172, 173, 176, 177,
181, 185, 186, 187, 188, 189,
190, 191, 192, 193, 197, 198,
199, 200, 213, 228, 236, 249,
252, 254, 256, 257, 258
議会制, 9, 54, 101, 258
議会政治, 53
議会制民主主義, 3, 5, 9, 16, 17,
52, 54, 55, 56, 171, 255, 257,
258, 259
議会の開催時間, 199
教育法
1902年, 80
協議書, 100, 101, 102
教区委員会, 52
教区会, 3, 8, 21, 22, 23, 24, 25,
26, 27, 29, 30, 31, 33, 34, 35,
36, 37, 38, 39, 43, 45, 46, 50,
52, 56, 60, 62, 66, 68, 69, 75,
130
教区管理者, 46, 51, 60, 63, 66, 71,
78, 92, 113
教区の牧師, 21, 155
教区牧師, 60
行政機関, 8, 38, 41, 77, 79, 81,
122, 123, 124, 128, 131, 136,
140, 221, 229, 248
挙手による選挙, 65, 98, 156, 158,
163
挙手による投票, 8, 119, 155, 156,

157
ギロチン, 216

く

クエスション・タイム, 108
クラーク議長, 119
クライストチャーチ, 178
グラッドストーン, 31, 32, 43, 45, 46, 47, 48
グレート・エイトン, 86
グレートアービントン, 181, 187
グレンフィールド, 138
クロイドン, 52, 208, 212, 217
クローズド・ベストリー, 22
クロスマン, 220

け

警察官, 21, 25, 27, 37, 38, 50, 51, 63, 66, 71, 76, 77, 78, 113, 192
警察法
　1964年, 51, 78
継承パリッシュ, 236
ケムバー, 65
県議会, 55, 142, 147, 180, 181, 201
県議会議員, 126, 141, 142, 184, 185, 189
権限踰越, 8, 69, 75, 86, 87, 88
県税, 78, 92, 95

県全国協議会, 156
建築許可, 15, 80, 139, 170, 171, 189, 197, 247
ケンブリッジ市, 12, 174
ケンブリッジシャー県, 6, 11, 18, 51, 59, 61, 63, 71, 80, 102, 114, 119, 120, 125, 127, 128, 137, 138, 144, 154, 166, 168, 174, 175, 176, 177, 178, 179, 180, 181, 184, 187, 190, 194, 197, 237, 247, 251
兼務議員, 185, 186

こ

広域行政体, 204, 205, 210, 211, 213
広域市, 225
公開教区会, 8, 21, 22, 24, 37, 46
公衆衛生法
　1961年, 76
コオプション, 8, 164, 165, 166, 167, 168, 169, 170, 193
国王のスピーチ, 23
国民代表法
　1918年, 148, 149
　1928年, 148
　1945年, 149
　1948年, 98, 157
　1969年, 150

コツウォルド・ディストリクト, 139
国会議員, 39, 57, 85, 101, 103, 104, 107, 111, 141, 142, 148, 149, 150, 152, 156, 157, 159, 172, 184, 203, 232
国家公務員の給料, 195
ゴッシェン, 82
コットグレイヴ, 160
固定資産税, 92
小道, 46, 55, 62, 64, 65, 70, 73, 79, 113, 118, 121, 123, 124, 134, 135, 191
コミュニティ, 3, 19, 20, 98, 131, 142, 180, 223, 224, 225, 234, 235, 246, 258
コミュニティ・チャージ, 56, 89
コミュニティ議会, 19
コモン, 51
コモンウェルス, 151, 152
コモンセンス, 251, 257, 258, 259
コリンリッジ博士, 136, 145
コンサルティション・ペーパー, 100

さ

サウス・ケンブリッジシャー・ディストリクト, 248, 254
サザンプトン市, 184

サッチャー, 2, 88, 240, 242, 243
サッチャー政権, 243

し

市, 8, 9, 13, 34, 36, 128, 129, 172, 179, 194, 206, 209, 218, 227, 229, 232, 235, 236, 237
シェプレス, 181, 187
市議会議員, 185, 239
しきたり（conventions）, 21
資産税, 92
市支配人制度, 54
自治体協会, 98
自治体境界調整委員会, 235, 239
自治体全国協会, 98
市長, 183
シッドマス, 169
シップダム, 73
シティ, 28, 29, 30, 31, 34, 203, 212, 217, 237
シティに関する王立委員会, 31
シドニィ・ウェッブ, 33
事務局長, 97, 98, 106, 109, 110, 111, 112
シャーフィールド, 62, 147
シャールストン, 61
州, 225
修正案, 101, 112, 216, 233
住宅・自治大臣, 84

自由党, 32, 35, 39, 40, 41, 42, 43, 44, 45, 46, 47, 53, 57, 67, 148, 201, 202, 203, 209, 211
住民自治, 3, 9, 17, 247, 259
住民総会, 4, 8, 15, 16, 17, 46, 50, 51, 52, 56, 57, 59, 63, 64, 65, 66, 67, 68, 70, 71, 80, 81, 82, 83, 84, 92, 94, 96, 112, 113, 114, 115, 116, 117, 118, 119, 120, 122, 124, 125, 127, 131, 144, 150, 155, 171, 176, 188, 189, 199, 233, 256, 257, 258
住民投票, 3, 17, 52, 53, 54, 217, 256
住民の参加, 197
首長制, 54
首都区, 34, 35, 36, 201, 209, 212
首都警察, 29
首都建設委員会, 31, 33
小議会, 12, 240
小選挙区, 232
消防署法
　1938年, 78
ジョージ・ブラウン, 212
書記官, 9, 21, 30, 60, 132, 144, 188, 189, 190, 191, 192, 193, 194, 195, 196
女性議員, 147
女性の参政権, 22
女性のための地方自治協会, 147

審議案件, 191, 192

す

スァフィールド, 70
スコットランド, 18, 131
スコットランド議会, 19
スコットランド省, 19
スコットランド地方行政法
　1973年, 19
スタージェスボーン法, 39
スティープル・ギディング, 175

せ

セブノーク村, 215
選挙区, 154
選挙権, 22, 39, 48, 58, 116, 147, 148, 150, 152, 158
選挙法改正
　1832年, 236
　1867年, 40, 110
全国社会サービス会議, 96, 97, 121, 160, 162
全国女性協会, 96, 156
全国パリッシュ協会, 6, 8, 12, 18, 87, 88, 89, 92, 93, 94, 95, 96, 97, 98, 99, 100, 102, 103, 106, 108, 109, 110, 111, 112, 130, 142, 146, 147, 150, 157, 158, 167, 181, 191, 194, 195, 200,

209, 219, 223, 227, 233, 257, 258
会長, 110
事務局長, 97
副会長, 110
理事長, 97
戦争記念法
1923年, 76
セント・イヴス, 179
セント・ニーツ, 128, 129, 130, 154, 175, 179, 180, 181, 187, 190, 194, 196, 197
セント・レナーズ・アンド・アイヴィズ, 173

大都市圏庁, 223
第二次世界大戦, 97, 118, 120, 123, 124, 149, 158, 160, 204
代表団体, 8, 15, 17, 19, 77, 79, 80, 99, 121, 122, 123, 124, 125, 127, 135, 138, 140, 143, 145, 146, 228, 258, 259
大ロンドン・グループ, 208, 211, 213
大ロンドン庁, 203, 209, 217, 243
大ロンドン庁（ＧＬＡ）, 217
大ロンドン都, 211, 213, 214, 215, 217, 243
大ロンドン都（ＧＬＣ）, 217, 242
タウン, 9, 11, 12, 13, 37, 77, 89, 98, 128, 137, 141, 154, 169, 179, 183, 190, 195, 235, 236, 237
タウンシップ, 36
タラトン, 137
単一自治体, 174, 221, 222, 223, 225, 227, 243, 244, 246

そ

総合政府, 38, 44, 50
ソーストン, 61
ソールズベリー, 32, 35, 40, 42, 44
村議会, 52, 72, 76, 84, 95, 117, 171, 228
村議会議員, 95, 159, 171, 185
村税, 78, 92, 95

た

第１３７条の自由, 89, 144
タイソー, 74
大都市区, 90, 234

ち

治安判事, 33, 37, 39, 43
チェスタートン村, 117, 119, 128
チェダー, 167
チェンバーレイン, 44
地区監査官, 70, 75, 86, 87, 90

チチェスター, 237
地方行政委員会, 218
地方行政に関する王立委員会, 102
　1923年, 93
　1966年, 10
地方行政法
　1888年, 33, 42, 43
　1894年, 10, 48, 50, 52, 54, 92
　1929年, 94
　1933年, 94, 95
　1971年, 112
　1972年, 20, 76, 80, 89, 90, 102, 112, 139, 176, 179, 194, 233, 247
　1975年, 180
　1997年, 77
地方自治・税法
　1997年, 51
地方自治委員会, 46, 55, 57, 60, 63, 70, 73, 84, 87, 147, 155, 245
地方主義, 30, 31, 33
地方税, 2, 33, 51, 56, 72, 78, 88, 89, 92, 133, 149, 150, 152, 242, 243
地方税徴収権, 78
地方税徴収法
　1925年, 36, 51, 78
地方制度改革, 36, 227, 229

地方税評価法
　1925年, 93
地方選挙, 110, 119, 120, 149, 150, 156, 173
地方選挙法
　1956年, 98
チャドウィック, 30
中央主義, 30, 31, 32
直接民主主義, 9, 52, 255, 257, 258

つ

ツールミン・スミス, 30

て

ディストリクト, 9, 13, 14, 16, 17, 18, 32, 80, 88, 90, 125, 139, 140, 141, 142, 143, 144, 152, 154, 159, 167, 170, 171, 172, 174, 176, 177, 179, 182, 183, 184, 185, 186, 188, 189, 194, 197, 198, 200, 225, 229, 231, 232, 233, 234, 235, 237, 238, 239, 243, 244, 247, 248, 249, 250, 251, 253, 254, 255, 256, 257, 259
　計画官, 251
ディストリクト議員, 159, 185, 254

ディストリクト議会の, 253
デモクラシー, 30, 227, 258
テン・ミニッツ・ルール, 105, 107

と

投票法
　1948年, 157
投票率, 171
特別区, 223
特別市, 36, 43, 48, 202, 203, 204,
　205, 206, 208, 209, 212, 217,
　218, 219, 221, 230, 232, 234,
　236, 238, 243
特別市問題, 204
都市自治体に関する王立委員会,
　29
都市自治体法
　1835年, 32, 40
都市パリッシュ, 36, 232, 235,
　237, 239
図書館, 38, 46, 73, 75, 78, 83,
　100, 130, 142
トリング, 61

な

内務大臣, 29, 32, 85
ナポレオン戦争, 4, 37

に

任命教区会, 8, 21, 22, 23, 24

の

農業労働者, 26, 37, 40, 44, 71, 73,
　79, 130, 155
農場労働者, 68, 162
農村コミュニティ協議会, 161
ノックホルト, 215

は

バーカー夫人, 62, 147
ハーコート, 32
ハーバート委員会, 9, 206, 207,
　208, 209, 211, 212, 213, 214,
　215, 220, 221
バーミンガム市, 12, 152, 239
バーンズ, 93, 94
バターミアー, 143
バックベンチャー, 106, 107, 108,
　110, 111, 216
バッシンバーン, 59, 60, 154, 182
ハッドン, 175
パブ, 62, 137, 189
バラ, 36, 236, 237
パリッシュ議員, 8, 48, 60, 61, 65,
　144, 147, 148, 150, 151, 156,
　157, 158, 159, 162, 171, 181,

183, 184, 185, 186, 247, 249, 252
立候補資格, 151
パリッシュ議会, 8, 16, 17, 44, 45, 46, 50, 51, 52, 55, 56, 57, 59, 62, 65, 66, 67, 69, 70, 72, 73, 74, 75, 76, 77, 79, 80, 81, 82, 83, 84, 85, 86, 92, 95, 96, 97, 98, 101, 110, 115, 119, 120, 123, 124, 125, 126, 128, 129, 135, 137, 138, 139, 140, 143, 144, 145, 147, 155, 156, 159, 160, 162, 163, 166, 168, 170, 171, 180, 181, 185, 186, 189, 190, 191, 192, 193, 198, 199, 200, 223, 228, 233, 239, 240, 247, 248, 249, 250, 251, 252, 253, 254, 256, 258
傍聴, 197
パリッシュ議会の開催, 187
パリッシュ議会法
　1957年, 76, 79, 98, 110
パリッシュ消防自動車法
　1898年, 76
パリッシュ書記官組合, 195
パリッシュ税, 14, 51, 58, 60, 61, 81, 94, 133, 148, 197
パリッシュ中央委員会, 96, 97
パリッシュの活動, 8, 70, 71, 74, 118, 120, 121, 131, 134, 145, 179,

233
パリッシュの規模, 173
パリッシュの権限, 8, 12, 13, 14, 47, 50, 72, 75, 76, 77, 78, 79, 130, 193, 247
パリッシュの事柄, 140
パリッシュの前史, 8, 21
パリッシュの有権者, 147
パリッシュ法案, 46, 47
バロット, 105, 106, 111
ハンコック委員会, 218, 219, 220
ハンティンドン, 129, 178, 179
ハンティンドンシャー・ディストリクト, 178
ハンプシャー県, 184

ひ

ヒース, 229
ヒース保守党政権, 111
ピーターバラー市, 174, 175
非国教徒, 45
被選挙権, 48, 147
ビバリー市, 244
秘密投票, 98, 155, 156, 157, 158
ヒンダーシャム, 181, 187, 199

ふ

ブートル, 236
フェビアン協会, 74, 82, 83

269

フェンランド・ディストリクト, 178
フォート, 110, 159
フォーリー, 247
副会長, 110, 111, 112, 159, 233
副議長, 183
副市長, 183
副大臣, 85
プラッツ, 97
フランク・スモールウッド, 207
ブリスコー女史, 114
ブレア政権, 19, 203
プレゼンテーション, 105, 108
ブロムリー, 215

へ

ベェイズ議長, 117, 119, 120
ベストリー, 21, 68, 69, 75
ベッグブローク, 71
ヘンジントン・ウイズアウト, 71
ペンズハースト (Penshurst), 147
ヘンリー・ブルック, 206

ほ

法案（Bill）, 101
傍聴, 4, 16, 17, 197, 199, 240, 257
ホースパス, 162
補欠選挙, 158, 165, 167, 168, 169
保健省, 55
保健大臣, 84, 85
保守党, 2, 9, 14, 32, 35, 39, 40, 41, 42, 44, 46, 53, 88, 150, 152, 153, 201, 205, 206, 207, 209, 210, 212, 213, 214, 215, 218, 219, 228, 229, 230, 231, 235, 239, 240, 241, 242, 243
ホワイト・ペーパー, 101, 217

ま

マーセル, 224
マクドナルド, 53
マクミラン, 218
町, 8, 13, 34, 36, 40, 41, 42, 43, 45, 48, 172, 179, 183, 185, 190, 194, 218, 219, 227, 229, 232, 235, 236

み

ミッチェル, 69
ミッド・サセックス・ディストリクト, 200
ミルトン, 154, 182, 184, 187, 188, 189, 194, 197, 247, 248
ミルナー夫人, 73
民間監査員, 90

む

無知の政治, 54

無投票当選, 164, 166

ムラ, 8, 11, 15, 21, 22, 24, 37, 38, 39, 40, 41, 43, 44, 45, 50, 51, 58, 60, 61, 63, 64, 65, 66, 67, 68, 69, 70, 71, 73, 77, 83, 86, 94, 96, 113, 114, 116, 119, 121, 123, 124, 125, 126, 128, 130, 137, 138, 143, 155, 157, 159, 160, 161, 162, 163, 171, 179, 189, 223, 224, 238, 249, 252, 253, 254, 255, 257

村, 8, 11, 13, 34, 41, 42, 43, 45, 47, 48, 50, 52, 55, 72, 78, 93, 95, 121, 125, 126, 172, 179, 185, 194, 217, 218, 219, 226, 227, 229, 231, 232

ムラの国会, 82

め

メイヤー, 129, 183, 184, 198, 199, 236, 237, 238, 244

メージャー, 89, 97, 243

メトロポリタン県, 238

も

モード委員会, 152

モリソン, 112, 233

よ

ヨーマン, 26, 37

ら

ラムゼイ, 178

り

理解の政治, 53

理事長, 97, 110

リスカード, 52

立候補権, 152

リッチー, 32

立法権, 104, 105

リトル・ギディング, 175

臨時議会, 16, 190, 252, 253, 257

リンゼイ, 67

れ

レイト, 149, 150, 152

レドクリフェ・モード委員会, 9, 10, 102, 103, 132, 140, 162, 220, 221, 222, 223, 224, 225, 226, 227, 228, 229, 231, 243

レファレンダム, 52, 53

ろ

労働党, 9, 10, 19, 53, 148, 150, 152, 153, 202, 203, 204, 205, 207, 208, 209, 210, 211, 212, 216, 217, 219, 220, 228, 229, 231, 240, 241, 243, 244

ローカル・カウンシル, 20, 224, 225, 227, 228, 229

ローカル政党, 169

ロッキング, 143

ロブソン教授, 35, 122, 140, 146

ロマン主義, 31

ロンドン, 2, 4, 9, 19, 27, 28, 40, 49, 118, 200, 202, 203, 204, 206, 208, 209, 210, 211, 212, 214, 220, 223, 238, 243

ロンドン改革, 30, 32, 215

ロンドン行政法
 1899年, 34
 1963年, 216

ロンドン区, 90, 212, 213, 214, 215, 217

ロンドン県, 33, 34, 35, 201, 202, 204, 208, 210, 211, 212, 213, 216

ロンドン県議会, 201

ロンドン市政協会, 201

ロンドン大学, 6, 34, 208, 211

ロンドンの改革, 214

パリッシュにみる自治の機能
―イギリス地方自治の基盤―

発行日　初版 2000 年 8 月 5 日
著者　　竹下　譲©
編集　　イマジン自治情報センター
発行人　片岡　幸三
印刷所　倉敷印刷株式会社
発行所　イマジン出版株式会社
〒112-0013　東京都文京区音羽 1-5-8
Tel 03-3942-2520　Fax 03-3942-2623

ISBN4-87299-239-3 C2032 ¥2500E

落丁、乱丁は小社にてお取替え申し上げます。

イマジン出版

〒112-0013
東京都文京区音羽1-5-8

イギリス・フランス・イタリア・ドイツ・アメリカ・デンマーク・フィンランド・ノルウェー・韓国

世界の地方自治制度

竹下譲(神奈川大学教授)監修・著　定価2,200円(税別) A5判・242頁
- 分権自治の時代に知っておきたい世界の自治制度を一冊にまとめて編集。
- 住民との合意づくりのヒントが多数掲載。自治体関係者必読の書。

　産経新聞・自治専門誌「都市問題」で好評

変わる自治体・変える自治体

論点・地方分権
地方分権推進委員会の流れを受けて

日経新聞連載

並河信乃(行革国民会議)竹下譲(神奈川大学教授)後藤仁(神奈川大学教授)共著　定価2,000円(税別) A5判・224頁
- 地方分権推進法の成立・地方自治法の改正や介護保険制度の導入など迫る分権・自治の流れと自治体改革をわかりやすく解説。

　地方自治学習誌「EX」(ぎょうせい)で紹介

自治体における環境マネジメントシステムガイドブック　**改訂版**

環境自治体ISO14001をめざして

(財)東京市町村自治調査会著　イマジン自治情報センター編集
定価2,200円(税別) A5判・200頁
- 自治体のISO14001の取得に関する初めての自治体関係者向け実務書。ISO14001を取得した最新の自治体の実例を収録掲載。

　NHK「おはよう日本」・日本経済新聞などで紹介

ご注文は直接、TELまたはFAXでイマジン自治情報センターへ

〒102-0083　東京都千代田区麹町2-3-9　麹町村山ビル501
TEL.03-3221-9455　FAX.03-3288-1019

全国の主要書店・政府刊行物サービスセンター・官報販売所でも取り扱っています。